Ian Gawler · Die Mitte finden

Ian Gawler

Die Mitte finden

Meditation leicht gemacht

Schritte zur Gelassenheit,
zu innerer Ruhe und Gesundheit –
mit einfachen Entspannungs-
und Meditationsübungen

Ein O. W. Barth Buch
im Scherz Verlag

Für meine Kinder
Rosemary, David, Peter und Alice

Schwimm mit dem Fluß
Sei stetig wie ein Berg
Fließe wie ein Strom

1. Auflage 1990
Einzig berechtigte Übersetzung
aus dem Englischen von Marion B. Kroh.
Titel der Originalausgabe: «Peace of Mind».

Schutzumschlag unter Verwendung eines Fotos
von Werner Richner aus: Beate Roth,
Ein gutes Wort gibt Wärme © 1988
Kiefel Verlag, Wuppertal/Gütersloh

Inhalt

Einleitung

Wie ich sehe, gilt Ihr Interesse der Meditation. Damit befinden Sie sich in bester Gesellschaft. Wie Sie, fühlt sich eine stetig wachsende Zahl von Menschen zur Meditation hingezogen, da offenkundig ist, daß jene, die regelmäßig meditieren, etwas «Besonderes» in ihrem Leben haben. Worum genau es sich dabei handelt, ist meist gar nicht so einfach zu sagen. Ich habe jedoch festgestellt, daß regelmäßig Meditierende alle Aspekte ihres Lebens souveräner handhaben. In vielen Fällen erfreuen sie sich einfach nur guter Gesundheit. Andere überwinden sogar schwere Krankheiten. Das Geheimnis, das «Besondere» in ihrem Leben, liegt darin, daß sie durch die Meditation etwas erfahren, was man gemeinhin als inneren Frieden, Seelenfrieden oder inneres Gleichgewicht bezeichnet, ein Zustand, der sich positiv auf alle Lebensbereiche auswirkt. Menschen, die meditieren, sind für gewöhnlich einfach glücklich, um ein etwas altmodisch klingendes Wort zu bemühen, und ihre Freude, ihr Lächeln, kommt von innen heraus.

Glücklichsein aber ist gleichbedeutend mit Gesundheit. Wenn Ihnen also an Ihrer Gesundheit gelegen ist, sollten Sie nicht länger zögern und die Kunst des Meditierens erlernen. Es gibt keinen geeigneteren Zeitpunkt.

Vielleicht stehen Sie gerade jetzt unter großem Druck oder haben Angst, Sie könnten einfach ausrasten, wenn noch ein weiterer Anrufer Ihre gereizten Nerven strapaziert, wenn noch ein Kind zu plärren anfängt, noch eine Rechnung zu bezahlen ist, noch ein aufreibender Tag das Letzte von Ihnen fordert. Vielleicht haben Sie sogar das ungute Gefühl, am Rande eines körperlichen oder seelischen Zusammenbruchs zu stehen.

Oder sind Sie der Meinung, daß Ihrem Leben die rechte Würze fehlt? Eigentlich wissen Sie nicht, was es überhaupt soll. Undeutlich spüren Sie, daß es noch etwas anderes geben müßte, etwas, das Ihnen fehlt, und Sie sehnen sich danach, «es» zu erfahren.

Vielleicht schlagen Sie sich im Augenblick aber auch mit einer schweren Krankheit herum und wünschten, Sie könnten selbst etwas zu Ihrer Heilung beitragen.

Oder fragen Sie sich nach dem Sinn des Lebens? Sehnen Sie sich nach innerem Frieden, wahrem Wohlergehen? Haben Sie das Gefühl, eigentlich mehr zu sein und mehr zu können? Möchten Sie wissen, wie Sie Ihr Potential besser nutzen können, um ein erfüllteres Leben zu führen?

Wenn auch nur einer der Gründe auf Sie zutrifft und Sie tatsächlich willens sind, aktiv an Ihrer Gesundheit mitzuwirken, dann ist es an der Zeit zu lernen, wie man meditiert. Dazu brauchen Sie weder «auszusteigen», noch müssen Sie Ihren Lebensstil oder irgend etwas aufgeben, was Ihnen Spaß macht. Sie brauchen weder Räucherstäbchen abzubrennen noch sich den Kopf kahl zu scheren oder wallende Gewänder zu tragen! Sie brauchen nichts weiter zu tun, als täglich etwas Zeit für sich selbst zu reservieren, körperlich zu entspannen und innerlich ruhig zu werden. Das ist der Anfang jeder Meditation.

Was ist Meditation?

Wenn Sie sich schon ein wenig mit der Materie vertraut gemacht haben, Bücher gelesen oder Menschen, die meditieren, darüber befragt haben, ist Ihnen sicherlich aufgefallen, daß die Meditation verschiedenen Menschen Unterschiedliches bedeutet. Um so mehr drängt sich die Frage auf, was denn wirklich darunter zu verstehen ist. Manche Definitionen sind erstaunlich vage, vermutlich deswegen, weil der Begriff *meditieren* – ähnlich wie das Wort *reisen* – ein weites Spektrum von Möglichkeiten umfaßt. *Reisen* kann bedeuten, daß man sich ins Auto oder aufs Fahrrad setzt, zu Fuß geht oder fliegt. Fast immer gibt es verschiedene Wege und Möglichkeiten, um an ein Ziel zu gelangen.

> Die Meditation führt zur direkten Erfahrung eines höheren Bewußtseinszustandes.

Analog zu den verschiedenen Arten des Reisens gibt es verschiedene Arten des Meditierens, und so wie man das Fortbewegungsmittel für eine Reise entsprechend persönlichen Neigungen, Fähigkeiten und Bedürfnissen aussucht, geht man auch bei der Meditation vor.

Betrachten Sie dieses Buch deshalb als eine Art Reiseführer, der Sie mit Ihrem Ziel – der Meditation und ihren vielfältigen Anwendungsmöglichkeiten – vertraut machen möchte. Nach der Lektüre sollten Sie sich für die Reise bestens gerüstet fühlen.

Welche Ziele verfolgt die Meditation?

Umfragen haben ergeben, daß das starke Bedürfnis vieler Menschen nach Streß-Bewältigung, Selbstheilung und Persönlichkeitsentfaltung für das wachsende Interesse an der Meditation verantwortlich ist, die man als ein geeignetes Mittel zur Befriedigung der genannten Bedürfnisse betrachtet.

Traditionellerweise diente die Meditation der spirituellen Entwicklung. Heute liegt das Hauptaugenmerk auf ihrem Gesundheitsaspekt, denn bereits die einfachste Form der Meditation hat sich als wirkungsvolles Anti-Streß-Mittel erwiesen und regt darüber hinaus die Selbstheilungskräfte des Körpers an. Man kann sich die verschiedenen Arten der Meditation als Pfade vorstellen, die in einem Punkt zusammenlaufen. Es lassen sich drei Pfade unterscheiden, von denen jeder ein bestimmtes Ziel verfolgt und auf dem spezielle Techniken angewendet werden. Nach einer genauen Betrachtung aller Pfade liegt es dann an Ihnen zu entscheiden, welchen Sie erkunden möchten. Mit Hilfe der Meditation können Sie ein gesünderes, kreativeres und erfüllteres Leben führen.

Heilmeditation

Diese Form der Meditation basiert auf folgenden Grundlagen:

1. Der Körper verfügt über ein enormes Selbstheilungspotential, solange er sich in seinem natürlichen, homöostatischen Gleichgewicht befindet, das heißt in dem Zustand, in dem die physiologischen Körperfunktionen ungestört ablaufen: Hormone, Blutbild,

Herzfrequenz, Blutdruck, Muskeltonus usw. funktionieren «programmgemäß» und gewährleisten so unsere Gesundheit. Wenn wir uns in den Finger schneiden, sorgt der Körper dafür, daß die Wunde heilt. Um einen Knochenbruch zu «reparieren», sind sehr viel komplexere Vorgänge nötig, aber auch dazu ist er in der Lage. Und fast schon an ein Wunder grenzt seine Fähigkeit, sich vor einer Vielzahl von Infektionen zu schützen oder sich den unterschiedlichsten klimatischen Bedingungen anzupassen.

2. Die an den selbstregulativen Heilungsvorgängen beteiligten Mechanismen bilden unser Immunsystem. Solange die Körperchemie sich in ihrem natürlichen Gleichgewicht befindet, sorgt das Immunsystem für die Aufrechterhaltung der Gesundheit.
3. Wenn dieses Gleichgewicht, die sogenannte Homöostase, verlorengeht, werden die selbstregulativen Mechanismen des Immunsystems gestört und der Körper ist nicht mehr in der Lage, die nötigen Selbstheilungsprozesse in Gang zu setzen.
4. Streß ist nachweislich eine der Hauptursachen für die Störung dieses lebensnotwendigen Gleichgewichts. Streß schwächt das Immunsystem und öffnet so Krankheiten Tür und Tor.
5. In der Heilmeditation wird ein Zustand tiefer körperlicher und geistiger Entspannung erzeugt. In diesem entspannten Zustand hat der Körper die Chance, das homöostatische Gleichgewicht wiederherzustellen.
6. So wirkt die Heilmeditation den Folgen von Streß entgegen. Gleichzeitig schafft sie ein ideales inneres Klima, das dem Immunsystem erlaubt, seine Funktionen wieder optimal zu erfüllen.
7. Zusammenfassend läßt sich sagen, daß die Heilmeditation ideale Bedingungen für die Wiederherstellung

der Gesundheit schafft. Sie aktiviert sanft, aber wirksam unseren inneren Arzt.

In ihrer einfachsten Form läßt sich die Heilmeditation am besten als «Entspannungsreaktion» beschreiben, eine leicht zu erlernende, auf tiefer Entspannung beruhende Methode, die Geist und Körper überaus günstig beeinflußt. Die Entspannungsreaktion ist von so herausragender Bedeutung, daß ihr gleich mehrere Kapitel gewidmet sind. Im Grunde genommen ist sie eine unkomplizierte, leicht anwendbare Technik, deren Stärke in ihrer Einfachheit, Natürlichkeit und Leichtigkeit liegt. Ihre Vorzüge sind derart vielfältig, daß jeder sie erlernen sollte. Als Bestandteil der Heilmeditation kann sie auch zu einem Zustand tiefer geistiger Ruhe führen, einem veränderten Bewußtseinszustand also, wie ja auch der Schlaf im Vergleich zu unserem normalen Wachbewußtsein ein veränderter Bewußtseinszustand ist. Obgleich schwieriger zu definieren und auch schwieriger zu beschreiben, produziert der Zustand tiefer geistiger Ruhe gleichwohl spürbare, der Gesundheit zuträgliche, psychophysiologische und spirituelle Resultate. Er ist allerdings nicht ganz so einfach zu erzeugen wie die Entspannungsreaktion, und regelmäßiges Üben führt auch nicht unbedingt zu genau vorhersagbaren Ergebnissen. Wer aber dennoch motiviert ist und mit Ausdauer zu Werke geht, wird reich belohnt, denn die zusätzliche Anstrengung eröffnet nicht nur der Gesundheit, sondern dem ganzen Sein eine neue Dimension.

Einsichtsmeditation

Die Einsichts- oder Analytische Meditation ist eine Methode, um Erkenntnisse über die wahre Natur der Dinge zu gewinnen, um sich selbst und die Welt besser verstehen zu lernen. Man untersucht, wie die eigenen Meinungen und Überzeugungen zustande kommen, wie sie wirklich aussehen, worauf sie sich gründen, welche Antworten sie auf die Frage nach dem Sinn des Lebens geben. Wer bin ich? Wohin bin ich unterwegs? Was erwartet mich? Was erwarte ich vom Leben? Was bin ich bereit zu geben? Was möchte ich *wirklich* tun? All dies sind wichtige Fragen, mit denen man sich in der Einsichtsmeditation auseinandersetzt.

Selbstverständlich kann man dieselbe Analyse auch auf rein intellektueller Ebene anstellen. Die Einsichtsmeditation hat allerdings den Vorteil, daß sie äußerst subtile Erkenntnisse ermöglicht. So gewonnene Einsichten können von ungewöhnlicher Klarheit sein, ein starkes Gefühl für das, was ist, hervorrufen und dadurch richtungweisend sein. Wer das anstrebt, wird feststellen, daß der Einsatz sich lohnt.

Die Einsichtsmeditation wird in fünf Schritten durchgeführt, egal, welche der verschiedenen Techniken man praktiziert. Sie beginnt mit der Schulung der Konzentrationsfähigkeit, das heißt, man übt sich darin, die Konzentration auf ein bestimmtes Objekt zu fixieren, ohne sich davon ablenken zu lassen. Die Fähigkeit zu solch selektiver oder punktförmiger Konzentration bezeichnet man auch als «Achtsamkeit».

Diese Art des Meditierens erzeugt einen Zustand großer Aufmerksamkeit, in dem der Meditierende zu unparteiischer Beobachtung fähig ist, gleichsam als hätte er eine höhere Warte eingenommen, von der aus er das Geschehen nun betrachtet, bewußt wahrnimmt, ohne sich jedoch damit zu identifizieren. Man beobachtet völlig unvoreingenommen, ohne zu analysieren, ohne zu kategorisieren, ohne zu urteilen, zu kommentieren oder über das, was man wahrnimmt, nachzudenken.

Solche Achtsamkeitsübungen haben gleich zwei Vorteile: Erstens lernt man, sich selektiv, also punktförmig zu konzentrieren. Das ist ein hervorragendes Geistestraining und obendrein sehr nützlich für alle Arten von Meditation. Zweitens wird das Bewußtsein für das, was ist, geschärft. Der für diese Art von Meditation charakteristische Zustand der erhöhten Achtsamkeit ermöglicht es einem, sich über eingefahrene Gewohnheiten, Meinungen und Vorstellungen zu erheben, Dinge neu und unbelastet zu erfahren und zu sehen, worum es tatsächlich geht.

Dem unparteiischen Beobachter ist es möglich, jede Situation völlig neu, das heißt frei von alten Konditionierungen zu erfahren. So kann er der Situation angemessen agieren, anstatt einfach nur in gewohnter Weise zu reagieren. Aufgrund solcher Achtsamkeit lernt man, bewußt zu handeln, anstatt unbewußten Mechanismen zu folgen, die sich im Laufe der Zeit verselbständigt haben. Auf die Techniken, mit deren Hilfe diese Fähigkeit entwickelt wird, werden wir in einem späteren Kapitel ausführlich zu sprechen kommen.

Die Einsichtsmeditation ist ein aktiver geistiger Erkenntnisprozeß, die Wirklichkeit des Selbst und der Welt betreffend, ein Weg mit Höhen und Tiefen. Es ist ein Weg voller Entdeckungen, aber er erfordert viel Geduld und Übung. Die positiven Auswirkungen auf die Gesundheit sind nicht so direkt wahrnehmbar und vorhersehbar wie bei der Heilmeditation.

Sie ermöglicht dem Meditierenden den direkten, bewußten Umgang mit den kreativen Fähigkeiten des Geistes. Wir alle haben schon mal vom sogenannten Placebo-Effekt gehört und wissen daher, wie sehr unsere Gedanken und Gefühle durch unsere Erwartungen bedingt sind.

Die Kreative Meditation ist eine Vorgehensweise, bei der die schöpferische Potenz des Geistes gezielt und mit erstaunlichen Ergebnissen eingesetzt wird. Sie ist nicht ganz ohne Tücken, doch darauf kommen wir später zu sprechen.

Ihre Techniken basieren auf einem klaren Verständnis von der Funktionsweise des Geistes und dem Wissen darum, daß und wie wir uns seiner *bewußt* bedienen können. Da viele unserer Handlungen im täglichen Leben eigentlich nicht wirklich bewußte Aktionen sind, sondern unbewußte, gewohnheitsmäßige, konditionierte Reaktionen, wird hierauf besonderer Wert gelegt. Schließlich sind wir selbst oft unglücklich über die Macht unserer Gewohnheiten und wären froh, wenn wir uns ihrer entledigen könnten, um bewußte, einer Situation angemessene Entscheidungen zu treffen, anstatt wie Maschinen zu reagieren. Wenn wir uns darum bemühen, fällt es anfangs fast immer ungeheuer schwer, weswegen es eines wirklich starken Verlangens nach Veränderung bedarf. Aber zusammen mit der einfacheren, geistig weniger anstrengenden Heilmeditation praktiziert, wird die Kreative Meditation schon bald zur Selbstverständlichkeit und erweist sich als ein geeignetes Instrument, um unser geistiges Potential in jeder Hinsicht voll auszuschöpfen.

Kehren wir zur Analogie des Reisens zurück. Stellen Sie sich vor, Sie möchten einen Gipfel bezwingen. Unterhalb des Gipfels gibt es die drei Stationen Gesundheit, Einsicht und Kreativität. Zu jeder dieser Stationen führen verschiedene Pfade, und jeder Pfad ist mit bestimmten Erfahrungen verbunden. Das folgende Diagramm veranschaulicht diese Vorstellung:

Die Gipfelerfahrung

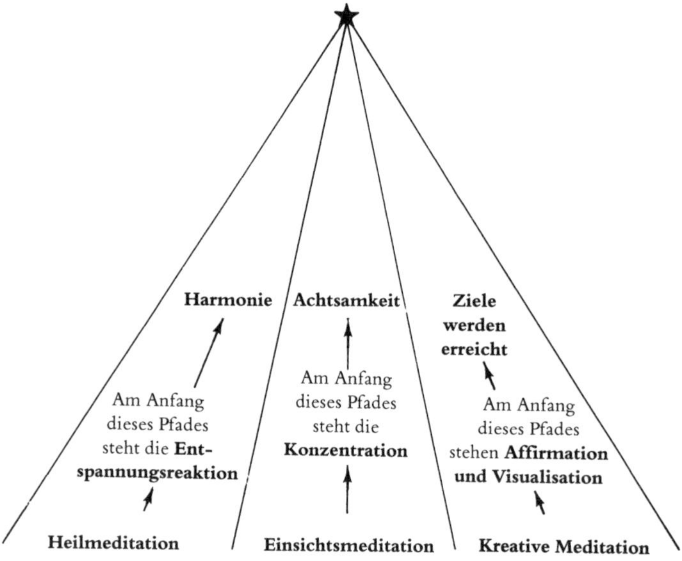

Natürlich ist es möglich, die Techniken zweier oder auch aller drei Pfade miteinander zu kombinieren. So ist es denkbar, daß eine Meditation als stabilisierende Heilmeditation beginnt, dann mittels der Einsichts- oder Analytischen Meditation die Situation objektiv untersucht und schließlich mit Hilfe der Kreativen Meditation das gewünschte Gefühl oder die angestrebte Erkenntnis erreicht.

Die sogenannte Gipfelerfahrung liegt *jenseits* der drei Zwischenstationen. Es bleibt sich gleich, welchen der drei Anstiege man wählt und von welcher Zwischenstation aus man den Gipfel angeht, da alle Pfade dorthin führen. Der Blick von oben ist stets derselbe – unabhängig davon, wie man dorthin gelangt ist.

Das Gipfelerlebnis ist ein veränderter Bewußtseinszustand, in dem der Körper vollkommen entspannt ist und der Geist tiefe Ruhe erfährt. Diese tiefe Ruhe darf man sich nun nicht als eine Art nebulöses Nichts vorstellen. Der Zustand ist vielmehr von einer erhöhten Achtsamkeit gekennzeichnet, einem sehr genauen, sehr konkreten Gefühl vollkommenen Da-Seins oder So-Seins. Dieses Da-Sein ist kein geographisch existierender oder bestimmbarer Ort, sondern ein mystischer. Er scheint frei von allem und gleichzeitig alles in allem zu sein. Er wird als sehr real erfahren, als etwas Lebendiges, Dynamisches, Wertvolles und Angenehmes. Es ist, als hätte man bisher durch einen Schleier geschaut, der nun nicht mehr existiert.

Wer die Erfahrung von etwas so Realem im Zustand tiefer geistiger Ruhe einmal gemacht hat, weiß, daß es außer der Wirklichkeit, die wir in diesem Körper erfahren, außer der Wirklichkeit der Emotionen, die wir empfinden, und außer der Wirklichkeit der Gedanken, die wir denken, noch eine andere, umfassendere Realität gibt. Diese unbeschreibliche Erfahrung geistiger Ruhe führt zu einer tiefen, heiteren Gelassenheit und Zufriedenheit, die «weiß», daß alles, sogar dieser vergängliche Körper, Teil eines größeren Ganzen ist. Man entwickelt eine natürliche, staunende Ehrfurcht und ein Gefühl für die allem Sein zugrundeliegende Ordnung, aber auch Dankbarkeit dafür, daran teilzuhaben. Man erkennt, daß jedes Leben einen Sinn hat. Schwierigkeiten, so unerträglich sie bisweilen auch anmuten, erscheinen ebenfalls in einem anderen Licht.

Aus dieser neuen Perspektive betrachtet, kann man ihren Sinn und die Vergänglichkeit, der auch sie unterworfen sind, erkennen. Man ist fähig, aus ihnen zu lernen. Man erkennt, daß «es» gut ist, und entwickelt ein tiefes, stilles Vertrauen in das Leben. Der Grundstein für den inneren Frieden ist gelegt, und das Lächeln kommt von Herzen.

Kann man aus einem Buch Nutzen ziehen?

Das vorliegende Buch soll ein praktischer Ratgeber sein. Es wurde in der Absicht geschrieben, Ihnen zu einer möglichst befriedigenden Meditationserfahrung zu verhelfen. Ich habe mich dabei von der Überzeugung leiten lassen, daß die wirklich wertvollen Dinge im Leben einfach und geradeheraus sein sollten. Was nicht bedeutet, daß sie leicht sein müssen. Meistens erfordern sie Kraft, Ausdauer und Geduld, sollten aber dennoch unkompliziert sein. Es ist nicht schwierig zu meditieren. Eigentlich ist es ganz einfach. *Nicht leicht, aber einfach* und wert, ernstgenommen zu werden.

Die Meditation ist eine ausgesprochene Selbsthilfe-Technik, und als solche möchte ich sie Ihnen nahebringen.

Wir werden zunächst über eine Reihe von äußeren Faktoren sprechen, die das Meditieren erleichtern – etwa qualifizierte Lehrer und Meditationsgruppen. Beides kann hilfreich sein, ist aber nicht unbedingt erforderlich. Beim Meditieren geht es in erster Linie um die eigene innere Erfahrung. Es ist die persönliche Erfahrung, die zählt. Niemand kann diese Erfahrung für Sie machen. In dem Maße, in dem Sie tatsächlich meditieren, werden Sie auch die positiven Auswirkungen der Meditation zu spüren bekommen. Sie haben es in der Hand. Oder anders ausgedrückt: Sie haben eine echte Selbsthilfe-Technik in der Hand.

Meditation ist wie eine Reise, die man antritt. Dieses Buch will Ihnen den sichersten und gangbarsten Weg aufzeigen. Es versucht, die Schwierigkeiten zu erhellen und bei den ersten Schritten auf neuem Terrain zu helfen.

Mein erster «Ratgeber» in Sachen Meditation war ein Buch mit äußerst mageren Anweisungen, weswegen ich lange im trüben fischte. Seither habe ich viele weitere Bücher gelesen, allein und gemeinsam mit anderen Menschen meditiert und die verschiedensten Techniken ausprobiert. Und seit ich selbst Meditationskurse abhalte, schöpfe ich zusätzlich aus dem Erfahrungsschatz meiner Schüler, die mir berichten, was bei ihnen «funktioniert», was sie erleben, welche Schwierigkeiten sie zu überwinden haben und wie sie damit fertig werden. Ich interessiere mich in erster Linie für Dinge, die funktionieren, deswegen vertrete ich auch keine bestimmte Schule oder Richtung, sondern hoffe, daß es mir gelungen ist, ein nützliches Buch mit verständlichen Anweisungen zu schreiben, damit Sie Ihre eigene Meditationspraxis entwickeln können.

Traditionelle Meditationsmethoden

Moderne, westlich geprägte Menschen, die sich heute der Meditation zuwenden, tun dies unter gänzlich anderen intellektuellen und kulturellen Voraussetzungen als jene, die sich in früheren Jahrhunderten mit einer der großen traditionellen Meditationsrichtungen (Sufismus, Zen, Buddhismus, Mystik, Christentum) beschäftigten. Was nicht bedeutet, daß diese Wege der Geistesschulung in der heutigen Zeit keinen Anspruch auf Gültigkeit mehr hätten. Tatsache aber ist, daß die positiven Auswirkungen der Meditation heute sehr viel mehr Menschen zugänglich sind als nur jenen, die sich gezielt um eine spirituelle Entwicklung bemühen.

So ist es uns beispielsweise leicht möglich, die unterschiedlichen Meditationspraktiken miteinander zu vergleichen, uns intellektuell mit ihnen auseinanderzusetzen und dokumentierte Meditationserfahrungen zu Rate zu ziehen. All dies verhilft uns zu einem recht fundierten theoretischen Wissen über das Wesen der Meditation. Das so gewonnene klarere Verständnis erleichtert uns unter Umständen den Umgang mit Problemen, die beim Meditieren auftreten können.

So hoffe ich, daß Sie sich vertrauensvoll auf das Abenteuer Meditation einlassen werden. Ich schlage vor, daß Sie das Buch zunächst einmal ganz durchlesen. Sie werden feststellen, daß viele, wenn nicht alle Ihre Fragen im Laufe der Lektüre beantwortet werden.

Es ist durchaus möglich, die Kunst des Meditierens auch ohne Lehrer zu erlernen. Wenn Sie aber die Möglichkeit haben, an einem Kurs teilzunehmen, tun Sie es. Vielen fällt der Einstieg mit Hilfe einer Gruppe leichter. Trotzdem darf ich Ihnen noch einmal versichern, daß ebenso viele Menschen ganz allein und ohne jede Hilfe gelernt haben zu meditieren.

Wir werden also die Voraussetzungen für eine gelungene Meditationssitzung klären und die verschiedenen Techniken sowie deren Anwendung erörtern.

Die Meditation führt nach innen, an den «Ort» des Bewußtseins, wo Sie auf endgültige Wahrheiten stoßen. Seien Sie also nicht überrascht, wenn Sie Gefallen am täglichen Meditieren finden!

Jeder kann meditieren und inneren Frieden erfahren. Grund genug, sofort damit zu beginnen.

Teil I:

Der ruhende Geist

1 Am Anfang stand die Krise

Aufgrund einer schweren persönlichen Krise begann ich, mich ernsthaft mit der Meditation zu beschäftigen. Aber schon Jahre vorher, noch während meiner Ausbildung zum Veterinär, interessierte ich mich dafür. Es schien etwas ausgesprochen Positives zu sein, etwas, mit dem zu befassen sich lohnen würde. In dieser Auffassung wurde ich durch einschlägige Bücher, die ich, zunehmend fasziniert, las, bestätigt, und so hörte ich mir einige indische Yogis an. Doch dem exotischen Flair, der diesen Veranstaltungen anhaftete, der vom schweren Duft der Räucherstäbchen geschwängerten Luft, den Perlenketten des Gurus und dergleichen konnte ich nichts abgewinnen. Auch wollten sich die andersartigen Vorstellungen und die reichlich bildhafte Sprache nicht so recht in mein christlich geprägtes Weltbild und Mittelstandsdenken einfügen. Und nicht zuletzt hatte ich in meiner Freizeit auch noch ein paar andere Dinge vor. Da trainierte ich für den Zehnkampf, amüsieren wollte ich mich an der Uni schließlich auch ein bißchen, und last not least durfte das Studium selbst nicht zu kurz kommen. So blieb die Meditation stets etwas, dem ich mich «irgendwann» einmal, wenn ich mehr Zeit hatte, unbedingt widmen wollte.

Dieser Zeitpunkt kam Anfang 1975, als die Ärzte in meinem rechten Oberschenkel Knochenmarkskrebs feststellten. Das Bein wurde amputiert, einschließlich eines

Teils der Hüfte. Ich stürzte in eine tiefe Krise. Sie trieb mich dazu, nach «letzten Antworten» und Möglichkeiten für eine Genesung zu suchen. In der Meditation hoffte ich, beides zu finden.

Das chinesische Schriftzeichen für *Krise* setzt sich aus zwei Symbolen zusammen: dem Symbol für *Gefahr* und dem für *Gelegenheit* oder Chance. Die Gefahr, daß der Krebs wieder auftreten könnte, motivierte mich, alles in meiner Macht Stehende zu tun, um dies zu verhindern. Aber ich wollte auch so viel über das Leben lernen, wie ich nur konnte. Dies war die einmalige Chance, die sich mir in der Krise bot. Durch die Meditation hoffte ich, die Selbstheilungskräfte meines Körpers zu stärken und gleichzeitig jene Dimensionen des Seins verstehen zu lernen, die sich durch die Meditation erschließen.

Ich besorgte mir zwei Meditationsbücher, entschied mich nach Lektüre beider für eine Methode, änderte ein paar Dinge und nahm mir vor, täglich mindestens eine halbe Stunde zu meditieren. Eine Vorstellung davon, ob oder was dies bewirken würde, hatte ich nicht. Es geschah auch nichts. Pünktlich um sechs Uhr morgens hockte ich mit einem gekreuzten Bein auf dem Boden, eine Hand auf dem Knie, die andere auf der Prothese, schloß die Augen und versuchte, mich auf meine Nasenspitze zu konzentrieren.

Eines Tages, etwa neun Monate später, sah ich während einer solchen Sitzung ein überwältigend schönes, leuchtendblaues Licht. Es erschien einfach vor meinen geschlossenen Augen. Immer wenn ich es anvisierte oder festzuhalten versuchte, verschwand es. Ließ ich es los oder dachte nicht daran, erschien es wieder. Es tauchte in unregelmäßigen Abständen auf und war jedesmal mit einem extrem guten Gefühl verbunden.

Dann, eines schönen anderen Tages, sah ich ein weißes

Licht. Es hüllte mich völlig ein. Ich sah es so deutlich, daß ich aufsprang, weil ich dachte, Gayle, meine Frau, wäre unversehens ins Zimmer gekommen und hätte das Licht angedreht. Nichts dergleichen. Stockdunkle Nacht umfing mich. Aber irgend etwas war geschehen. Diesmal fühlte ich mich sogar noch besser. Wahnsinn! dachte ich.

Als nächstes erfuhr ich, daß mein Krebs erneut aufgetreten war. Eigenartigerweise hatte das Sarkom nicht das Lungengewebe befallen, wie zu erwarten gewesen wäre, sondern die Beckenlymphknoten und die Brust, was die direkte Bedrohung des Lebens etwas abmilderte. Ich fragte mich, ob meine wenn auch reichlich unbeholfenen Meditationsversuche dies bewirkt haben könnten. Dessen ungeachtet gaben die Ärzte mir nur noch drei bis sechs Monate ...

Es war der Beginn eines Abenteuers von ungeahntem Ausmaß. Gayle und ich zweifelten nicht daran, daß es uns gelingen würde, die Krise zu überstehen und den Krebs zu besiegen. Wir griffen zu orthodoxen und unorthodoxen Mitteln. Zweieinhalb Jahre später war ich, dank der unermüdlichen Hilfe meiner Frau und vieler anderer Menschen sowie aufgrund meiner eigenen Anstrengungen tatsächlich wieder gesund.

In dieser Zeit stützte ich mich fest auf die Meditation. Zwei Monate lang besuchte ich einen Intensivkurs unter der Leitung des kürzlich verstorbenen Melbourner Psychiaters Dr. Ainslie Meares. Die Gruppensitzungen brachten mir großen geistigen Gewinn, der Krebs indes wuchs weiter. Gayle und ich unternahmen einige ausgedehnte Reisen nach Europa, Indien und auf die Philippinen, ohne mit den Meditationsübungen auch nur einen Tag lang auszusetzen. Gleichzeitig stürzten wir uns auf alle in Frage kommenden Selbsthilfe-Techniken. Wir experimentierten mit Diäten, versuchten es mit positivem Denken, mit Massagen und Naturheilverfahren. Alles, was Aussicht auf Erfolg versprach, wurde ausprobiert. Wir waren ständig am Lernen. Es gab keine Verzweiflungsanfälle, keine Panik. Nur diese konzentrierte, gemeinschaftliche Suche nach etwas, das funktionieren würde. In der Zwischenzeit schöpften wir immer wieder neue Kraft aus den Energiereserven, zu denen die Meditation Zugang verschafft.

Schließlich und endlich schlug unser Therapiecocktail an. Die alten Krankheitssymptome verschwanden, und eine neue Art von Gesundheit stellte sich ein. Ich nahm meine Arbeit als Tierarzt wieder auf. Wir beschlossen, eine Familie zu gründen. Mittlerweile haben wir vier großartige, gesunde Kinder.

Der Neuanfang: Das Melbourne-Krebshilfe-Programm

Nach dieser intensiven Erfahrung fühlten Gayle und ich uns wunderbar gestärkt und in der Lage, anderen Menschen zu helfen, die eine ähnlich schwerwiegende Krise zu bewältigen hatten. Es war uns aufgefallen, daß bei allem Aufwand, der betrieben wird, um die medizinische Versorgung von Krebspatienten zu optimieren und neue Therapien zu entwickeln, der Eigeninitiative des Patienten und seiner Angehörigen kaum Beachtung geschenkt wird. Wir hatten durchaus den Eindruck, als würde die Bedeutung solcher Anstrengungen für weniger wichtig erachtet als die klinische Betreuung, wenn nicht gar vollkommen ignoriert.

Ermutigt von Dr. Meares, entwickelten Gayle und ich ein zwölfwöchiges Selbsthilfe-Programm und gründeten 1981 in Melbourne die erste Krebs-Selbsthilfe-Gruppe. Die Erfahrungen aus dieser Arbeit habe ich in meinem Buch *So können Sie den Krebs besiegen* zusammengetragen.

Meditation, eine gesunde Ernährung und kreatives Denken bilden die Stützpfeiler des Programms, das eine Kombination aus *Gesundheitsvorsorge* und *gegenseitiger Hilfe* in einer verständnisvollen Umgebung darstellt. Wir sprechen über alles, was den Krebspatienten bewegt – zum Beispiel über Techniken der Schmerzkontrolle, über Tod und Sterben, über Heilung, über die Ursachen von Krebs, über die Bedeutung einer positiven Lebenseinstellung, über Gefühle, Philosophie, den Umgang mit Streßfaktoren. In den ersten fünf Jahren seit Bestehen des Selbsthilfe-Programms haben mehr als zweitausend Menschen es in Anspruch genommen.

Ein neuer Lebensstil

Der Wunsch nach einer gesunden Lebensweise ist nicht mehr nur das Anliegen einiger Gesundheitsapostel, er setzt sich auch in der breiten Öffentlichkeit allmählich durch. Viele Menschen wollen außerdem nicht einfach nur Krankheit vermeiden, sondern sind bestrebt, ihr inneres Gleichgewicht wiederherzustellen, um so die Grundlage für eine wirklich stabile Gesundheit zu schaffen. Genau in diesem Sinn wird Meditation heute hauptsächlich verstanden: als Schlüssel zu körperlicher und geistiger Gesundheit und wahrer innerer Zufriedenheit.

In den Selbsthilfe-Gruppen und Meditationskursen, die ich in den vergangenen Jahren in Australien veranstaltete, haben nicht nur Krebskranke, sondern auch Gesunde die ersten Schritte in Richtung Meditation getan. So sind vertrauensvolle und enge Kontakte zu jenen entstanden, deren Erfahrungen, Schwierigkeiten und Erfolge mir immer wieder das für meine Arbeit nötige Feedback gaben, denn als praktisch veranlagter Mensch geht es mir vorrangig um positive Ergebnisse für den einzelnen und nicht um die Bestätigung bestimmter Theorien. Dieses Buch, das ein kleiner Ratgeber für Menschen sein soll, die lernen möchten, wie man meditiert, ist also das Ergebnis der Erfahrungen vieler, denen mein aufrichtiger Dank gilt.

Nicht nur von den Krebspatienten, auch von ihren Familien habe ich eine Menge gelernt. Viele von ihnen, die sich mit einer der größten Herausforderungen unserer Tage, dem Krebs, konfrontiert sahen, haben sich nicht als Verlierer, sondern als Sieger erlebt. Nicht alle wurden wieder gesund, aber das schmälerte nie den menschlichen Gewinn, den Stolz über die positive Bewältigung der Krise. Über fünfzig Patienten mit Krebs im Endstadium sind seither unerwarteterweise genesen. In anderen Fällen war die veränderte Einstellung dem Tod gegenüber den Patienten wesentlich wichtiger als eine Genesung. Dem Tod mit Würde und Gewißheit begegnen zu können anstatt mit Angst, ihn als ein Gipfelerlebnis zu erfahren, als den bedeutsamen Abschluß dieses Lebens, wurde von ihnen als der eigentliche Sieg empfunden. Wieder andere erlebten eine tiefe Freude angesichts der Gewißheit, daß sie durch ihre eigenen Bemühungen um Genesung ihr Schicksal mitbestimmt, ja selbst entschieden hatten. Diese Menschen sind davon überzeugt, daß ihr aktives Mitwirken – zusammen mit der medizinischen Betreuung – für die Heilung ausschlaggebend war. Zu Recht, denn der klinische Befund räumte den meisten der Betroffenen eine Überlebenschance von fünfzig Prozent ein. Das eigene Bemühen um Gesundheit wurde von den Patienten als *der* entscheidende Schritt gewertet. Darüber hinaus spielte auch das Vertrauen in die Wirksamkeit der Maßnahmen, die sie selbst ergriffen hatten, eine große Rolle.

Es gäbe viele bewegenden Geshichten zu erzählen – dramatische von Menschen, die schwere Krankheiten überwanden, und andere, weniger dramatische, aber gleichermaßen ergreifende Geschichten von Menschen, die einfach wieder Mut zum Leben fanden, ihren ganz persönlichen Lebenssinn und eine neue Freude am Leben entdeckten.

Die Vorteile der Meditation

Wer meditiert, stößt auf Antworten. Zum Beispiel wie man sein Leben aktiv und erfüllt, aber streßfrei gestalten kann. Oder wie man die komplexen Selbstheilungskräfte des Körpers aktiviert, um so all jene Zustände physischen, psychischen und geistig-spirituellen Ungleichgewichts zu beseitigen, die wir als Krankheit erfahren. Wer meditiert, macht die Erfahrung einer realen inneren, geistigen Dimension, die dem Leben erst eine wirklich befriedigende Ausrichtung verleiht.

Die Erfahrung der Wirklichkeit dieser geistigen Dimension, die zugleich der Ursprung für wahres Wohlergehen ist, sollte uns eine ernsthafte Anstrengung wert sein. Am besten wäre es, mit der gleichen Selbstverständlichkeit, mit der man ißt oder arbeitet, auch zu meditieren, oder mit der gleichen Unbedingtheit, mit der man sich Gesundheit, Spaß und Glück wünscht. Ein bißchen Enthusiasmus schadet nicht! Freuen Sie sich aufs Meditieren, und genießen Sie es! Es könnte das größte Abenteuer Ihres Lebens werden.

Im Laufe der Zeit müssen Sie allerdings über den Anfangsenthusiasmus und den brennenden Wunsch, es richtig machen zu wollen, hinauswachsen, denn Meditieren bedeutet Loslassen, Nicht-Ergreifen, auch nicht aus Begeisterung. Es ist wichtig, unabhängig von Gefühlen, guten wie schlechten, zu meditieren, um zu erfahren, was Meditation wirklich ist. Richtig meditieren heißt, «es» einfach zuzulassen.

Übung macht den Meister

Meditieren lernen läßt sich mit dem Autofahrenlernen vergleichen. Man braucht Motivation, theoretische Kenntnisse und einige praktische Tips. Die eigentliche Praxis aber erwirbt man nur durchs Fahren selbst.

Am Anfang geht nichts von allein, jeder Schritt muß immer wieder neu durchdacht werden, ehe er ausgeführt werden kann: Schlüssel ins Zündschloß, drehen, linker Fuß auf die Kupplung, rechter Fuß aufs Gaspedal, Kupplung kommen lassen, Gas geben, Blinker setzen, Rückspiegel nicht vergessen. Schnell ist man überfordert und vergißt vor lauter Überlegen das Fahren. Von Fertigkeit oder Geschick keine Spur! Diese Hemmschwelle überwindet man nur durch Fahrpraxis. Je öfter man fährt, um so leichter fällt es einem. Die einzelnen Abläufe geschehen schon bald automatisch, und nach einer Weile hat man die nötigen Erfahrungen gesammelt. Man fährt unverkrampft und ohne sich anzustrengen, als wäre es die selbstverständlichste Sache von der Welt. Wenn jetzt plötzlich ein Kind vor den Wagen springt, erfolgt aufgrund der Fahrpraxis instinktiv die richtige Reaktion.

Ein routinierter Fahrer bewegt sich auch in hektischem Verkehr souverän und sicher, begegnet geschickt allen möglichen Hindernissen, weicht Gefahren aus und erreicht heil sein Ziel. Das Fahren ist ihm in Fleisch und Blut übergegangen, es ist ihm zur zweiten Natur geworden.

Ähnlich verhält es sich mit dem Meditieren. Am Anfang macht man sich mit Feuereifer daran, angetrieben von der eigenen Erwartungshaltung. Dann schult und erweitert man sein Verständnis, lernt und vertieft den Umgang mit verschiedenen Techniken. Auf diese Weise, durch Lernen, bewußte Anstrengung und Wiederholung, entwickelt sich eine immer größere Vertrautheit und Leichtigkeit im Umgang mit der Materie, ein natürlicher Fluß. Egal welche Fertigkeit man sich auch aneignen möchte, der Lernvorgang bleibt immer derselbe. Denken Sie daran, wenn Sie ungeduldig werden wollen.

Dieser Lernvorgang läßt sich so darstellen:

Die 4 Schritte, eine neue Fähigkeit zu erwerben

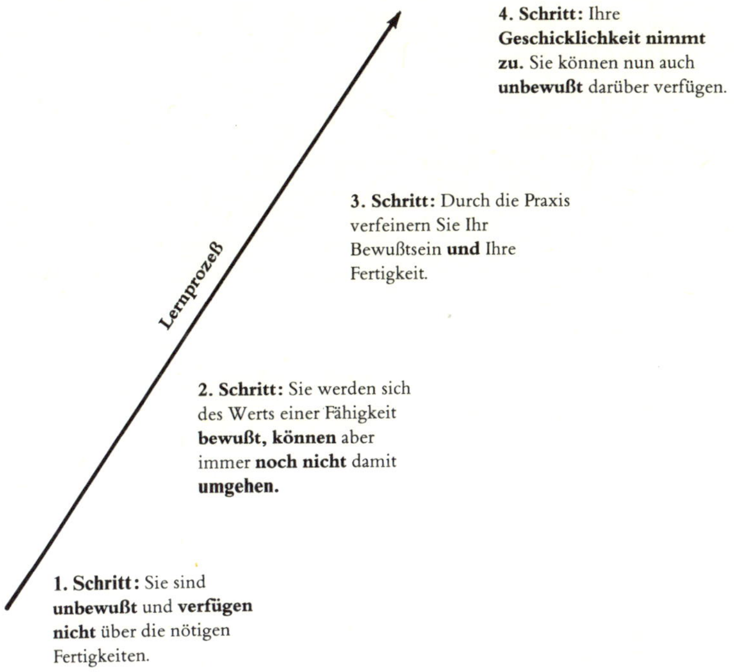

Am Anfang einer jeden Meditationspraxis ist es nützlich, sich diesen schrittweisen Lernvorgang vor Augen zu führen, der darin gipfelt, daß man eine bewußt erlernte Fähigkeit gebrauchen kann, ohne weiter darüber nachdenken zu müssen.

Bei der Heilmeditation kommt diesem Aspekt sogar besondere Bedeutung zu, da hier die Erfahrung des in sich ruhenden, nichtdenkenden Geistes betont wird. Genau diese Erfahrung würde sich aber nicht einstellen, müßte man jeden Schritt immer wieder neu überdenken.

Glücklicherweise zeigt uns die Meditation, womit wir uns schwertun. Sobald sich jedoch eine gewisse Leichtigkeit einstellt, ist die erste Hürde genommen und positive Auswirkungen machen sich bemerkbar.

Ich habe zweieinhalb Jahre gebraucht, um zu begreifen, daß Meditieren dann anfängt, wenn alles andere aufhört. Man braucht eigentlich nicht viel zu tun, um diesen Zustand, in dem der Körper zutiefst entspannt und der Geist ruhig ist, zu erfahren. Man muß ihn nur zulassen.

Aber genau das fällt dem Anfänger am schwersten. Wie oft bekomme ich zu hören:

«So so, das klingt ja phantastisch einfach. Ich brauche also nichts zu tun, richtig? Und wie stelle ich das an? Wie tue ich nichts? Sobald ich mich mit diesem Vorsatz hinsetze, kann ich an nichts anderes denken als daran, was ich noch zu erledigen habe, an den Müll, den ich raustragen muß, was ich zu Abend kochen soll, was morgen, und an die Rechnungen, die noch zu bezahlen sind. Außerdem tut mir immer das Kreuz weh!»

Nun, ich hoffe, mit diesem Buch einige wertvolle Anregungen geben zu können, denn es gibt eine Reihe einfacher Methoden, die geeignet sind, solches «Nichtstun» zu erleichtern.

Wofür Sie sich aber auch entscheiden mögen:

Die Übung bleibt das A und O. Dieses Buch möchte Sie zu einer regelmäßigen Praxis motivieren, damit Ihr Leben schon bald um die vielfältigen Freuden und Vorteile, die das Meditieren mit sich bringt, bereichert wird.

2 Die Grundlagen der Meditation

Im folgenden soll nun das Verständnis dessen, was Meditation ist, wie und warum sie funktioniert, vertieft werden. Die Beschäftigung mit diesen Fragen ist naturgemäß ein wenig trocken, aber im Hinblick auf die eigene Praxis unumgänglich, da nur so das notwendige theoretische Fundament gelegt werden kann.

Erfahrungsebenen

Zu meditieren bedeutet nicht, in ein nebulöses Nichts zu springen. Die Meditationserfahrung ist eine stufenweise, wobei die ersten Stufen relativ einfach sind und schnell sichtbare Resultate zeitigen. Für die höheren Stufen bedarf es einiger Ausdauer und Entschlossenheit, auch sind die Wirkungen in ihrer Art subtiler.

Das wohl größte Mißverständnis, auf das ich bei Meditationsanfängern oft stoße, ist die Auffassung, daß zu meditieren nichts weiter bedeutet, als Geist und Körper optimal zu entspannen. Davon versprechen sie sich viel. Sie glauben, die Meditation sei eine Art Lichtschalter, mit dem man die Entspannung an- und ausknipst, und daß Meditieren nichts nützt, solange der Zustand vollkommener Entspannung nicht erreicht wird.

Ganz so verhält es sich nicht. Der Lichtschalter – die Meditation – ist nämlich, um im Bild zu bleiben, ein stufenweise funktionierender Lichtschalter, ein Dimmer. Wenn man ihn betätigt, wird es nicht schlagartig, sondern nach und nach heller. So läuft das auch mit der Meditation. Sie umfaßt ein breites Spektrum an Erfahrungsebenen, die man stufenweise kennenlernt.

Im vorangegangenen Kapitel wurden die Gesundheits- oder Heilmeditation, die Einsichtsmeditation und die Kreative Meditation kurz angesprochen. Ganz allgemein wurde die Meditation als ein veränderter Bewußtseinszustand beziehungsweise eine höhere Bewußtseinsebene definiert. Nun gibt es eine ganze Reihe von veränderten Bewußtseinszuständen oder -ebenen. Ihr Verständnis wirft auch auf die Ziele und Methoden der Meditation ein klärendes Licht.

Bewußtseinsebenen

Da wäre an erster Stelle der Tiefschlaf zu nennen, in dem wir keine bewußten Wahrnehmungen haben. An zweiter Stelle der Traumzustand, in dem wir zwar ebenfalls tief schlafen, aber äußerst aktiv sind – wir träumen. Als dritter veränderter Bewußtseinszustand ist die Phase kurz vor dem Einschlafen beziehungsweise kurz vor dem Aufwachen zu nennen, und schließlich unser normales Wachbewußtsein, das uns am vertrautesten erscheint.

Der meditative Zustand ist ein Zustand klarer, bewußter Wahrnehmung. Er beginnt, wenn das gewöhnliche Denken aufhört. Dann betritt man eine Ebene des Bewußtseins, die gemeinhin als «Höheres Bewußtsein» bezeichnet wird.

Bevor wir jedoch näher auf die konkrete Erfahrung höherer Bewußtseinszustände eingehen, ist es angebracht, den Organismus, auf den sie einwirken, noch ein wenig genauer zu betrachten und dabei auch die Bedeutung von Streß beim Auftreten von Krankheiten zu berücksichtigen.

Die Kampf-oder-Flucht-Reaktion

Die instinktive, automatische Reaktion unseres Körpers angesichts einer gefährlichen Situation ist als Kampf-oder-Flucht-Reaktion bekannt (Kurzfassung: Kampf/Flucht-Reaktion).

Nehmen wir an, plötzlich steht ein Bär in der Tür. Es ist ganz natürlich, wenn Ihnen vor Angst erst einmal die Luft wegbleibt und ein kräftiger Adrenalinstoß durch die Venen gejagt wird. Sämtliche Muskeln sind schlagartig auf das äußerste angespannt. Der Atem fliegt. Das Herz schlägt schneller, der Puls rast, der Blutdruck steigt. Es wird vermehrt Kortison, ein Streßhormon, produziert und ans Blut abgegeben. Innerhalb von Bruchteilen von Sekunden finden dramatische biochemische Veränderungen statt, die Sie befähigen, auf die Gefahr zu reagieren.

Diese sogenannte Kampf/Flucht-Reaktion ist seit langem bekannt, ihren psychophysiologischen Auswirkungen mißt man jedoch erst in letzter Zeit Bedeutung bei. Sie leitet eine Phase erhöhter Aktivität ein, in der man sich entweder gegen die Gefahr zur Wehr setzt oder aber flieht. Dazu ist man dank der biochemischen Veränderungen, die sie im Körper auslöst, in der Lage. Die jetzt dringend benötigten Energiereserven werden in Bruchteilen von Sekunden freigesetzt. Wir haben es also mit einem Überlebensmechanismus zu tun, der uns zu Hilfe kommt, ohne daß wir uns bewußt darum kümmern müßten. Er wird automatisch ausgelöst.

Die zusätzlichen Energien werden von dem bedrohten Organismus im Kampf oder bei der Flucht aufgebraucht.

Gelingt sie oder gewinnt man den Kampf, ist die Gefahr vorüber. Nun kommt die Phase der Entspannung. Man atmet kräftig durch und entspannt sich. Dies ist der normale Verlauf der Kampf-oder-Flucht-Reaktion. Auf äußerste Anspannung folgt vollkommene Entspannung.

Entspannung ist nötig

Die Gefahr ist vorüber. Mit einem Stoßseufzer kommt man wieder zur Ruhe. Die körperliche und geistige Anspannung läßt nach. Die Muskeln entspannen sich, Herzschlag, Puls und Atmung normalisieren sich, die gesamte Körperchemie kehrt in den Normalzustand zurück.

Dieses völlige Loslassen wird als Entspannungsreaktion bezeichnet. Normalerweise entspannt man sich automatisch, ohne sich darum bemühen zu müssen. Es ist ein natürlicher Vorgang. Entspannt zu sein hat nichts mit Lethargie zu tun, es bedeutet auch nicht, schlampig zu werden oder nur noch träge herumzuhängen, in die Sonne zu blinzeln und mit einem kühlen Bier in Reichweite über einem Buch einzudösen. Entspannung bedeutet, nicht mehr als *das Minimum an Energie aufzuwenden, das nötig ist, um eine Aufgabe zu lösen.* Nicht zuviel und nicht zuwenig. Wenn Sie in der Sonne liegen, sind die Muskeln völlig entspannt, weich und locker. In gleicher Weise zeichnet sich ein Marathonläufer dadurch aus, daß er beim Laufen nicht mehr Kraft als nötig aufwendet. Robert de Castella sieht selbst dann noch entspannt aus, wenn er seinem Körper Höchstleistungen abverlangt. Dem Sprinter Carl Lewis ist vor einem Hundertmeterlauf nicht die geringste körperliche Anspannung anzumerken. Lockerungsübungen dienen dazu, Spannungen im wahrsten Sinne des Wortes abzuschütteln. Sportler wissen, daß verspannte Muskeln das Laufen erschweren, entspannte Muskeln jedoch Höchstleistungen ermöglichen.

Entspannt zu sein bedeutet, gesund und leistungsfähig zu sein.

Streß und die Kampf/Flucht-Reaktion

In unserer Zeit wird die Kampf- oder Flucht-Reaktion von sehr viel komplexeren, weniger greifbaren Umständen hervorgerufen als in der Frühzeit der Menschheitsgeschichte. Darum fällt es uns auch schwerer, sie wieder aufzulösen, und hierin liegt die Hauptursache für viele unserer sogenannten Zivilisationskrankheiten. Die Kampf/Flucht-Reaktion wird ausgelöst, aber ihr Pendant, die Entspannungsreaktion, bleibt aus.

Ein Grund dafür dürfte sein, daß viele der Gefahren und Herausforderungen, denen wir in unserer Wettbewerbsgesellschaft begegnen, emotionaler, psychischer Natur sind. Eindeutige Gefahrensituationen, die unser Überleben direkt bedrohen, treten relativ selten auf. Menschen, die uns verunsichern, unklare Zukunftsängste, das Gefühl, vor unlösbaren Problemen zu stehen, und dergleichen – das sind die Gefahrensituationen, denen wir ausgesetzt sind. Da ist ein Vorgesetzter, den wir einfach nicht zufriedenstellen können. Jeder Gedanke an ihn setzt die Kampf/Flucht-Reaktion mit all ihren körperlichen Auswirkungen in Gang. Wir sind erregt, in unserem Körper findet eine Veränderung des homöostatischen Gleichgewichts statt. Wir hätten nicht übel Lust, ihm die Meinung zu sagen oder ihn einfach stehenzulassen und die Tür mit lautem Krachen hinter uns zuzuschlagen – aber wir unterdrücken diese Regungen, denn schließlich sind wir auf den Arbeitsplatz angewiesen, auf das Gehalt, die Altersversorgung, die Sicherheit. Statt dessen schlucken wir unseren Ärger hinunter, unterdrücken unsere Gefühle und halten so den Zustand der Anspannung aufrecht.

Auf diese oder ähnliche Weise gehen wir mit den meisten unangenehmen Lebensumständen oder Gefühlen um. Traumatische Erfahrungen, die nie ganz überwunden wurden – etwa der Verlust eines geliebten Menschen oder unangenehme, schmerzhafte Erinnerungen – können die Kampf-oder-Flucht-Reaktion schlagartig auslösen. Existentielle Ängste, berufliche Sorgen, finanzielle Krisen, Partnerschaftsprobleme gehören zu den Ursachen für andauernde geistig-seelische Anspannung. All diese Sorgen führen leider zu nichts anderem als zu einer verlängerten Kampf/Flucht-Reaktion. Eine Streßsituation jagt die nächste, ohne je aufgelöst zu werden.

Streß – eine kreative oder destruktive Kraft?

Streß ist nicht gleich Streß. Streß kann durchaus nützlich sein. Ohne den Druck, rechtzeitig im Büro sein zu müssen, kämen die meisten von uns morgens wahrscheinlich nur sehr schwer pünktlich aus den Federn. Und wenn es nicht die Arbeit ist, dann ist es das unangenehme Hungergefühl im Bauch, das uns antreibt. Ohne irgendeine Form von Druck wären sehr viele Menschen kaum ausreichend motiviert, irgend etwas Sinnvolles zu tun.

Also ist gegen ein wenig Streß eigentlich nichts einzuwenden. Nur allzuviel davon ist ungesund. Ein wenig Streß jedoch bewirkt, daß man sich dynamisch und aktiv fühlt, und seine wahre Leistung bringt. Man fühlt sich gefordert, nicht überfordert, hat eine Aufgabe im Leben, ein Ziel.

Wenn man sich einer Herausforderung gewachsen fühlt, stärkt dies das Selbstbewußtsein und vermittelt einem ein positives Lebensgefühl. Diese Art von Streß ist gesund und steigert die Kreativität. Man ist motiviert, positiv, ausgeglichen und leistungsfähig. Die folgende Graphik weist diesen Bereich als angenehme Zone aus. Es ist der Bereich, in dem Höchstleistungen erbracht werden.

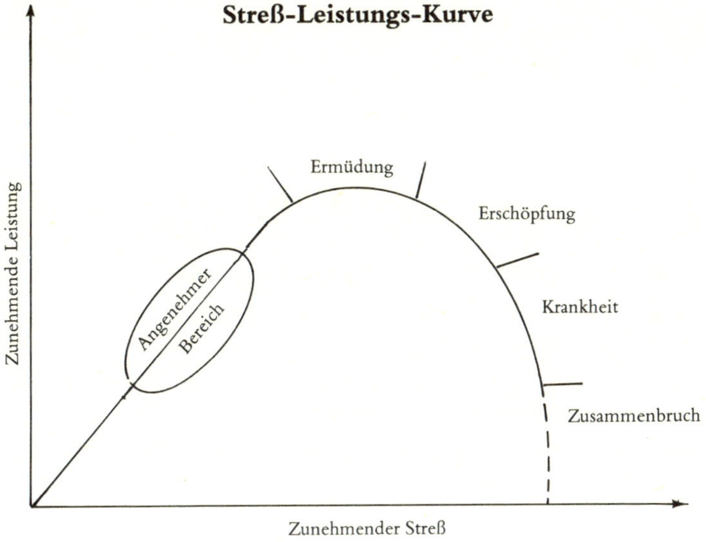

Im weiteren Verlauf der Kurve wächst die Herausforderung und mit ihr der Streß. Nun sieht man sich genötigt, seine Leistung den gesteigerten Anforderungen anzupassen.

So führt also ein gewisses Maß an Streß offensichtlich zu einer Leistungssteigerung. Im angenehmen Bereich ist man zu den erwähnten Höchstleistungen fähig. Man fühlt sich den Herausforderungen des Lebens gewachsen und kann konstruktiv damit umgehen. Das Leben hat einen Sinn und ist lebenswert.

Wenn aber, wie der Verlauf der Kurve erkennen läßt, der Druck zunimmt, wird die Streßtoleranzgrenze bald überschritten und man findet sich jenseits des angenehmen Bereichs, außerstande, das Mehr an Belastung zufriedenstellend zu bewältigen. Müdigkeitserscheinungen sind die Folge. Man muß sich mehr anstrengen, trotzdem läßt die Leistung nach. Ist man dem Streß auch weiterhin ausgesetzt, verringert sich die Leistungsfähigkeit zusehends. Erschöpfung setzt ein. Man wird gereizter, ungeduldiger, Kopfschmerzen oder Magenbeschwerden stellen sich ein, das Allgemeinbefinden verschlechtert sich. Irgendwie fühlt man sich einfach nicht mehr auf der Höhe.

Werden diese Warnsignale ignoriert, und zwingt man sich auch weiterhin zu Höchstleistungen, um den unvermindert hohen Ansprüchen gerecht zu werden, bleibt Krankheit nicht aus. Zuerst treten relativ unbedeutende Irritationen auf wie Hautausschläge, Magenbeschwerden, diverse Allergien, aber auch Magengeschwüre, Bluthochdruck und viele andere psychosomatisch bedingte Störungen. Laut einer Veröffentlichung der American Academy of Physicians erfolgen zwei Drittel aller Arztbesuche aufgrund von streßbedingten Beschwerden!

Wird auch auf diese Signale nicht mit entsprechenden Maßnahmen reagiert, kann es zu einer wirklichen Krise, zu einem Zusammenbruch des Systems kommen – zum Beispiel zu einem Herzinfarkt oder zu Krebs. Über neunzig Prozent der von mir befragten Krebspatienten betrachteten Streß als einen Hauptfaktor bei der Entwicklung ihrer Krankheit. Dennoch ist all dies kein Grund zu verzagen. Die Entspannungsreaktion ist ein zuverlässiges Anti-Streß-Mittel, ihre Erfolge sprechen für sich. Das von angestautem Druck befreite System erholt sich und kann das natürliche Gleichgewicht – und somit unsere Gesundheit – wiederherstellen.

Der Streßmechanismus

Die nachfolgende Illustration (siehe S. 44 f.) verdeutliche noch einmal die Wechselwirkungen zwischen Streß und Entspannungsreaktion. Wenn Sie wirklich verstanden haben, was Streß für Geist und Körper bedeutet, werden Sie den wahren Wert der Entspannungsreaktion besser begreifen.

Die linke Kolumne der Abbildung stellt den durch die Kampf-oder-Flucht-Reaktion ausgelösten Streßmechanismus dar. Die beiden oberen Querverbindungen zeigen, was geschieht, wenn wir mit einem Problem konfrontiert werden, das sich allen Bemühungen zum Trotz nicht lösen läßt. Unsere Reaktion darauf ist entweder konstruktiv oder destruktiv.

Schwierigkeiten werden zu unlösbaren Problemen, wenn wir das Gefühl haben, nichts an ihnen ändern zu können. Oder wenn wir uns nach Kräften bemühen, aber die erhoffte Wirkung nicht eintritt. Wenn ein Arbeitsloser sich beispielsweise um eine neue Arbeitsstelle bemüht, aber partout keine findet. Die psychische Last wird mit jeder Absage drückender. Auch der umgekehrte Fall ist denkbar. Ein Angestellter in guter Position hat sich finanziell übernommen und kann seinen Verpflichtungen nicht nachkommen. Er überzieht sein Konto, macht Überstunden, aber die Schulden werden trotzdem nicht weniger. So gerät er unter immer größeren Leistungsdruck.

Die Streß-Unterbrechungsreaktion

Die Situation ist dennoch nicht hoffnungslos, denn man kann auch mit einer ungelösten Problematik oder einem unbefriedigenden Ergebnis seinen Frieden machen. Man kann akzeptieren, daß man sich nach besten Kräften be-

Der Streßmechanismus

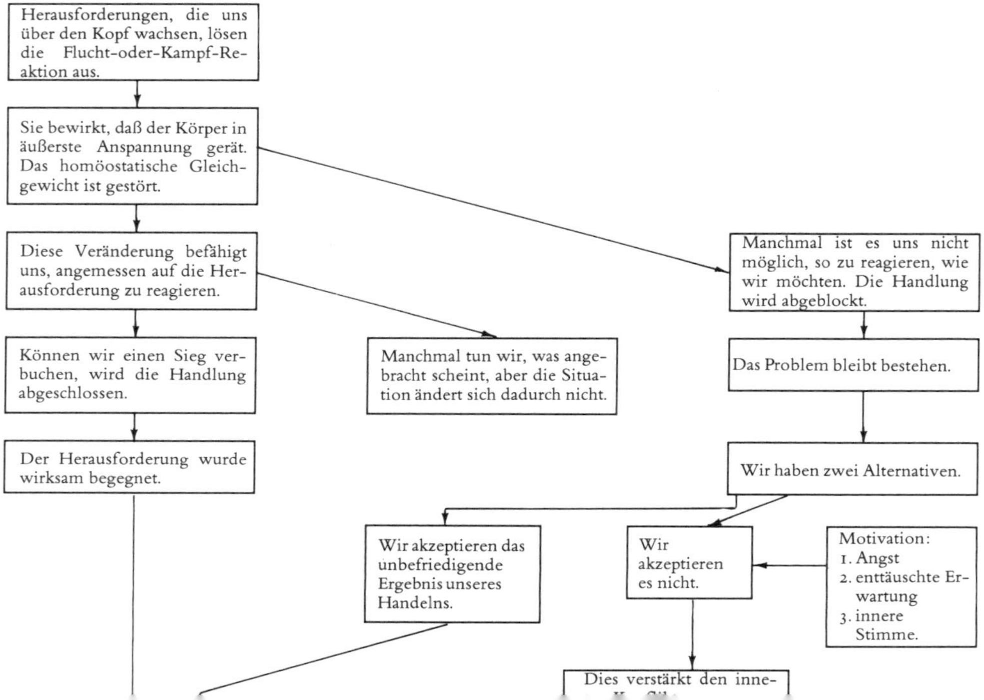

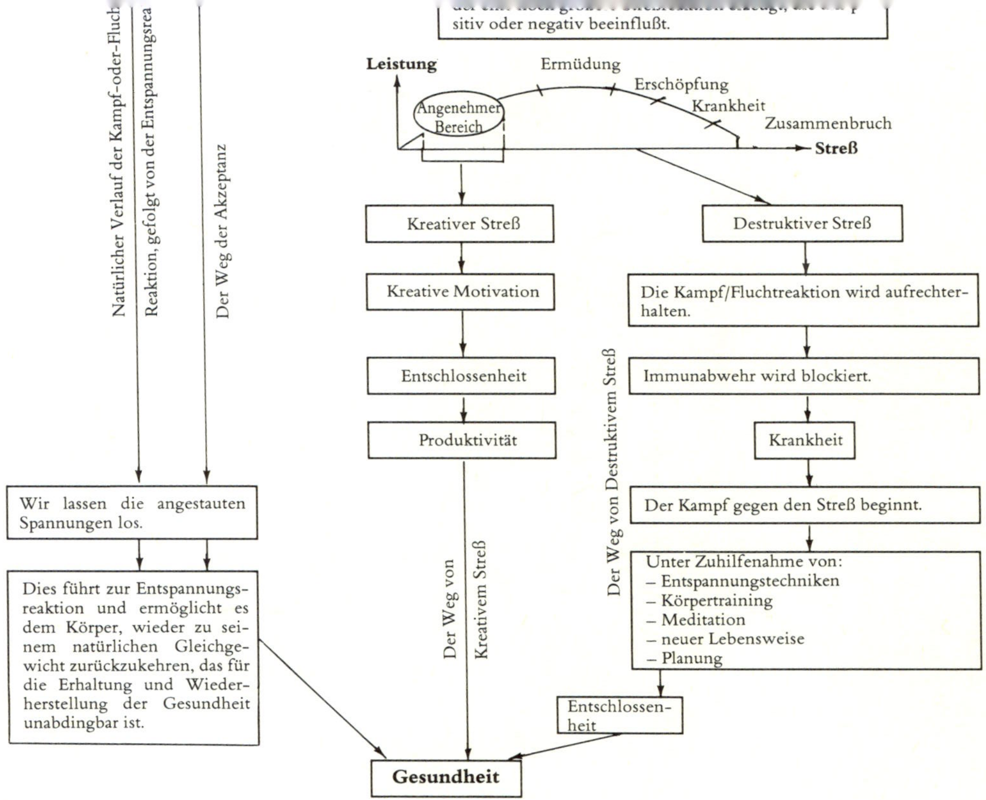
sitiv oder negativ beeinflußt.
Natürlicher Verlauf der Kampf-oder-Fluch
Reaktion, gefolgt von der Entspannungsrea
Der Weg der Akzeptanz
Wir lassen die angestauten Spannungen los.
Dies führt zur Entspannungsreaktion und ermöglicht es dem Körper, wieder zu seinem natürlichen Gleichgewicht zurückzukehren, das für die Erhaltung und Wiederherstellung der Gesundheit unabdingbar ist.
Leistung
Angenehmer Bereich
Ermüdung
Erschöpfung
Krankheit
Zusammenbruch
Streß
Kreativer Streß
Kreative Motivation
Entschlossenheit
Produktivität
Der Weg von Kreativem Streß
Destruktiver Streß
Die Kampf/Fluchtreaktion wird aufrechterhalten.
Immunabwehr wird blockiert.
Krankheit
Der Kampf gegen den Streß beginnt.
Unter Zuhilfenahme von:
– Entspannungstechniken
– Körpertraining
– Meditation
– neuer Lebensweise
– Planung
Der Weg von Destruktivem Streß
Entschlossenheit
Gesundheit

müht, aber im Augenblick nun einmal nicht mehr erreicht hat. Diese Einstellung befreit von weiterem, unnötigem Druck. Man kann sich den neuen Gegebenheiten anpassen, nötigenfalls einige Veränderungen vornehmen, dann aber entspannen und das Problem loslassen. Kein Streß, keine Quälerei. Das Leben geht weiter.

Das ist eine vernünftige Einstellung, aber so vernünftig, unkompliziert und optimistisch sind wir leider selten. Wir ziehen es statt dessen vor, den Streß noch zu vergrößern.

Streßursachen

Der Grund dafür, daß man eine Situation nicht akzeptiert, heißt in der Regel Angst oder Enttäuschung. Manchmal entspringt diese Reaktion aber auch einer uns nicht bewußten Entscheidung unseres Höheren Selbst, unserer inneren Weisheit. Liegt auch nur einer der drei Faktoren vor, ist es uns unmöglich, eine Situation anzunehmen. Aus dem Zustand innerer Spannung heraus reagiert man verkrampft, und der daraus resultierende Streß wird immer unerträglicher.

Kreativer Streß

Fühlt man sich der Situation indes gewachsen, wirken sich die Anforderungen positiv aus. Der Streß bleibt erträglich. Man kann die Herausforderung sogar genießen, fühlt sich motiviert und Herr(in) der Lage. Vermutlich wird man ein zufriedenstellendes Ergebnis erzielen, und anstatt krank zu werden, erfreut man sich bester Gesundheit.

Destruktiver Streß

Wächst einem die Situation aber über den Kopf, erfährt man negativen Streß. Häufig sind Versagensängste dafür verantwortlich, daß eine Situation uns entgleitet, aber auch Enttäuschung über nichterfüllte Erwartungen. In selteneren Fällen inszeniert unser Höheres Selbst eine scheinbar negative und unlösbare Streßsituation. Wie dem auch sei, sobald man sich überfordert fühlt, wird es immer schwieriger, den gestellten Anforderungen gerecht zu werden, und über kurz oder lang nimmt die Gesundheit Schaden.

Die Entspannungsreaktion

Auf Streß gibt es nur eine Antwort: Entspannung. Der menschliche Körper ist mit einer Batterie vergleichbar. Unter Spannung lädt sie sich auf, im Fall einer Erdung wird sie entleert. Wenn ein Mensch unter Spannung steht und die Entspannungsreaktion anwendet, «erdet» er sich, das heißt, Spannungen, egal welcher Art, werden freigesetzt. Darin besteht die unmittelbare, positive Wirkung der Entspannungsreaktion. Die Entspannung ist gleichbedeutend mit Entwarnung, worauf die physiologischen Funktionen mit der Wiederherstellung des natürlichen Gleichgewichts reagieren. Gesundheit ist die ebenso natürliche Folge.

Dieser Effekt wurde erstmals 1957 von Walter Hess beobachtet und seither intensiv erforscht. Man stellte fest, daß der Muskeltonus abnimmt, Herzfrequenz und Atmung sich verlangsamen und der Blutdruck sinkt, wenn die Entspannungsreaktion erzeugt wird. Weiter wurden eine geringere Sauerstoffaufnahme und Kohlendioxidausscheidung gemessen sowie eine Abnahme des Blutlaktats (ein Stoffwechselprodukt) und des Kortisonspiegels. Die

Durchblutung der inneren Organe wird verbessert, die Außentemperatur der Haut und der Hautwiderstand erhöhen sich. Die beiden letztgenannten Faktoren lassen sich mit Hilfe von Biofeedbackgeräten genau messen und sind besonders gute Indikatoren für den Grad der Entspannung.

Das ist noch nicht alles. Es treten auch erhebliche Veränderungen in den Gehirnwellenmustern auf. Maxwell Cade hat mit Hilfe eines Elektroenzephalogramms (EEG) nachgewiesen, daß veränderte Bewußtseinszustände unterschiedliche Gehirnströme verursachen. So zeigt das EEG im Verlauf der Entspannungsreaktion eine Zunahme der langsameren Alphawellen sowie ein gelegentliches Auftreten der noch langsameren Thetawellen (siehe Anhang). Damit läßt sich sichtbar machen, daß während der Meditation tatsächlich etwas geschieht.

Die Art der Veränderungen zeigt auch, daß der meditative Zustand sich wesentlich vom Schlaf oder einem gewöhnlichen Entspannungszustand unterscheidet. Hier handelt es sich um einen veränderten Bewußtseinszustand, der zwar von körperlicher Entspannung begleitet wird, die im Schlaf erfahrene Entspannung aber bei weitem übertrifft. In der Folge erholt sich das angegriffene Immunsystem und kann seine Abwehrfunktionen wieder erfüllen. Die regelmäßige Anwendung der Entspannungsreaktion ist demnach in jedem Krankheitsstadium eine geeignete, unterstützende Heilmaßnahme.

Die Entspannungsreaktion als erste Stufe der Heilmeditation

Die vorangegangenen Erläuterungen zur Kampf/Flucht-Reaktion und zur Entspannungsreaktion sollten den Schleier des Geheimnisses, der die Meditation umgibt, etwas lüften und sie von falschverstandenen mystischen Vorstellungen befreien. Sie sollten aber auch deutlich machen, warum die Meditation – und hier gerade die Heilmeditation – als Selbsthilfe-Technik so populär geworden ist. Traditionellerweise wurde die Meditation ja ausschließlich als ein Weg der Geistesschulung gelehrt und angewendet. Es war ein langer und oft mühsamer Weg, den nur jene Menschen gingen, die eine bestimmte spirituelle Weiterentwicklung und Entfaltung anstrebten. Im Zen-Buddhismus beispielsweise geht man davon aus, daß frühestens nach zwanzig Jahren von wirklichen Fortschritten die Rede sein kann. Das primäre Ziel war und ist, wie gesagt, die spirituelle Weiterentwicklung, eine stabilere Gesundheit nichts weiter als ein angenehmes Nebenprodukt.

Hier kommt uns unser westliches Nützlichkeitsdenken einerseits, aber auch unsere Wissenschaftsgläubigkeit andererseits endlich einmal zugute. Beides treibt uns förmlich dazu, alles und jedes, auch die verschiedenen Meditationstechniken, wissenschaftlich zu untersuchen. Nach und nach sind wir so auf allen Meditationstechniken gemeinsame, gesundheitsfördernde Faktoren gestoßen, die, ergänzt durch ein Verständnis des Streßmechanismus und seiner physiologischen Folgen, uns den wahren Wert der Entspannungsreaktion erst wirklich schätzen läßt. Und schließlich verdanken wir es dieser Neugierde, daß es uns möglich ist, die Entspannungsreaktion gezielt auszulösen und mit ihrer Hilfe nicht nur unsere Gesundheit zu erhalten, sondern, falls wir es wünschen, die Erfahrung höherer Bewußtseinszustände anzustreben.

Die Stufen der Meditation

Wenn also die Entspannungsreaktion der erste Schritt zur Heilmeditation ist, wie geht es dann weiter, und was hat es mit den bereits erwähnten höheren Bewußtseinszuständen auf sich?

Untersuchungen haben ergeben, daß es bei allen Arten der Meditation gemeinsame Erfahrungsbereiche gibt. Die einen durchlaufen alle Stufen der Meditationserfahrung, andere überspringen die eine oder andere. Der überwiegende Teil verbringt sehr viel Zeit auf einer bestimmten Stufe.

Im folgenden werden sieben Meditationsstufen unterschieden und die sie begleitenden körperlichen und geistigen Empfindungen beschrieben. Es sind Anhaltspunkte, keine Regeln, denn jeder meditiert und erlebt auf seine Weise. Manche durchlaufen alle Stufen so schnell, daß sie sie bewußt gar nicht auseinanderhalten können. Die Empfindungen auf Stufe 3 und 4 entsprechen der beziehungsweise charakterisieren die Entspannungsreaktion. Stufe 5 ist eine Übergangsphase. Sie ist gewissermaßen die letzte Gelegenheit für unser intellektuelles Ego, alle Fäden in der Hand zu halten, oder, anders ausgedrückt, unser letztes Gewahrsein des normalen oder gewöhnlichen Bewußtseinszustandes. Die Stufen 6 und 7 werden als höhere oder auch mystische Bewußtseinszustände bezeichnet, die von den Menschen, die sie erleben, fast immer als direkte, persönliche Erfahrung einer spirituellen Realität interpretiert werden. Weil diese Erfahrung Raum und Zeit transzendiert, das heißt diese beiden Eckpfeiler unseres normalen Realitätsbewußtseins hinter sich läßt, befreit sie den Meditierenden von seinen Ängsten und wird zur Ursache für ein tiefes Glück.

Positive Auswirkungen

Um in den Genuß der positiven Auswirkungen der Entspannungsreaktion zu kommen, muß sie regelmäßig praktiziert werden. Wird dies versäumt, tauchen nach einiger Zeit die alten Ängste, Spannungen und Verhaltensmuster wieder auf. Fortgesetztes Üben hingegen führt zu großer Klarheit des Denkens, zu einer verfeinerten Wahrnehmung, zu gesteigerter Kreativität und Leistungsfähigkeit und zu einer Beseitigung psychosomatischer Symptome.

Menschen, die in der Meditation höhere Bewußtseinszustände erfahren, werden nachhaltig davon geprägt. Ihren Berichten zufolge entsteht ein tiefes Verständnis für «das, was ist», für eine real existierende, letztliche Wirklichkeit, die direkt und unmittelbar erfahrbar ist. Aus dieser Erfahrung gehen sie gestärkt hervor, mit einer veränderten Sichtweise und mit einem neuen Vertrauen in das Leben, in das Sein. Sie berichten davon, ihr Höheres Selbst erfahren zu haben. Es wird als wichtiger, beständiger und wertvoller empfunden als die ichbezogene Persönlichkeit, mit der man sich bisher völlig identifiziert hatte. Dieses aus Körper, Ratio und Gefühlen zusammengesetzte Ich wird als der Vergänglichkeit unterworfener, äußerer Rahmen des beständigeren Höheren Selbst erkannt. Diese Erfahrung befreit von den Fesseln des herkömmlichen, starren Alltagsbewußtseins und führt zu der Erkenntnis, daß in uns das Potential schlummert, unser Leben und letztlich die Realität schöpferisch mitzugestalten. Hand in Hand damit geht häufig eine neue Sicht vom persönlichen Sinn des Lebens.

STUFEN DER MEDITATION

Stufe	*Beschreibung*	*Erfahrung*	*Körperempfindung*
1	**Entspannungsphase** Vorstufe der Entspannungsreaktion. Phase der Konzentration auf die Körperentspannung. Eine Phase des Übergangs vom gewöhnlichen Bewußtsein zu einem geistig entspannteren Zustand.	Viele fühlen sich befangen und gehemmt, vor allem zu Anfang. Man weiß nicht recht, was man erwarten soll. Statt Ruhe stellt sich vermehrt geistige Aktivität ein. Man wird sich seiner Gedanken erst richtig bewußt. Anfänger sind schnell frustriert.	Man spürt eine gewisse körperliche Entspannung. Manchmal wird man sich konkret lokaler Verspannungen bewußt und spürt, wie sie sich auflösen.
2	**Gelegentliche Konzentration** Die Konzentration kann noch nicht aufrechterhalten werden. Manchmal gelingt es mehr, manchmal weniger. Die Aufmerksamkeit wendet sich oft unbemerkt anderen Dingen zu.	Man ist um Konzentration auf die Meditationstechnik bemüht, aber man verfängt sich immer wieder unversehens im nicht enden wollenden Strom der Gedanken. Manchmal identifiziert man sich völlig mit einem auftauchenden Gedanken oder einer Vorstellung – bis einem wieder einfällt, daß man eigentlich meditieren wollte. Lassen Sie sich nicht frustrieren! Lassen Sie die Gedanken vorbeiziehen, und wenden Sie die Aufmerksamkeit erneut auf den	Der Körper ist entspannt. Viele verspüren ein Gefühl von Wärme, fühlen sich schwer, aber locker. Bei fortgesetzter Praxis vertieft sich die Entspannung.

		Meditationsgegenstand, auch wenn Sie immer wieder von Geräuschen oder Gedanken abgelenkt werden.	
3	**Aufrechterhaltung der Konzentration** Die Aufmerksamkeit kann auf einem Objekt gehalten werden. Gedanken sind analytischer Natur.	Der Geist wird ruhiger, zielgerichteter. Nur noch gelegentlich treten irgendwelche Gedanken auf, ohne jedoch den nun stabileren Entspannungszustand zu stören. Es können Erinnerungen auftauchen. Manchmal lösen sie emotionale Reaktionen aus. Sie werden sie in zunehmendem Maß wie ein neutraler Beobachter wahrnehmen. Es fällt nicht leicht, diesen Zustand aufrechtzuerhalten.	Der Körper fühlt sich relativ leicht an. Manche Menschen haben das Gefühl zu schweben, andere beginnen, sich hin und her zu wiegen. Die körperlichen Empfindungen werden als angenehm beschrieben.
4	**Betrachtung/Kontemplation** Der Geist ist zielgerichtet, die Art der Gedanken eher abstrakt-intuitiv.	Die Abstände zwischen auftretenden Gedanken werden immer größer. Sie erfahren Augenblicke vollkommener Ruhe. Sie lernen den Wert solchen Stillseins schätzen und entwickeln den Wunsch, es noch weiter zu vertiefen. Schwer beschreibbarer Zustand. Ist oft mit Einsichten und kreativen Ideen verbunden.	Wird oft als «ulkiges» Gefühl beschrieben. Der Körper fühlt sich leicht an, und als ob er sich über sich selbst hinaus ausdehnen würde. Wird am Anfang als befremdlich, später als angenehm empfunden. Der Kopf fühlt sich leicht an, wie unter der Wirkung einer Droge.

STUFEN DER MEDITATION (Fortsetzung)

Stufe	*Beschreibung*	*Erfahrung*	*Körperempfindung*
5	**Übergang** Ein deutliches Übergangsstadium, dessen sich die meisten Meditierenden klar bewußt sind. Es hinter sich zu lassen erfordert einige Übung.	Man hat das Gefühl, als würde etwas passieren, als würde man eine neue, bislang unbekannte Dimension betreten. Wird oft als Grenzerfahrung beschrieben, als Alles und Nichts zugleich. Etwa 25 % der Meditierenden erfahren auf dieser Stufe ein intensives Licht, 5 % hören etwas, 5 % haben Visionen. Sobald sie diese Erscheinungen aber näher betrachten bzw. sie festhalten wollen, verschwinden sie. Der Meditierende findet sich auf Stufe 4 wieder. Um Stufe 6 zu erreichen, ist es nötig loszulassen. Dies erfordert viel Vertrauen.	Der Körper fühlt sich leicht an, expandierend, wie eine überdimensionale Form, mit fedrigen Rändern. Wird nach einiger Zeit als angenehm empfunden.
6	**Vereinigung**	Ein völlig neuer Bewußtseinszustand, charakterisiert durch die vollständige Abwesenheit alltäglicher Gedanken und ein starkes Empfinden von Einheit. Unterschiedliche Erfahrungsgrade:	Kein Körperbewußtsein mehr, auch keine Wahrnehmung der Umgebung. Die Erfahrung transzendiert den physischen Körper, aber auch Raum und Zeit, ähnlich wie es

		A. Der Meditierende ist sich nicht sicher, ob er geschlafen hat oder schläft. Es fühlt sich nicht wie Schlaf an. Menschen, die diesen Zustand oft erleben, erfahren weitreichende Veränderungen in ihrer Gesundheit. B. Mystische Erfahrung, die sich einem anderen kaum mitteilen läßt. Zustand erhöhter Achtsamkeit, geht mit dem Gefühl, Teil eines größeren Ganzen zu sein, einher. C. Man wird sich der Vergangenheit bewußt. Erinnerungen steigen auf, die man wie ein unbeteiligter Beobachter wahrnimmt. Man löscht sie nicht aus, ist aber in der Lage, den damit verbundenen schmerzlichen Gefühlen die Intensität zu nehmen, und befreit sich so davon. Kann auch schon auf Stufe 3, gelegentlich auch 4 erlebt werden, dort weniger intensiv.	möglicherweise im Tod geschieht. Da der Zustand jedoch nicht zum Tod führt, sondern bewußt erlebt wird, verliert der Meditierende durch diese Erfahrung oft die Angst vor dem Tod.
7	**Erleuchtung**	Zustand direkter, innerer Erkenntnis. Hat den Charakter eines Geschenkes und führt zur Erfahrung allumfassenden Einsseins.	Siehe Stufe 6

Beachtenswert sind auch die positiven Auswirkungen auf die Gesundheit dieser Menschen. Die meisten der Krebskranken, die ich kenne und die ihre Krankheit besiegten oder zumindest beachtliche Erfolge im Kampf dagegen erzielten, haben in der Meditation solche Erfahrungen gemacht. Ihr Leben hat dadurch eine neue, positive Ausrichtung erhalten und in ihnen das Gefühl gestärkt, scheinbar ausweglosen Situationen nicht hilflos ausgeliefert zu sein.

Die Meditation ist der sicherste Weg zu innerem Frieden und einer besseren Gesundheit. Menschen aus allen Bevölkerungsschichten machen dieselbe transformierende, lebensbejahende Erfahrung. Menschen, die häufig meditieren, sind glücklich. Ihr Lächeln kommt aus tiefstem Innern.

Ein altes chinesisches Sprichwort besagt, daß auch eine tausend Kilometer lange Reise mit dem ersten Schritt beginnt. Nachdem wir uns bisher um ein Verständnis der Meditation und ihrer Funktionsweise bemüht haben, kehren wir nunmehr zu unserer Ausgangsfrage zurück. Wie lernt man zu meditieren? Wie sieht der erste Schritt aus?

3 Der erste Schritt

Es gibt viele hilfreiche Empfehlungen, die Ihnen das regelmäßige Meditieren erleichtern werden und die Sie Ihren Bedürfnissen anpassen können. Die Meditation ist kein starres Gefüge, sondern äußerst vielseitig. Und da wir alle unterschiedliche Voraussetzungen mitbringen, brauchen wir auch unterschiedliche Anwendungsmöglichkeiten.

Zunächst gilt: Verlangen Sie nicht zuviel von sich, schließlich wollen Sie lernen, Streß abzubauen. Denken Sie an die Streß-Leistungskurve, und achten Sie darauf, daß Sie im angenehmen Bereich bleiben, sonst wird sogar die Meditation zu einem Streßfaktor. Solange Sie sich im angenehmen Bereich befinden, lernen Sie spielerisch, die Übung ist effektiv, macht Spaß und erlaubt Ihnen, schrittweise über sich hinauszuwachsen beziehungsweise Ihre Fähigkeiten zu entwickeln und aufeinander abzustimmen. Mit zunehmender Routine werden sich Ihre Bedürfnisse verändern und damit auch die Methode.

Aus den Meditationserfahrungen vieler Menschen haben sich einige brauchbare, allgemein verbindliche Anregungen herauskristallisiert, die einer «guten» Meditationssitzung zuträglich sind. Ihre Aufgabe ist es nunmehr, aus dem Angebot jene auszuwählen, die Ihnen zusagen, sie anzuwenden und, wenn Sie sie nützlich finden, zu einer individuellen Methode zusammenzustellen, mit der Sie die besten Ergebnisse erzielen.

Klären Sie Ihre Beweggründe

Die Entschlossenheit, mit der Sie meditieren, hängt von der Art und Intensität Ihrer Motivation ab. Finden Sie also heraus, warum Sie eigentlich meditieren möchten. Und weil Sie diese Gründe zwischendurch mit ziemlicher Sicherheit wieder vergessen werden, tun Sie es vor jeder Meditationssitzung von neuem. Es fördert nicht nur Ihre Entschlossenheit, sondern hilft Ihnen auch bei der Wahl der Meditationstechnik, die für Sie in Frage kommt, bei der Entscheidung, wie oft Sie meditieren wollen, und so weiter.

Die erste Frage lautet also: Warum wollen Sie meditieren?

Eingangs war unter anderem von Streß-Management die Rede, und wirklich suchen viele nach einer Möglichkeit, mit Streß besser umgehen zu können. Andere erhoffen sich Gesundheit oder wollen ihre spirituelle Entwicklung fördern. Oft spielt Angst eine große Rolle, Angst vor den Folgen einer schweren Krankheit etwa oder den verheerenden Folgen einer Dauerstreßsituation.

Angst motiviert die meisten Menschen – und zwar nachhaltig. Viele versuchen, durch die Meditation ein bestimmtes Problem in den Griff zu bekommen, stellen aber schon bald fest, daß das Problem an Bedeutung verliert, während die eigentliche Meditation an Bedeutung gewinnt. Die ursprüngliche Motivation (Angst) wird in diesem Fall von dem Wunsch ersetzt, um der Meditation willen zu meditieren. Ganz allgemein gilt außerdem, daß man ein klares Ziel leichter und schneller erreicht als ein nur vage definiertes.

Nun entbindet auch die beste aller Motivationen Sie nicht von der Notwendigkeit, regelmäßig zu meditieren. Oft und gern darüber nachzudenken, reicht eben nicht: Man muß es tun! Wenn der Streß am größten ist, wenn man nicht mehr ein noch aus weiß: Das ist der richtige Augenblick für die Meditation, auch wenn man meint, gerade jetzt überhaupt keine Zeit zu haben, und das Ganze lieber auf später, auf morgen, verschieben möchte. Das Problem ist nur – es gibt kein Morgen! Ehe man sich versieht, sind aus dem «morgen» Tage, Wochen oder gar Monate geworden, und mit jedem «morgen» fällt es schwerer, wieder anzufangen.

Wir müssen also zwischen der Grundmotivation und der Motivation für die tägliche Sitzung unterscheiden. Warum wollen Sie meditieren? Geht es Ihnen um Streß-Management? Haben Sie Gesundheitsprobleme? Möchten Sie sich spirituell weiterentwickeln? Worauf wollen Sie gezielt hinarbeiten? Gesundheit, Einsicht oder Kreativität? Oder vielleicht eine Kombination aus allem? Treffen Sie Ihre Entscheidung. Ich habe die Erfahrung gemacht, daß die relativ einfache, aber äußerst wirksame Heilmeditation für jede Art der Zielsetzung ein geeigneter Einstieg ist. Je nach Wunsch und Bedürfnis kann man dann nach einer Weile auf eine der anderen Techniken «umsteigen».

Vergegenwärtigen Sie sich also zu Beginn jeder Sitzung, warum Sie sich die Zeit nehmen, um zu meditieren – zum Beispiel, daß Sie diese Minuten für Ihre Gesundheit reserviert haben. Aus diesem Grund lassen Sie alle anderen Gedanken zur Ruhe kommen, entspannen sich körperlich und lassen zu, daß es still wird in Ihnen, ganz natürlich, ganz selbstverständlich und ohne Anstrengung. Ich habe diese Gedankengänge in einem kurzen Satz zusammengefaßt, den ich mir zu Beginn jeder Meditationssitzung ins Bewußtsein rufe:

> Schließe die Augen, richte die Gedanken nach innen und denke daran, daß diese Zeit der Gesundheit und der Heilung gewidmet ist.

Die Motivation ist also von entscheidender Bedeutung, aber sie ist nicht das einzige Kriterium, das es in Betracht zu ziehen gilt, wenn man regelmäßig meditieren will.

Positives Denken

Am Anfang ist es natürlich keine leichte Aufgabe, sich jedesmal von neuem klarzumachen, warum man sich für eine Weile zurückziehen und meditieren will, ganz abgesehen davon, daß es von solchen Überlegungen bis zu dem Moment, wo man endlich sitzt und zur Ruhe kommt, ein ziemlich weiter Weg ist. Positives Denken kann ihn allerdings erheblich abkürzen.

Der Geist hat die äußerst nützliche Eigenschaft, Probleme zu lösen und unermüdlich auf alle möglichen Ziele hinzuarbeiten. Aus den Myriaden von Möglichkeiten, unter denen wir ständig zu wählen haben, sucht er sich zielsicher jene heraus, die geeignet sind, unsere wahren Bedürfnisse zu erfüllen. Diese Bedürfnisse entstehen im Zusammenhang mit den Zielen, die wir uns setzen. Wir haben sie also selbst bestimmt.

Im Augenblick lesen Sie dieses Buch, anstatt fernzusehen, Fußball zu spielen oder zu stricken, weil Ihr Geist das jetzt für die sinnvollere Beschäftigung hielt. Dieser Auswahl liegen drei Prinzipien zugrunde, die uns helfen, ein gestecktes Ziel zu erreichen. Ich nenne sie die *Drei Grundprinzipien Positiven Denkens.* Es ist nützlich, sie sich vor jeder Entscheidung in Erinnerung zu rufen:

1. Eine klare, eindeutige Motivation.
2. Die Bereitschaft, alles zu tun, um das angestrebte Ziel zu erreichen.
3. Spaß daran zu haben.

In der Praxis lassen sich diese Prinzipien in acht Schritte unterteilen. Wenn es Ihnen schwerfällt, auf ein gestecktes Ziel hinzuarbeiten – zum Beispiel regelmäßig zu meditieren –, dann überprüfen Sie sich anhand der Acht-Punkte-Liste. Wahrscheinlich stellen Sie fest, daß einer oder gar mehrere Punkte fehlen, weswegen es nicht so recht vorangeht.

1 Klarheit

Der wesentlichste Punkt und gleichzeitig das Erste Prinzip des Positiven Denkens ist die klare Zielsetzung. Sie müsen wissen, *was* Sie wollen und *warum* Sie auf etwas hinarbeiten. Informieren Sie sich, lesen Sie Bücher, diskutieren Sie, denken sie darüber nach. Prüfen Sie mögliche Alternativen. Dann setzen Sie sich ein bestimmtes Ziel. Bevor Sie mit der eigentlichen Meditation beginnen, müssen Sie nun noch klären, welche Methode Ihnen am meisten zusagt und wie oft Sie üben können.

2 Akzeptanz

Bejahen Sie das Ziel, für das Sie sich entschieden haben. Akzeptieren Sie, daß Sie unter den gegebenen Umständen und aufgrund Ihres augenblicklichen Wissensstandes eine gute, ja die bestmögliche Entscheidung getroffen haben. Machen Sie sich klar, daß es Ihnen guttun wird, täglich zu meditieren. Schieben Sie alle Gedanken wie «Vielleicht sollte ich vorher aber doch noch staubsaugen» oder dergleichen resolut beiseite. Durch regelmäßiges Meditieren steigern Sie Ihre Leistungsfähigkeit und Ihr Wohlbefinden. Gibt es etwas Wichtigeres und Nützlicheres? Es gibt keinen einzigen vernünftigen Grund dafür, sich diese Zeit nicht zu nehmen.

3 Verbindlichkeit

Nehmen Sie Ihr selbstgestecktes Ziel ernst. Das zeichnet erfolgreiche Menschen aus. Sie sind bereit, alles dafür zu tun, um Ihr Ziel zu erreichen – entsprechend dem Zweiten Prinzip des Positiven Denkens. Besuchen Sie einen Kurs, üben Sie regelmäßig. Bleiben Sie am Ball.

4 Disziplin

Gestatten Sie sich keine Nachlässigkeit. Wenn Sie die ersten drei Punkte zur Routine haben werden lassen, sind Sie richtig motiviert, und die nötige Disziplin stellt Sie vor keine allzu großen Probleme. Wenn Sie aber schon daran gewöhnt sind, Ihre Ziele nicht zu erreichen, sollte Ihnen das eine Warnung sein. Suchen Sie Rat und Hilfe. Der Besuch eines Seminars oder Kurses zwingt Sie zur Disziplin oder hilft Ihnen zumindest, einen Anfang zu machen. Auch regelmäßiges Meditieren mit dem Lebensgefährten kann helfen, diese Hürde zu nehmen und eine heilsame Gewohnheit daraus werden zu lassen.

5 Ausdauer

Phasen der Lust und Unlust sind ebenso natürlich wie Zeiten, in denen sich trotz regelmäßigen Meditierens scheinbar wenig tut. Erfolgsmenschen zeichnen sich durch die Fähigkeit aus, diese «Talsohlen» nicht allzu ernst zu nehmen, sie nicht überzubewerten. Ob mit oder ohne sichtbares Ergebnis bleibt die Regelmäßigkeit der alles entscheidende Faktor für die Wirksamkeit der Meditation.

6 Bestätigung

Tun Sie sich mit Menschen zusammen, die Ihr Meditationsinteresse teilen. Es ist von großem Nutzen, untereinander Erfahrungen austauschen zu können. Wenn Sie mit Leuten zu tun haben, die solche Interessen für Zeitverschwendung halten, halten Sie jedoch besser den Mund darüber.

7 Zwischenbilanz

Stellen Sie positive Veränderungen in Ihrem Leben fest? Fühlen Sie sich Ihren Zielen ein Stückchen näher? Wenn nicht, warum nicht? Was könnten Sie ändern?

8 Genießen Sie, was Sie tun

Machen Sie sich ohne rechte Begeisterung ans Meditieren? Das läßt sich sicherlich ändern. Gehen Sie die Acht-Punkte-Liste durch. Sind Sie sich Ihrer Motivation wirklich klar bewußt? Verfolgen Sie Ihr Ziel mit der nötigen Ausdauer? Wenn ja, sollten die Übungen Ihnen eigentlich Spaß machen.

Die Wahl der Methode

Die Kapitel 3, 4 und 5 beschäftigen sich ausführlich mit dieser Frage. Ganz allgemein kann man sagen, daß die Heilmeditation wohl jedem Menschen nützt. Die in Kapitel 4 beschriebene Progressive Muskelentspannungsübung hat sich für viele als geeigneter Einstieg erwiesen. Je einfacher die Methode, desto besser, damit man sich nicht gleich vor scheinbar unlösbare Probleme gestellt sieht. Wenn Sie erst einmal Erfahrungen gesammelt haben, können Sie jederzeit auf eine andere Meditationstechnik umsteigen.

Am Anfang ist es ratsam, die neue Technik unbeirrt mehrere Wochen hindurch regelmäßig zu üben, denn nur so können sie genügend vertraut damit werden und aufhören, immer wieder über jeden einzelnen Schritt nachzudenken. Nach einigen Wochen stellt sich aufgrund der Gewöhnung eine gewisse Selbstverständlichkeit und eine größere Leichtigkeit im Umgang mit der Methode ein, und Sie können nun besser beurteilen, ob sie Ihnen auch auf Dauer liegt oder nicht.

Die entscheidende Frage aber lautet: Fühlen Sie sich besser als vorher? Sind Sie frustriert oder zufrieden? Wenn Sie keine eindeutige Antwort darauf geben können, weil Sie vielleicht das Gefühl haben, nicht so recht über die Anfangsschwierigkeiten hinauszukommen, setzen Sie Ihre Bemühungen trotzdem noch eine Weile fort. Auch eine längere «Anlaufzeit» ist durchaus nichts Ungewöhnliches. Gelingt es Ihnen, diese Schwierigkeiten als natürliche Lernphase zu akzeptieren, wird jede Übung zu einer lohnenden Investition. Sie machen unweigerlich Fortschritte, ob Sie diese nun sehen oder nicht, wenn – ja, wenn Sie nicht aufgeben. Sollten Sie sich aber immer unwohler fühlen, ist es besser, bei einem Lehrer Rat zu suchen und eventuell eine andere Methode zu wählen.

Lehrer und Gruppen

Weder das eine noch das andere ist nötig. Beide können sich allerdings als hilfreich erweisen.

Wenn Sie zu den Menschen gehören, die von Haus aus einigermaßen diszipliniert sind, werden Sie mit der Meditationspraxis wenig Schwierigkeiten haben. Ein Lehrer oder der Kontakt zu einer Gruppe wirken sich zwar ausgleichend oder motivationsstärkend aus, wenn Sie mit den üblichen Lust- oder Unlustphasen konfrontiert sind, wirklich notwendig ist aber, wie gesagt, weder das eine noch das andere. Bücher oder Kassetten erfüllen denselben Zweck.

Beim Erlernen der Einsichtsmeditation ist ein Lehrer schon von größerem Nutzen, da er den Schüler gezielt in den Umgang mit den verschiedenen Techniken einführen und so den Lernvorgang beschleunigen kann. Aber unbedingt erforderlich ist er auch dafür nicht. Viele machen überdies die Erfahrung, daß sie, wenn sie eine solche Hilfe wirklich benötigen, tatsächlich einem qualifizierten Lehrer begegnen.

Empfehlungen für die Meditationssitzung

1. Häufigkeit der Sitzung oder Wie oft soll man meditieren?

Wenn man mit der Heilmeditation beginnt, sollte man versuchen, drei Sitzungen pro Tag einzuplanen, und zwar solange, bis sich eine gewisse Routine einstellt und man den Eindruck gewinnt, daß etwas dabei herauskommt. Warum? Weil jede Sitzung eine positive Nachwirkung hat. Am Anfang hält diese Wirkung zwischen zehn und dreißig Minuten an. Wenn man der ersten Sitzung beizeiten eine weitere folgen läßt, verlängert sich der positive Effekt. Schon bald geht die Nachwirkung der ersten Meditationssitzung in die der zweiten über und so weiter. Sie erzeugen, wenn Sie so wollen, eine heilsame Kettenreaktion, die die Gesundheit und das allgemeine Wohlbefinden nachhaltig unterstützt.

Beenden Sie die Sitzung, sobald sich ein Gefühl starken

Unwohlseins einstellt. Nehmen wir an, Sie haben sich vorgenommen, zwanzig Minuten zu meditieren. Zehn Minuten lang geht alles gut, Sie fühlen sich angenehm entspannt, ja, Sie genießen es, einfach dazusitzen und still zu werden. Dann aber steigt eine gewisse Unruhe in Ihnen auf. Solange Sie das Gefühl haben, daß es nicht schlimmer wird und es Sie nicht allzusehr ablenkt, bleiben Sie bei der Übung. Rufen Sie sich den Grund Ihres Meditierens ins Gedächtnis zurück, und versuchen Sie, wieder ruhig zu werden. Der Versuch lohnt sich allemal. Wenn die Unruhe jedoch wächst, gar unerträglich wird und Sie das Gefühl haben, gleich zu platzen, ist es sinnvoller, die Sitzung zu beenden. Es wäre widersinnig, eine Methode zur Reduzierung von Streß selbst zu einem Streßfaktor werden zu lassen! Sie müssen sich wohl fühlen. Meditieren Sie also lieber kürzer, dafür mehrmals am Tag. Mit der Zeit werden Sie völlig natürlich und ohne künstliche Anstrengung länger dasitzen können.

2. Dauer der Sitzung

Investieren Sie zweimal täglich zwischen zehn und zwanzig Minuten, wenn Sie die Entspannungsreaktion erzeugen und in den Genuß ihrer positiven Auswirkungen kommen möchten. Wer sich also Streß-Management oder eine stabilere Gesundheit zum Ziel gesetzt hat, sollte bereit sein, zweimal täglich wenigstens zwanzig Minuten für diese einfache Form der Heilmeditation aufzubringen.

Wer mit der Heilmeditation einer schweren Krankheit begegnen will, muß erfahrungsgemäß intensiver, sprich öfter, meditieren: bis zu dreimal täglich, etwa eine Stunde lang. Dies scheint eine ideale Zeitspanne zu sein, um die Selbstheilungskräfte des Körpers ausreichend zu stimulieren. Sicher gibt es Menschen, die länger meditieren, aber um unter normalen Umständen die größtmögliche Wirkung zu erzielen, scheint eine einstündige Meditationssitzung dreimal täglich auszureichen. Ich möchte jedoch betonen, daß es sich bei diesen Angaben um meine eigenen Erfahrungswerte und die von Dr. Meares handelt und nicht um allgemeingültige Regeln.

Für die Praxis der Einsichtsmeditation haben sich längere Sitzungen von einer halben bis zu einer ganzen Stunde Dauer bewährt.

Experimentieren Sie getrost so lange, bis Sie eine für Sie persönlich angenehme und befriedigende Zeitspanne herausgefunden haben.

Bei der Kreativen Meditation können die einzelnen Sitzungen von unterschiedlicher Dauer sein. Ideal sind mehrere kürzere, über den Tag verteilte Sitzungen.

Zusammenfassend läßt sich also sagen, daß täglich mindestens eine zehnminütige Sitzung angeraten ist, in besonderen Fällen bis zu dreimal täglich etwa eine Stunde. Wenn Ihnen zehn Minuten zu lang erscheinen, dann sitzen Sie, so lange Sie eben können, dies aber regelmäßig, und steigern Sie Häufigkeit und Dauer der einzelnen Sitzungen entsprechend Ihren Fähigkeiten. Gelingt es Ihnen dann immer noch nicht, still zu sitzen, sollten Sie einen Kurs besuchen, der zu größerer Disziplin zwingt. Vielleicht sind Sie aber auch nur verspannt. In diesem Fall könnte eine Massage Wunder wirken. Wie auch immer, eine Mediationssitzung von etwa zehn Minuten täglich sollte Ihnen Ihre Gesundheit schon wert sein.

Oft taucht die Frage auf, ob eine lange Sitzung nicht besser sei als zwei kürzere Sitzungen. Nun, wie wir eben gesehen haben, sind bei der Heilmeditation zwei Sitzungen wünschenswert, während man bei der Einsichtsmediation mit längeren Sitzungen bessere Resultate erzielen kann. Wenn Ihre Zeit jedoch begrenzt ist, wäre im letzteren Fall also eine längere Sitzung vorzuziehen. Bei der Kreativen Meditation erzielen Sie mit mehreren kürzeren Sitzungen die besten Ergebnisse.

In der Regel stellen Meditierende fest, daß sie mit der Zeit ein sehr genaues Gefühl für ihre Bedürfnisse entwikkeln und intuitiv wissen, wie lange sie sitzen sollten.

3. Zeit der Sitzung

Es heißt, daß die Zeit des Sonnenaufgangs und die des Sonnenuntergangs besonders geeignet sind und daß es ratsam ist, vor einer Mahlzeit zu meditieren anstatt mit vollem Bauch. Vielleicht fällt es Ihnen aber leichter, spätabends, wenn es ringsum ruhiger geworden ist, zu meditieren oder nach einer Mahlzeit, weil ein leerer Magen Sie ablenkt. Sie werden ein wenig herumprobieren müssen, um die Zeit herauszufinden, in der Sie am ungestörtesten meditieren können.

Am frühen Morgen, wenn es noch ruhig ist und der ganze Tag vor einem liegt, meditiert so mancher wunderbar. Wenn Sie sich aber vor Müdigkeit kaum wach halten können, nützt es wenig, mit den Hühnern aufzustehen. Das Meditieren am Abend hat ebenfalls seine Tücken. Die einen schlafen allzuleicht dabei ein, andere finden es so erfrischend, daß sie hinterher nicht einschlafen können.

Werden Sie sich also zunächst darüber klar, welchen Stellenwert die Meditation in Ihrem Leben haben soll, und überlegen Sie dann, wie sie sich am besten in den Tagesablauf integrieren läßt. Wenn Sie diesbezüglich völlig ratlos sind, versuchen Sie es einmal morgens nach dem Duschen und einer kurzen Morgengymnastik (damit Sie wirklich wach sind). Die zweite Sitzung könnten Sie vor dem Abendessen einplanen, und wenn Sie Zeit für eine dritte haben, so wäre die Stunde vor dem Mittagessen geeignet dafür.

4. Regelmäßigkeit

Wer eine bestimmte Meditationszeit einhalten kann, ist logischerweise im Vorteil, denn die Sitzungen werden schon bald ein fester Bestandteil seines Lebens sein, gleichsam eine heilsame Angewohnheit. Die Gefahr, das Meditieren wie eine lästige Pflicht auf später zu verschieben, woraus dann leicht ein «Morgen» oder «Übermorgen» wird, ist nun nicht mehr ganz so groß, und auch die tägliche bange Frage, wann man die Meditationssitzung noch schnell einschieben könnte, erübrigt sich. Hat man sich erst einmal angewöhnt, gleich nach der morgendlichen Dusche zu meditieren und noch einmal vor dem Abendessen, dann gehört die Meditation schon bald zum normalen Tagesablauf und erfordert keine Extraanstrengung mehr.

5. Ende der Sitzung

Wie weiß ich, wann die Zeit um ist? Woher weiß ich, daß ich jetzt aufhören kann oder muß?

Nun, Sie können sich einen Wecker stellen oder die Küchenuhr. Es ist ratsam, das Gerät mit einer Decke oder einem Kissen zuzudecken oder ins Nebenzimmer zu stellen, damit Sie weder vom Ticken gestört noch vom Klingeln aufgeschreckt werden. Vielleicht können Sie aber auch jemanden bitten, nach Ablauf der festgesetzten Zeit an die Tür zu klopfen. Oder Sie verwenden eine Kassette, deren Laufzeit lang genug ist für eine Einleitung, die Meditationssitzung und ein paar Anweisungen am Ende der Sitzung. Ich verwende zu diesem Zweck eine C-90-Kassette mit zweimal fünfundvierzig Minuten Spieldauer für je eine Meditationssitzung.

Viele Meditationsanfänger machen außerdem die verblüffende Entdeckung, daß ihre innere Uhr nicht minder genau funktioniert. Wenn Ihre Sitzung zehn Minuten dauern soll, brauchen Sie sich nur auf zehn Minuten «einzustellen» – oder auf eine Stunde, je nachdem wie lange Sie meditieren möchten. Sie werden nach einiger Zeit feststellen, daß die innere Uhr ebenso zuverlässig ist wie ein Wekker.

6. Besuche, Anrufe und andere Störenfriede

Werden Sie sich darüber klar, wie Sie mit dem eventuellen Läuten an der Haustür, mit Anrufen oder Besuchern verfahren wollen, die in Ihre Meditationssitzung platzen. Was tun mit dem geliebten Kater, der gewöhnt ist, auf Ihrem Schoß zu sitzen, und auf seine Aussperrung mit vernehmlichem Kratzen an der Tür, erbärmlichem Miauen und anderen Terrorakten reagiert? Wenn Sie sich beim Meditieren von einer schnurrenden, sich putzenden und räkelnden Katze auf dem Schoß nicht gestört fühlen, dann ist alles in Ordnung. Die meisten empfinden dergleichen freilich als Ablenkung. Was also tun? Hier ein paar Ratschläge zum Umgang mit Störfaktoren, die sich ausgerechnet dann häufen, wenn man meditieren will:

Bringen Sie einen «Bitte nicht stören!»-Zettel an der Tür an.

Ignorieren Sie das Läuten an der Haustür oder das Klingeln des Telefons im Vertrauen darauf, daß der Betreffende es noch einmal versuchen wird, falls es wichtig war.

Bitten Sie Ihren Partner, Gespräche entgegenzunehmen, wenn es sich einrichten läßt.

Wenn Sie gemeinsam meditieren, könnten Sie sich abwechselnd für Tür- und Telefondienst einteilen.

Stellen Sie sich innerlich darauf ein, zur Tür oder zum

Telefon gerufen zu werden, und reagieren Sie nicht ärgerlich. Nehmen Sie sich statt dessen vor, das Gefühl für die Meditation auch während der Störung aufrechtzuerhalten.

Wenn Sie krank sind und wohlmeinende Freunde Sie mit ihrem Besuch ein wenig ablenken wollen, erzählen Sie ihnen einfach, wie gut die Meditation Ihnen tut und daß Ihre tägliche Sitzung in zehn Minuten beginnt. Vermutlich werden Sie sehr rasch Ihre Ruhe haben. Manchmal ist es unumgänglich, konsequent zu sein. Tun Sie es freundlich, aber bestimmt und ohne falsche Scheu.

Der Ort der Meditationssitzung

Sie sollten immer am selben Platz meditieren. Im Laufe der Zeit entsteht eine positive Assoziation zu diesem Ort, ähnlich der Assoziation zwischen Bett und Schlafen. Wenn Sie sich ins Bett legen, fällt es Ihnen leicht einzuschlafen. Wenn Sie sich in Ihre Meditationsecke setzen, fällt es Ihnen leicht zu meditieren.

Nicht jeder kann sich den Luxus eines separaten Zimmers leisten, in dem nur meditiert wird. Das ist zum Glück auch nicht nötig, eine ruhige Ecke irgendwo in der Wohnung tut es genauso. Es reicht vollkommen, wenn Sie einen Stuhl, eine Decke oder Matte haben, die Sie nur zu diesem Zweck hernehmen.

Je nach Bedürfnis und Geschmack können Sie Ihre Meditationsecke ein wenig ausstatten. Ein Bild, das Ihnen etwas bedeutet, eine Darstellung oder ein Foto, das beruhigend auf Sie wirkt, vielleicht ein Kreuz oder eine kleine Statue, können die Atmosphäre dieses Ortes positiv verändern. Frische Blumen und eine brennende Kerze verleihen der Meditationssitzung zusätzlich einen besonderen Rahmen, der Ihnen die Einstimmung erleichtert. Sie können sogar ein kleines Ritual daraus machen: Blumen aufstellen, eine Kerze anzünden, das Bild betrachten und dadurch die Gedanken allmählich von den alltäglichen Dingen abziehen. Auf diese Weise stimmen Sie sich auf den Zustand innerer Stille ein. So ein Ritual ist Ausdruck Ihrer persönlichen Bedürfnisse und kann je nach Naturell einen mehr oder weniger religiösen Charakter haben. Bedenken Sie, daß Sie diese Minuten für sich selbst reserviert haben, um an sich zu arbeiten und den Umgang mit den inneren Ressourcen zu erlernen.

Manchen Menschen fällt es leichter, innerlich ruhig zu werden, wenn Sie vor dem Meditieren überschüssige Energie oder Verspannungen mit Hilfe einiger Körperübungen abbauen. Dazu eignen sich Yogaübungen, Atem- oder Dehnübungen, aber auch Laufen und andere körperliche Anstrengungen. Gedanken lassen sich mittels einer geeigneten Lektüre günstig beeinflussen. All diese Dinge können einen aufgeregten Geist mitunter recht wirkungsvoll besänftigen und vorbereiten, ein Muß sind sie aber nicht.

Für den Anfänger ist es in der Regel von Vorteil, sich unbeobachtet zu wissen und nicht durch allzugroßen Lärm abgelenkt zu werden. Meditiert man zu Hause, sollte man versuchen, mit den anderen Familienmitgliedern Absprachen zu treffen. Es wäre rücksichtslos zu erwarten, daß die anderen ihre Aktivitäten einstellen, weil man sich vorgenommen hat zu meditieren, aber man kann freundlich darum bitten, das Radio leiser zu stellen und lautes Geschrei zu vermeiden. Mit zunehmender Übung lenken einen solche Geräuschkulissen ohnehin weniger ab. Bis dahin sollte man versuchen, den Lärmpegel auf ein Minimum zu reduzieren.

Bei allen Vorteilen, die ein bestimmter Ort und Zeitpunkt mit sich bringen, ist es wichtig, sich nicht derart davon abhängig zu machen, daß man zu keiner anderen Zeit und an keinem anderen Ort meditieren kann. Die bisher gegebenen Ratschläge beziehen sich auf den Meditationsneuling, der günstige Startbedingungen braucht. Selbst wenn Sie später hauptsächlich an einem bestimmten Ort meditieren, brauchen Sie sich vor einer Abwechslung nicht zu scheuen. Meditieren Sie ab und zu auf einem anderen Stuhl oder wenigstens zu einer anderen Tageszeit bei anderen Geräuschen, um flexibel zu bleiben und zu sehen, welche Fortschritte Sie wirklich gemacht haben. Ist der Einstieg auch schwieriger, kann die Meditation im Laufe der Sitzung dennoch besonders tief werden, weil Sie sich aufgrund der ungewohnten Ablenkungen stärker konzentrieren mußten. Je intensiver die Sammlung, um so tiefer die Meditation – vorausgesetzt natürlich, Ihr Bemühen um Sammlung artet nicht in Streß aus. Seien Sie experimentierfreudig. Finden Sie heraus, was Ihnen liegt und was bei Ihnen funktioniert.

Die Meditationshaltung

Sie muß zwei Bedingungen erfüllen.

Erstens muß sie für Stabilität sorgen. Eine aufrechte Haltung stabilisiert den Körper in seinem Gleichgewicht und kann, da sie kaum anstrengt, länger beibehalten werden. Sie ist in gewisser Weise Ausdruck des angestrebten inneren Gleichgewichts. Auch erinnert sie uns, ähnlich wie das Ritual, an den Zweck der Übung. Meditation hat nichts mit lässigem Herumlümmeln zu tun, sondern ist eine bedeutsame Handlung und ohne Disziplin und Konzentration völlig unmöglich. Die äußere Haltung sollte die innere Bereitschaft dazu widerspiegeln.

Zweitens sollte sie bequem sein, aber nicht zu bequem, denn sonst würden wir dabei vermutlich regelmäßig einschlafen. Das Bett mit seinen Schlafassoziationen ist für die Meditation ein eher ungeeigneter Ort. Was nicht ausschließt, daß man mit fortschreitender Routine die Fähigkeit erlangt, überall, auch im Bett, zu meditieren. Am Anfang ist es jedenfalls eher hinderlich.

Nun sind die traditionellen Sitzpositionen wenig dazu angetan, uns westlichen Menschen Mut zu machen. Der Lotossitz ist für viele von uns ohnehin unerreichbar und selbst für die, die sich fleißig darin üben, ist er oft lange die Ursache heftiger Schmerzen anstatt eine die Meditation unterstützende Haltung. Glücklicherweise hängt der Erfolg des Meditierens nicht davon ab, daß man die Beine verknoten kann. Die richtige Meditationshaltung sollte leicht einzunehmen und ein kleines bißchen unbequem sein – gerade unbequem genug, um zu verhindern, daß man einschläft. Auf Seite 75 f. sehen Sie Gayle in den verschiedenen Meditationshaltungen, angefangen vom einfachen Liegen bis zum Lotossitz.

Liegen (siehe Abb. 1)

Es wird von vielen Menschen als die angenehmste Meditationshaltung empfunden. Ein bequemes Bett ist aus den genannten Gründen für ernsthaftes Meditieren wenig geeignet. Sollten Sie sich für diese Position entscheiden, breiten Sie statt dessen eine Decke oder Matte auf dem Fußboden aus.

Sie liegen auf dem Rücken, die Beine leicht gespreizt. Lassen Sie die Füße locker nach außen fallen, oder stützen Sie sie mit einem Kissen ab, um so jede Überdehnung der Bänder zu vermeiden. Die Arme liegen seitlich ausgestreckt am Körper, berühren ihn aber nicht, die Handflächen zeigen nach oben, die Finger sind locker entspannt. Der Blick

Meditations-haltungen

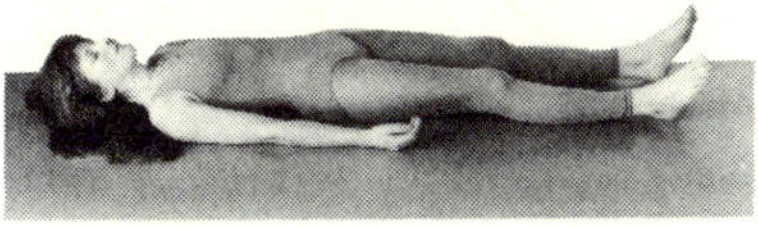

Abb. 1 Liegen

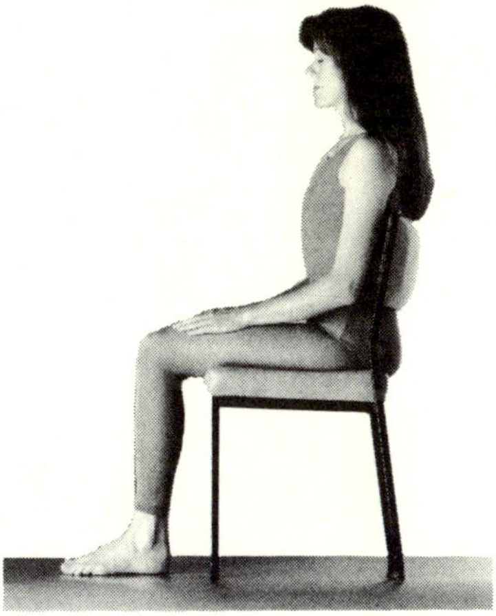

Abb. 2 Stuhl mit Lehne (1)

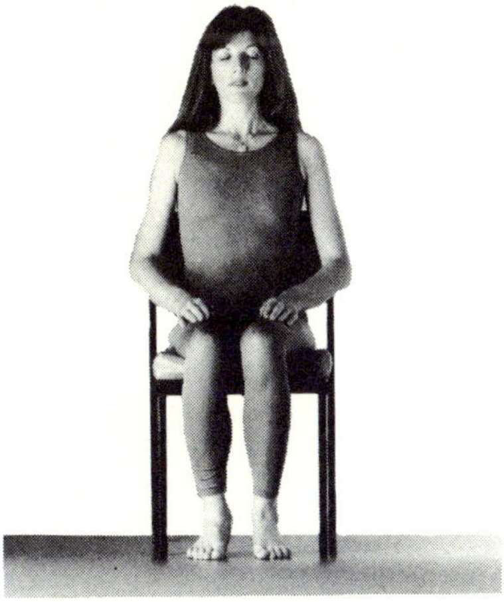

Abb. 3 Stuhl mit Lehne (2)

Abb. 4 Ergonomischer Stuhl

Abb. 5 Schneidersitz

Abb. 6 Traditioneller Yoga-Lotossitz

Abb. 7 Zen-Meditationshaltung

Abb. 8 Fersensitz vor Kerze

sollte zur Decke gerichtet sein, das Kinn leicht zur Brust geneigt. Sie können sich ein Kissen unter den Kopf oder unter die Knie schieben, sollten dabei aber so flach wie möglich liegenbleiben. In Ausnahmefällen kann auch eine harte, verstellbare Gartenliege als Unterlage dienen.

Sitzen: Stuhl mit Lehne (siehe Abb. 2 und 3)

Ein Stuhl mit einer geraden Lehne leistet gute Dienste. Sitzen Sie gerade, die Füße stehen nebeneinander auf dem Boden. Eine gerade, aufrechte Sitzweise verleiht dem Körper mehr Gleichgewicht und entlastet die Wirbelsäule. Die Hände liegen entspannt auf den Oberschenkeln. Halten Sie den Kopf aufrecht. Ist das Rückenteil hoch genug, können Sie ihn dagegenlehnen. Das Kinn sollte leicht zur Brust geneigt sein. Dadurch wird der Nacken entlastet. Hat der Stuhl zusätzlich Armlehnen, legen Sie die Arme entspannt darauf.

Die meisten Anfänger entscheiden sich für diese Haltung. In unseren Selbsthilfegruppen verwenden wir rechteckige, stapelbare Stühle mit gepolsterter Lehne und Sitzfläche, die eine aufrechte Haltung begünstigen und gerade bequem genug sind, um länger sitzen zu können. Nach einiger Zeit ermutigen wir die Kursteilnehmer, wenigstens zeitweise auf die Rückenlehne zu verzichten und frei aufrecht zu sitzen.

Sie können die aufrechte Haltung, bei der Wirbelsäule und Kopf eine gerade Linie bilden, durch die Vorstellung von einer aufrecht stehenden Rolle Münzen unterstützen. Wenn Sie ein Gespür für diese feine Balance entwickeln, wird es Ihnen leichter fallen, diese Haltung beizubehalten. Das Kinn ist leicht zur Brust geneigt.

Um die natürliche Winkelstellung von Beinen und Füßen zu unterstützen, sollten große Menschen ihren Stuhl auf ein oder zwei Bretter stellen, kleine dagegen ihre Füße auf ein Kissen oder einen Schemel. Die Hände liegen mit nach unten gedrehten Handflächen entspannt auf den Schenkeln, die Finger sind locker und leicht gespreizt.

Sitzen: Ergonomischer Stuhl (siehe Abb. 4)

Hocker, und seit neuestem auch ergonomische Stühle, haben sich ebenfalls als brauchbar erwiesen. Durch die leichte Neigung des Beckens wird eine natürliche Balance erzielt.

Traditionelle Meditationshaltungen (siehe Abb. 6 und 7)

Aus den östlichen Meditationsschulen stammt der Lotossitz, von dem es zwei Varianten gibt. Bei beiden setzt man sich mit gekreuzten Beinen auf den Boden, zieht den linken Fuß auf den rechten Oberschenkel und den rechten darüber auf den linken. Der Rücken wird gerade gehalten.

Im traditionellen Yoga-Lotos werden die Arme ausgestreckt, die Hände ruhen mit nach oben zeigenden Handflächen auf den Knien. Die Finger sind ausgestreckt, nur Daumen und Zeigefinger berühren einander (Abb. 6). In der traditionellen Zen-Meditationspose werden die Hände ineinander gelegt, wobei die rechte Hand in der linken ruht. Die Finger sind ausgestreckt, nur die beiden Daumen berühren sich (Abb. 7).

Anstatt direkt auf dem Boden zu sitzen, empfiehlt sich erfahrungsgemäß die Verwendung eines Kissens, zum Beispiel des keilförmigen *Zafu*, wie das traditionelle Sitzkissen im Zen heißt. Die Keilform bewirkt eine leichte Neigung des Beckens, wodurch der Rücken entlastet wird. In dieser stabilen Sitzhaltung kann man es eine Weile aushalten.

Andere Sitzhaltungen (siehe Abb. 5 und 8)

Solange man sich mit dem vollen Lotos schwertut, kann man auch den halben Lotossitz einnehmen, bei dem nur ein Fuß auf dem anderen Schenkel zu liegen kommt. Diese Haltung ist eine gute Übung für den vollen Lotossitz. Man kann aber ebensogut einfach im Schneidersitz meditieren (Abb. 5) oder auf den Fersen sitzend, mit auf den Knien ruhenden Händen (Abb. 8). Besonders Frauen empfinden diese Haltung als angenehm. Sie wird gern in Verbindung mit der dargestellten »Kerzen-Meditationstechnik« angewendet.

Bewegungsmeditationen

Einige Meditationstechniken wie bestimmte Formen des Yoga, das T'ai Chi oder die wirbelnden Tänze der Sufis beruhen auf fein aufeinander abgestimmten Bewegungsabläufen. Sie sollten immer nur unter Anleitung eines qualifizierten Meisters erlernt werden und erfordern seitens des Schülers sehr viel Engagement und Entschlossenheit.

Die am leichtesten durchzuführende Bewegungsmeditation ist das im Zen praktizierte Gehen oder Schreiten, Kin Hin genannt. Dabei setzt man bedächtig Fuß vor Fuß: jeder Schritt – nur fußlang – ein Atemzug. Die Hände werden in Nabelhöhe gefaltet.

Die ideale Meditationshaltung

Die ideale Meditationshaltung ist aufrecht und ein ganz klein wenig unbequem. Wenn Sie zu den sportlichen Naturen gehören, macht Ihnen die aufrechte Sitzhaltung am

Boden wahrscheinlich keine Mühe. Für viele Menschen ist das Sitzen auf einem Stuhl jedoch die geeignetere Alternative. Wem aufrechtes Sitzen aber generell schwerfällt, egal ob auf dem Boden oder auf dem Stuhl, und wer überdies Kreuzschmerzen davon bekommt, sollte im Liegen meditieren.

Sie dürfen also getrost ein wenig experimentieren. Möglicherweise stellen Sie dabei fest, daß Sie zu verschiedenen Zeiten verschiedene Sitzhaltungen bevorzugen. Wenn ich beispielsweise im Garten gearbeitet und mich angestrengt habe, entspanne ich mich am ehesten und tiefsten im Liegen, obwohl die Qualität der Meditation im Sitzen mit gekreuzten Beinen besser ist. Doch dazu war ich erst nach langen Jahren des Übens in der Lage. Davor meditierte ich fast ausschließlich im Liegen. Das gilt auch für die Zeit meiner Krankheit. Es wäre nicht verwunderlich, wenn Sie ebenfalls feststellten, daß Sie unter bestimmten Umständen die eine oder andere Meditationshaltung bevorzugen.

Innere Einstellung

Am Anfang der Meditation steht die richtige Einstellung. Von Kindesbeinen an hat man uns eingetrichtert, daß derjenige die besten Resultate erzielt, der sich am meisten anstrengt, und dieser Maßstab wird selbstverständlich auch bei der Meditation angelegt. Wir strengen uns sogar ganz besonders an, um es nur ja gut und richtig zu machen. Leider müssen wir erleben, daß es auf diese Weise nicht klappt. Bei näherem Zusehen wird jedoch verständlich, warum dies so ist.

In der Meditation sind wir bestrebt, einen anderen Bewußtseinszustand als unser gewöhnliches, vom rationalen Denken dominiertes Alltagsbewußtsein zu erfahren. Wenn wir, um das zu erreichen, aber wieder den Intellekt bemühen, verstärken wir ja gerade seinen Einfluß und kommen deswegen auch nicht voran. Das heißt, wir arbeiten unserem Ziel, den Intellekt für eine Weile ruhen zu lassen, um auch die anderen Aspekte des Geistes erfahren zu können, entgegen.

Was also tun? Wie läßt man zu, daß etwas einfach geschieht? Meistens müssen wir doch kräftig nachhelfen, damit überhaupt etwas geschieht! Es klingt wie ein Rätsel, ein Widerspruch.

Zuerst einmal muß klar sein, daß der erstrebte Bewußtseinszustand weder eine Art von Bewußtlosigkeit oder benommenem Weggetretensein ist noch ein besonders tiefer Schlafzustand. Das wahrhaft Verblüffende an der Meditation ist ja gerade das ungemein klare Gewahrsein, das frei ist von allem Denken, Intellektualisieren und Bewerten. Vielleicht klingt das für Ihre Ohren komisch, weil Sie noch nicht erlebt haben, daß man klar wahrnehmen kann, ohne gleichzeitig zu denken. Es wirkt aber nur auf den ersten Blick widersprüchlich, nämlich dann, wenn man versucht, auf intellektuelle, an Bilder und Konzepte gebundene Art und Weise diesen Zustand zu verstehen. Hier stoßen wir an verstandesmäßige Grenzen. Wie soll die Ratio, die einer von vielen Aspekten des Geistes ist, ein Ausschnitt des Bewußtseins, sich auch vorstellen können, wie etwas ohne sie läuft? Wir kennen dieselbe Schwierigkeit sogar bei ganz alltäglichen Dingen, zum Beispiel wenn man sich rein intellektuell vorzustellen versucht, wie eine unbekannte Frucht schmeckt. Es geht nicht, auch nicht, wenn jemand, der die Frucht schon gegessen hat, ihren Geschmack genau beschreibt. Man hat einfach so lange keine Ahnung davon, wie sie wirklich schmeckt, bis man sie selbst gekostet hat.

Ist es dann überhaupt möglich, geistige Ruhe zu erfahren, obwohl der Geist doch scheinbar immer aktiv ist?

Die erste Regel lautet: Geistige Ruhe läßt sich nicht erzwingen. Wir müssen aufhören zu ergreifen, wir müssen loslassen. Zweitens müssen wir aufhören, uns zu beurteilen. Beides sind Funktionen des rational denkenden Geistes, die uns einengen und behindern. Richtiger wäre die Art von Einstellung, mit der man normalerweise ins Kino geht, um sich einen unterhaltsamen Film anzuschauen. Man freut sich auf die vor einem liegenden Stunden, entspannt sich wie von selbst und harrt voll positiver Erwartungen der Dinge, die da über die Leinwand flimmern werden.

Solch eine positive Erwartungshaltung, die geprägt ist von Offenheit für das, was auf einen zukommt, ohne auf etwas Bestimmtes zu lauern, ist die beste Voraussetzung, die der Meditierende und ganz besonders der Meditationsneuling mitbringen kann. Dazu kommt dann noch eine einfache Affirmation wie «Diese Zeit gehört mir und meiner Gesundheit». Rufen Sie sich das am Anfang der Sitzung ins Gedächtnis, dann aber halten Sie nicht daran fest. Lassen Sie zu, daß «es» geschieht.

Zurück zum Kinobesuch. Als Kinogänger hat man den Vorteil, das Geschehen auf der Leinwand aus der Position des neutralen Beobachters verfolgen zu können. Zwar tauchen Gedanken und Empfindungen auf, aber man braucht sich nicht damit zu identifizieren. Wenn man allerdings vergißt, daß man im Kino sitzt und einen Film, eine Illusion, anschaut, und sich mit der Handlung identifiziert, ist es aus mit der Unbefangenheit und schon rast man selbst im Verfolgerwagen über den Highway.

Auf die Meditation angewendet bedeutet dies, daß wir lernen müssen, in die Rolle des neutralen Beobachters zu schlüpfen. Nur so – durch die Beobachtung unserer Gedanken und durch bewußtes Nicht-Identifizieren – kann ein Zustand von besonders klarer Achtsamkeit entstehen. Damit ist die Fähigkeit gemeint, die Aufmerksamkeit auf ein beliebiges Objekt zu richten und dieses nicht «aus dem Auge» zu verlieren. Das ist Achtsamkeit. Wenn Sie ernsthaft meditieren wollen, sollten Sie die Methoden erlernen, die diese Fähigkeit gezielt entwickeln. Grundlage solcher Methoden ist fast immer die Beobachtung des Atmens (siehe Kapitel 6). Sie können als Auftakt für die Heilmeditation dienen, denn der durch sie erzeugte Zustand gezielter Konzentration begünstigt ebenfalls das Entstehen der angestrebten inneren Ruhe.

Somit gibt es zwei Faktoren, die für eine «gute» Meditation unumgänglich sind. Zum einen die Entwicklung von Achtsamkeit, zum anderen das zuvor erwähnte Loslassen oder Nicht-Ergreifen. Es mag widersprüchlich anmuten, daß man, um etwas Bestimmtes zu erreichen, lernen muß, nichts zu tun. Aber wer den tieferen Sinn dahinter erfassen kann, für den löst sich der scheinbare Widerspruch auf. Es genügt, «es» einfach zu tun, damit zufrieden zu sein und der Versuchung zu widerstehen, die Meditation zu beurteilen.

Das ist die richtige Einstellung. Sich entspannen und offen sein. Nichts Bestimmtes erwarten. Achtsamkeit. Nicht von der Meditation abschweifen. Die Gedanken beobachten, ohne sich damit zu identifizieren. Sehen, was geschieht. Es geschehen lassen. Kein Ergreifen. Kein Festhaltenwollen. Wenn wir lernen, einfach nur das zu tun, so zu sein, wird etwas geschehen!

Zusammenfassung der Startbedingungen

Am Anfang ist es ratsam, für die Meditation einige Vorbereitungen zu treffen, die das Vorhaben erleichtern und zu seinem Erfolg beitragen. Werden Sie sich über Ihre Motivation klar, stecken Sie sich ein Ziel. Entscheiden Sie sich für eine Technik, für die bestmögliche Zeit und Sitzhaltung sowie für einen Ort, an dem Sie regelmäßig und relativ ungestört meditieren können. Überfordern Sie sich nicht gleich, beginnen Sie mit einfachen Übungen. Wählen Sie eine ruhige Tageszeit, einen möglichst ungestörten, ruhigen Platz, und räumen Sie sich genügend Zeit ein, um mit der gewählten Meditationstechnik so vertraut zu werden, daß Sie nicht mehr über jeden einzelnen Schritt nachdenken müssen. Sie haben verschiedene Möglichkeiten zur Auswahl, also experimentieren Sie getrost ein wenig, wenn Sie nicht gleich die richtige finden.

In dem Maße, in dem Sie Fortschritte machen, fällt es Ihnen auch leichter, unter weniger günstigen Umständen zu meditieren. Mit zunehmender Übung empfiehlt es sich sogar, ab und zu an einem anderen Ort unter anderen Umständen in einer anderen Haltung zu meditieren. Herausforderungen sind ein gutes Mittel, um die Konzentrationsfähigkeit zu schulen und die vorher erwähnte Achtsamkeit zu entwickeln. Man zwingt sich dazu, seine Aufmerksamkeit voll auf etwas Bestimmtes zu richten, und macht die überraschende Erfahrung, daß man trotz der ungewohnten Situation meditieren kann. Was wiederum dazu führt, daß man lernt, die in der Meditation geübte Konzentration und Gelassenheit auch im Alltag aufrechtzuerhalten.

Beginnen Sie also in einer geeigneten Umgebung unter günstigen Umständen. Betrachten Sie es als Teil des Lernprozesses, nach einer Weile auch unter weniger günstigen Umständen zu meditieren.

Mit einer noch in den Anfängen steckenden Meditationspraxis verhält es sich wie mit einer kleinen Pflanze – sie bedarf der ständigen Pflege. Sie müssen sich also Gedanken machen, wie Sie Ihre Praxis am Leben erhalten.

Das Meditieren in einer Gruppe, sei es unter Anleitung eines qualifizierten Lehrers oder mit gleichgesinnten Freunden, fördert die eigene Disziplin und vermittelt immer wieder neue Impulse für den Umgang mit der eigenen Meditationsmethode. Der Erfahrungsaustausch ist sogar ganz besonders wichtig. Der beste Dienst, den Sie sich selbst tun können, ist, Ihre «Leistung» nicht zu beurteilen und die Meditationssitzung nicht zu zerreden oder analytisch zu zerpflücken. Doch ob sie nun Schwierigkeiten hatten oder eine «gute» Erfahrung gemacht haben, sprechen Sie nur mit einem Lehrer oder Gleichgesinnten darüber, nicht mit jemandem, der Ihr Interesse nicht teilt. Im übrigen sollten die Resultate Ihrer Praxis im Alltag sichtbar werden. Es reicht vollkommen, eine entsprechende Andeutung zu machen, wenn Ihre Freunde Ihnen sagen, wie gut Sie in letzter Zeit aussehen, und nach dem Geheimnis Ihrer Ausgeglichenheit fragen.

Wenn Sie allerdings in medizinischer Behandlung sind, sollten Sie Ihrem Arzt sagen, daß Sie meditieren. An Ihrem konkreten Beispiel kann er dann hautnah die positiven Auswirkungen der Meditation auf Körper und Gesundheit miterleben.

Wer sich informieren möchte, dem steht eine umfangreiche Literatur zum Thema Meditation zur Verfügung (eine Auswahl finden Sie im Literaturverzeichnis am Ende des Buches). Die Lektüre wird nicht nur Anregung vermitteln, sondern auch Ihr Verständnis für die Praxis allgemein vertiefen und festigen.

Noch ein Wort über den Gebrauch von Kassetten, da sie der Meditation durch das gesprochene Wort oder durch Musik eine zusätzliche Dimension verleihen. Der wirkliche Vorteil besteht darin, daß man nicht mehr über die einzelnen Schritte nachdenken muß, was sich äußerst positiv auf Entspannung und Konzentration auswirkt. Besonders am Anfang ist es angenehm, sich so durch eine Übung führen zu lassen, weg vom Denken hin zu innerer Ruhe. Aber auch Kassetten beanspruchen noch einen Teil Aufmerksamkeit. Um innerlich wirklich still zu werden, ist es deshalb nötig, diesen kleinen Rest an Aufmerksamkeit ebenfalls von ihnen abzuziehen und auf das Meditationsobjekt zu richten, so daß man sich ihrer schließlich nicht mehr bewußt ist.

Verwenden Sie Kassetten also nur gelegentlich, um leichter abschalten zu können.

Intensivkurse haben sich als sehr nützlich erwiesen. Schon ein eintägiges Meditationsseminar verhilft in der Regel zu einer guten Meditationserfahrung, sei es, daß der Meditierende über einen kritischen Punkt hinwegkommt, neu motiviert wird oder einfach nur Spaß an der Zusammenkunft hat. Die verstärkende Wirkung der Gruppe ist unübersehbar.

Zum Schluß also noch einmal: Genauso wichtig wie der erste Schritt ist es, am Ball zu bleiben. Sie müssen sich darüber im klaren sein, daß konkrete Schritte nötig sind, um die Meditationspraxis tatsächlich als eine solche zu etablieren. Regelmäßiges Üben ist das A und O.

Nachdem nun die innere Einstellung, Ort, Zeit und Meditationshaltung geklärt sind, wollen wir uns jetzt gezielt der Heilmeditation zuwenden.

4 Heilmeditation

Das Ziel der Heilmeditation ist die Wiederherstellung und Erhaltung des natürlichen homöostatischen Gleichgewichts, das der Gesundheit entspricht.

Auf unserer Philippinenreise wurden Gayle und ich von einem jungen Filipino namens Alan geführt. Eigentlich war Alan mit seinen vierzehn Jahren noch ein kleiner Junge, aber er wirkte für sein Alter bereits recht reif, fast schon lebenserfahren. Neugierig fragte ich ihn daher eines Tages, ob er vielleicht meditieren würde, und erntete einen verdutzten Blick. Als ich ihn dann noch fragte, wo er gelernt habe zu meditieren, brach er in schallendes Gelächter aus.

«Bei uns zu Hause meditieren alle», antwortete er, «aber keiner hat es extra gelernt.» Das ließ ich mir näher erklären. Ich erfuhr, daß da, wo Alan herstammte, das Meditieren sozusagen die natürlichste Sache von der Welt war. Eltern und Großeltern taten es, die Kinder wuchsen damit auf. Diese Selbstverständlichkeit ging ihnen auch im späteren Leben nicht verloren. Es gab nichts zu lernen. Jeden Tag setzte man sich einfach einige Zeit still hin, ohne Technik, ohne Zauberei. Man tat nichts weiter, als einfach nur ruhig dazusitzen, wodurch der Körper sich wie von selbst entspannt, der Geist still wird. Als gäbe es nichts Einfacheres und Natürlicheres auf der Welt, praktizierte man dort die Essenz dessen, was wir auf den vorangegangenen Seiten Meditieren genannt haben.

Wieviel schwerer tun wir uns da – wie mit allem, was über die Grenzen unseres Verstandes hinausgeht. Wenn wir uns hinsetzen, um innerlich ruhig zu werden, ist es nicht die körperliche Entspannung, die uns Schwierigkeiten bereitet, sondern die geistige. Die Gedanken einmal zur Ruhe kommen zu lassen, das mutet nicht nur wie ein Buch mit sieben Siegeln an, es ist uns sogar ein klein wenig unheimlich. Deshalb ist die Heilmeditation eine gute Methode: Sie hilft uns, die verlorengegangene Fähigkeit zu innerer Stille wiederzuerlernen und noch dazu einen praktischen Nutzen daraus zu ziehen.

Kinder üben sich zumeist unbewußt in dieser Fähigkeit. Wie oft klagen Lehrer oder Mütter über die Geistesabwesenheit ihrer Kinder, über das völlige Insichversunkensein mit leerem Blick, als seien sie in einer anderen Welt. In unserer Welt hat das Konsequenzen. Man wird getadelt, weil man tagträumt, anstatt aufzupassen. Schon im Kindesalter werden wir darauf konditioniert, geistig stets aktiv zu sein. Tagträumen, vor sich hin sinnen, das ist unproduktiv, das zahlt sich nicht aus. Im späteren Leben müssen wir dann das natürliche Loslassen unserer anerzogenen geistigen Daueraktivität erst wieder lernen. Was einmal eine natürliche Fähigkeit war, wird zu einer schwierigen Kunst.

Menschen, die die Heilmeditation praktizieren, stellen fest, daß bisweilen längst vergessen geglaubte Kindheitserinnerungen auftauchen. So empfand ein Kursteilnehmer während seiner ersten Meditationssitzung jenes Gefühl wieder, das er als Kleinkind im Laufstall hatte, wenn die Mutter nicht weit und alle Lieblingsspielzeuge in Reichweite waren: das Gefühl vollkommener Sicherheit und Zufriedenheit, frei von jeglichen Erwartungen.

Um die Fähigkeit, einfach nur zu sein, wiederzuerlernen, stehen zwei Möglichkeiten zur Wahl, der direkte Weg und der indirekte.

1. *Der direkte Weg*

Der direkte Weg kommt ohne Methode aus. Wie Alan, unser junger Filipinofreund, setzen Sie sich einfach nur hin und werden still.

Wäre es nicht phantastisch, wenn es tatsächlich so funktionieren würde? Als würde man sich, um die Bergspitze zu erreichen, in einen Hubschrauber setzen und *direkt*, ohne Umwege, zum Gipfel aufsteigen.

Es ist keineswegs unmöglich, von Anfang an den direkten Weg zu gehen. Menschen, die die Meditation unter Anleitung eines qualifizierten Lehrers erlernen, sei es allein oder in einer Gruppe, können eine direkte Meditationserfahrung machen, wie Elektroenzephalogramme von Meditierenden gezeigt haben. In Indien wird die Übertragung einer Meditationserfahrung *shaktipat* genannt und hauptsächlich in der Schule des Siddhi-Yoga praktiziert. Aber auch unter den Teilnehmern an Meditationskursen von Dr. Ainslie Meares waren immer einige, die von besonders tiefen Erfahrungen sprachen, wenn er oder sein Assistent sie mit den Händen berührte. Vor allem Menschen, die keine Angst davor haben, den Intellekt für eine Weile ruhen zu lassen, und einfach nur erfahren wollen, was geschieht, machen schnell, direkt und scheinbar mühelos eine tiefe, befriedigende Meditationserfahrung, an die sie sich später genau erinnern können und die ihnen bestätigt, daß es eigentlich wirklich nichts zu tun gibt, als einfach nur loszulassen. Loszulassen und «es» zuzulassen. Meditation beginnt, wo alles andere aufhört. Wenn wir einfach nur ruhig werden können, ohne zu wünschen, ohne zu streben, ohne zu ergreifen, ruhig und achtsam zugleich, werden wir tiefe Freude und viele andere positive Auswirkungen der Meditation erfahren.

Leider geschieht meistens, sobald wir uns hinsetzen und

die Augen schließen, etwas ganz anderes. Plötzlich sehen wir uns einem nicht enden wollenden Strom von Gedanken ausgesetzt, dem meist sinnlosen, inneren Geplapper in Form von Dialogen, Monologen und Debatten über Probleme jeder Art. Sie tauchen von überall her auf und scheinen unser Gehirn geradezu zu überfluten!

In diesem Fall ist der direkte Weg nicht gangbar, weil zu einfach! Die Frage lautet vielmehr: Wie lerne ich loszulassen? Wie kann ich diesen Zustand des ganz normalen Gedankenwahnsinns hinter mir lassen und die heilende innere Stille erfahren?

2. *Der indirekte Weg: Die Integrationsmethode*

Wenn der direkte Weg also nicht geeignet ist und man die Notwendigkeit einer bestimmten Methode eingesehen hat, fragt man sich, welche Bedingungen diese erfüllen muß, damit der Körper sich entspannen und der Geist ruhig werden kann. Die einfachste und zuverlässigste Methode, die alle Voraussetzungen für die Heilmeditation erfüllt, ist die von mir als Integrationsmeditation bezeichnete, leicht nachvollziehbare Technik. Sie beginnt mit der Entspannungsreaktion, die geistige und körperliche Spannungen auflöst und einen fließenden Übergang in die ruhigeren Bereiche der Meditation ermöglicht.

1. Voraussetzungen für die Entspannungsreaktion

Um die Entspannungsreaktion erzeugen und ihre positiven Wirkungen erfahren zu können, müssen folgende Voraussetzungen gegeben sein:

a) Der richtige Ort/die richtige Haltung

Wählen Sie einen Ort, an dem Sie sich wohl fühlen und für

die Dauer der Meditation ungestört sind. Die Körperhaltung sollte aufrecht und nicht allzu bequem sein.

b) Eine geeignete Körperentspannungstechnik (z. B. die Progressive Muskelentspannung, kurz: PME, auf die wir gleich zu sprechen kommen)

c) Die richtige Einstellung: der passive Beobachter

Schlüpfen Sie in die Rolle des passiven Beobachters. Das befreit Sie von dem Zwang, etwas leisten oder beurteilen zu müssen, was den Denkprozeß aktivieren und Erregung anstelle von Entspannung erzeugen würde. Beobachten Sie das, was geschieht, ohne sich damit zu identifizieren. Das ist die korrekte Einstellung (siehe dazu auch Kap. 3).

d) Eine geeignete Technik

Nicht zuletzt brauchen Sie eine Methode, um das Alltagsbewußtsein mit seinen endlosen Aktivitäten in einen klareren, von unserem Verstand nicht länger dominierten Wahrnehmungszustand zu überführen. Methoden, die dazu in der Lage sind, basieren im allgemeinen auf Konzentrationsübungen (siehe dazu auch Kap. 5).

2. Die Praxis der Entspannungsreaktion

Sie ruht auf zwei Pfeilern: einer geeigneten Entspannungstechnik und der richtigen inneren Einstellung.

Eine einfache, sehr wirksame Methode ist die sogenannte *Progressive Muskelentspannung* (PME). Sie wurde von einer traditionellen Yogaübung abgeleitet und führt schnell zu einem gründlichen Loslassen von Spannungen. Sie bereitet kaum jemandem Schwierigkeiten. In der Regel erzielen die meisten schon innerhalb von ein, höchstens zwei Tagen spürbare Ergebnisse. Damit ist sie ein idealer Einstieg in jede Form von Meditation und die Grundlage der Integrationsmeditation.

Bei der PME lenkt man das Bewußtsein in die verschiedenen Muskelgruppen des Körpers und lernt, sie willentlich und spürbar zu entspannen. Das aber wirft die Frage auf: Wie lenke ich meine Aufmerksamkeit dahin, wo ich sie haben will?

Wenn Sie gefragt würden, wo im Körper sich Ihr Selbst beziehungsweise sein Zentrum befindet – wo würden Sie es ansiedeln? Wenn Sie jetzt Ihre Augen schließen, wo befindet es sich Ihrer Meinung nach?

Viele Menschen sind der Ansicht, daß der Sitz der Persönlichkeit sich im Kopf befindet, andere vermuten ihn im Herzen oder im Solarplexus, wieder andere geben an, ihn zwischen den Augen zu spüren. Diesen Punkt betrachten sie als ihren Mittelpunkt, den Kern ihrer Persönlichkeit. Natürlich denkt nun niemand, daß die Arme beispielsweise *nicht* zu einem gehören, aber man empfindet sie eindeutig als zur Peripherie gehörig und nicht als Teil des Persönlichkeitskerns.

Versuchen Sie, Ihr Zentrum, Ihren Kern, zu spüren. Es ist eine gute vorbereitende Übung auf die Meditation. Sie werden feststellen, daß es gar nicht so schwer ist, die Aufmerksamkeit gezielt in verschiedene Teile des Körpers zu lenken.

Erste Übung

Schließen Sie die Augen. Stellen Sie sich vor, daß Sie sich in Ihrer Küche befinden. Sehen Sie sich um, ganz so, wie Sie es mit offenen Augen auch täten. Nehmen Sie eine leere Tasse, und füllen Sie sie mit Wasser. Führen Sie die Tasse zum Mund. Trinken Sie einen Schluck. Wie schmeckt es?

Szenenwechsel. Die Augen bleiben geschlossen. Stellen Sie sich eine Einkaufsstraße vor. Es herrscht ein großes Gedränge. Wochenendeinkaufsstimmung. Sie haben eine Verabredung zum Essen und möchten sich nicht verspäten.

Der nächste Bus fährt erst in ein paar Minuten. Menschen hasten an Ihnen vorbei, rempeln Sie an. Das Geschiebe, der Trubel, der verspätete Bus ... Wie fühlen Sie sich?

Noch einmal Szenenwechsel. Begeben Sie sich in der Vorstellung an einen Ihrer Lieblingsorte, irgendwo auf dem Land. An einen Ort voller Schönheit, vielleicht auch voller angenehmer Erinnerungen, wo Sie sich wohl und eins mit der Natur fühlen. Spüren Sie die Erde, das zarte Gras unter den Füßen. Sie schauen sich um und bewundern die Bäume, deren Blätter sich leise raschelnd im Wind wiegen. Über den strahlendblauen Himmel ziehen vereinzelt ein paar feine, weiße Wölkchen. Wohlig recken Sie das Gesicht der Sonne entgegen und genießen die Wärme auf der Haut. In Ihnen entsteht ein starkes Gefühl von Frieden und Ruhe. Wie ist Ihnen zumute? Bleiben Sie noch einen Augenblick bei der Vorstellung, dann öffnen Sie die Augen.

Die eben durchgeführte Übung macht zwei Dinge deutlich.

Sie zeigt erstens, wie schnell man sich nervös und abgehetzt fühlt, wenn man sich eine entsprechende Situation vorstellt. Wenn man statt dessen eine friedliche Umgebung visualisiert, tritt der gegenteilige Effekt ein, man entspannt sich.

Zweitens zeigt sie, wie leicht es im Grunde genommen ist, die Aufmerksamkeit auf verschiedene Dinge zu richten. Jeder ist dazu in der Lage. Es bedarf überhaupt keiner besonderen Fähigkeiten dazu.

Zweite Übung

Nun lenken wir das Bewußtsein in die verschiedenen Muskelgruppen des Körpers, erspüren den Grad ihrer Anspannung, entspannen sie, erspüren den Grad ihrer Entspannung und entspannen sie noch ein wenig mehr, so lange, bis sie völlig locker und weich sind.

Beginnen wir bei den Füßen. Nehmen Sie die Meditationshaltung ein, für die Sie sich entschieden haben. Schließen Sie die Augen.

Lenken Sie Ihre Aufmerksamkeit in die Füße. Stellen Sie sich vor, Sie seien in Ihren Füßen. Spannen Sie nun die Fußmuskeln an, so fest es geht, aber nur so lange, bis Sie die Anspannung deutlich spüren. Dann lassen Sie sie los. Lassen Sie die Muskeln locker und weich werden, alle Anspannung sich vollständig lösen.

Jetzt wissen Sie, wie entspannte Muskeln sich anfühlen. Die Entspannung geht bei vielen Menschen mit einem Gefühl der Wärme und Schwere einher, in einer späteren Phase mit einem Gefühl von Wärme und Leichtigkeit – ein Zeichen für die Vertiefung der Entspannung.

Die Technik besteht also darin, das Bewußtsein nacheinander in alle Muskelgruppen zu lenken, diese bewußt kräftig anzuspannen und wieder zu entspannen. Man beginnt bei den Füßen und entspannt aufsteigend Waden, Schenkel und so weiter bis zum Kopf.

Dritte Übung

Die nächste Aufgabe besteht darin, die Muskeln nur in Gedanken anzuspannen und zu entspannen und dabei das gleiche Gefühl der Entspannung zu erleben. Das heißt, man lenkt das Bewußtsein in die Füße, spannt die Muskeln in Gedanken an und entspannt sie wieder mit dem gleichen authentischen Gefühl der Entspannung. Es hilft, das Anspannen und Loslassen der Muskeln vorher so oft zu üben, bis sich das Gefühl genau eingeprägt hat und jederzeit «abrufbar» ist.

Legen Sie sich auf den Boden. Schließen Sie die Augen. Stellen Sie das Buch gut sichtbar in Ihrer Nähe auf, damit Sie ab und zu die Augen öffnen und die Instruktionen nachlesen können, falls Sie sie nicht auswendig gelernt haben oder jemand sie Ihnen vorliest.

Konzentrieren Sie sich auf Ihre Füße. Lenken Sie die ganze, uneingeschränkte Aufmerksamkeit in die Füße. Vielleicht werden Sie sich ihrer besser bewußt, wenn Sie die Zehen ein wenig bewegen. Wie fühlen sie sich an? Spannen Sie die Muskeln. Wenn Sie nicht so recht wissen, wie das gehen soll, versuchen Sie es, indem Sie die Zehen «einrollen». Verharren Sie so ein paar Sekunden, spannen Sie jeden Muskel, bis er sich hart anfühlt. Dann lassen Sie die Anspannung los. Die Muskeln erschlaffen, fühlen sich weich und locker an.

Übertreibung sollten Sie dabei tunlichst vermeiden, um sich keinen Zehen- oder Wadenkrampf einzuhandeln. Sobald Sie die Anspannung so richtig spüren, lassen Sie sie auch schon wieder los.

Als nächstes sind die Waden an der Reihe. Stellen Sie sich vor, Sie liegen am Strand und vergraben Ihre Zehen im weichen Sand. Diese Bewegung führt zur Anspannung in den Waden. Mit etwas Übung werden Sie selektive Muskelkontraktionen vornehmen können, was für eine erfolgreiche Gesamt-Entspannung freilich völlig unwichtig ist. Einzig Ihre Fähigkeit, überhaupt die Muskeln straffen und entspannen zu können, zählt.

Anschließend daran nehmen wir uns die Oberschenkelmuskulatur vor, die größte zusammenhängende Muskelgruppe des Körpers. Heben Sie in der Vorstellung die ausgestreckten Beine ein wenig an, so, als müßten Sie sie gegen einen Widerstand stemmen. Je stärker Sie sich den Widerstand vorstellen, um so deutlicher spüren Sie die Muskelanspannung. Dann senken Sie die Beine – ebenfalls in der Vorstellung – wieder ab. Merken Sie den Unterschied? Die Muskeln entspannen sich, fühlen sich weich und locker an. Ein Gefühl von Wärme durchströmt sie.

Als nächstes die Gesäßbacken: Stellen Sie sich vor, daß Sie aufstehen möchten. Spannen Sie die Gesäßmuskeln an, und drücken Sie das Gesäß leicht nach oben. Lassen Sie jetzt die Muskeln wieder locker, entspannen Sie sie. Machen Sie sich das Gefühl der Entspannung deutlich, genießen Sie es. Spüren Sie, wie der gesamte Beckenbereich sich entspannt – Gesäß, Hüfte und Becken.

Weiter zum Bauch: Stellen Sie sich vor, jemand läßt einen Ball auf Ihren Bauch fallen. Instinktiv spannen Sie Bauch- und Rückenmuskulatur gleichzeitig an. Wenn Sie die Anspannung gleich darauf tief ausatmend lösen, spüren Sie, wie der gesamte Bauchbereich weich und locker wird.

Nun zum Brustkasten: Stellen Sie sich vor, Sie wären eingeschnürt. Es ist Ihnen zum Ersticken eng. Sie halten den Atem an und spannen die Muskeln mit aller Kraft, als wollten Sie die Fesseln sprengen. Dann atmen Sie aus und lassen alle Anspannung los.

Dann die Arme: Versteifen Sie sie wie zwei Bretter. Dabei können Sie die Finger entweder ausgestreckt lassen oder auch zu Fäusten ballen. Spüren Sie die Anspannung, und lassen Sie sie dann bewußt los. Werden Sie von den Schultern bis in die Fingerspitzen hinein locker.

Als nächstes sind die Schultern an der Reihe: Ziehen Sie sie in die Höhe, drücken Sie das Kinn gegen das Brustbein. So spannen Sie nicht nur die Schultermuskulatur an, sondern strecken gleichzeitig auch die Nackenmuskeln.

Der Kiefer: Beißen Sie die Zähne zusammen, und schürzen Sie gleichzeitig die Lippen, so gut es geht. Wenn Sie diesen Bereich entspannen, lassen Sie auch die Zunge lokker. Sie sollte sich ebenfalls weich und entspannt anfühlen.

Die Augen: Schließen Sie die Augen, so fest es nur eben geht. Die Entspannung sollte den gesamten Augenbereich umfassen, inklusive Nasenbein und Schläfen – und natürlich die Augen selbst. Wir haben schon wiederholt erlebt, daß Kursteilnehmer, die unter Kurzsichtigkeit litten, durch diese Augenentspannungsübung eine Besserung ihrer Sehfähigkeit erfahren haben und weniger starke Brillen brauchten.

Zu guter Letzt die Stirn: Legen Sie sie in steile Falten, dann glätten Sie sie wieder. Das Gefühl der Entspannung sollte sich nicht nur auf die Stirn beschränken, sondern die Kopfhaut miteinbeziehen.

Sie haben nun ein Gespür für die Muskelanspannung beziehungsweise -entspannung entwickelt und können es willentlich erzeugen. Als nächstes müssen wir auf die richtige innere Einstellung zu sprechen kommen.

Die richtige innere Einstellung

Wie schon zuvor erwähnt wurde, kommt es darauf an, daß man mit dieser Übung keine bestimmten Erwartungen verknüpft. Die einfache Entspannung des Körpers ist oft die Vorstufe zum Eintritt in die innere Stille, eine Art Übergang, wenn Sie so wollen. In jedem Fall ist sie eine angenehme Erfahrung, die jedem Menschen zu wirklich tiefer Entspannung verhilft.

Um das angestrebte Ziel, die geistige Ruhe, zu erreichen, ist es nötig, Bedingungen zu schaffen, die das Entstehen dieses Zustands begünstigen. Dazu gehört die Rolle des passiven, aber interessierten Beobachters, der nicht auf etwas Bestimmtes fixiert ist. Wir müssen lernen, in diese Rolle zu schlüpfen, und dabei hilft uns die Integrationsmeditation.

Während der PME-Übung ist die ganze Aufmerksamkeit auf den Körper und das intensive Gefühl der Entspannung gerichtet. Mit zunehmender Entspannung entsteht ein Gefühl von Wärme und Schwere. Sollte der Geist einmal abschweifen und sich mit anderen Dingen beschäftigen, brauchen Sie nichts weiter zu tun, als die Aufmerksamkeit zurückzuholen und wieder auf die Übung zu lenken. Begeben Sie sich in der Vorstellung wieder an die Stelle, die Sie zuletzt entspannt haben, und machen sie einfach dort weiter. Spannen Sie die entsprechenden Muskeln an, lassen Sie sie locker. Genießen Sie das Gefühl der Entspannung, dann gehen Sie weiter zur nächsten Muskelgruppe.

Wir wollen lernen, uns ohne jede Anstrengung zu entspannen. Muskeln anspannen, entspannen, sich von dem Gefühl der Entspannung ganz durchdringen lassen. Formulieren Sie die Anweisungen mit wenigen, einfachen Worten, um den Intellekt nicht unnötig zu beschäftigen. Die körperliche Entspannung ist gewissermaßen eine Art Überleitung in einen ruhigen, entspannten, unkonditionierten Geisteszustand. Das Geheimnis verbirgt sich hinter dem Schlüsselwort «Loslassen». Verkrampfungen loslassen, Emotionen loslassen, Gedanken loslassen. Für eine Weile einfach still sein, von allem frei sein.

Zum Abschluß der PME verharren Sie noch einige Zeit in diesem entspannten Zustand. Genießen Sie ihn, solange Sie möchten.

Sie können die Anweisungen der PME entweder auswendig lernen, was den Vorteil hat, daß Sie sie jederzeit und überall parat haben, oder jemanden bitten, sie Ihnen langsam, in ruhigem Ton vorzulesen. Ebensogut können Sie die Anweisungen aber auch selbst auf Band sprechen. Lassen Sie in diesem Fall kurze Pausen zwischen den einzelnen Anweisungen, und sprechen Sie langsam und ruhig.

So weit, so gut. Und nun müssen Sie üben, üben, üben – so lange, bis Sie die PME im Schlaf beherrschen und sie ohne jegliche Anstrengung durchführen können. Nehmen Sie sich am Anfang mindestens fünfzehn bis zwanzig Minuten Zeit dafür.

Bevor Sie beginnen, rufen Sie sich kurz Ihre Beweggründe in Erinnerung. Denken Sie auch an die Bedeutung der richtigen Einstellung, die wir mit einem passiven Beobachter verglichen haben, der offen und interessiert ist, ohne auf etwas Bestimmtes festgelegt zu sein. Es gibt nichts, was Sie erzwingen müßten. Seien Sie wachsam, und beobachten Sie alles, ohne sich damit zu identifizieren.

PME-Praxis

Es folgen nun die Anweisungen für eine intensive PME.

Nehmen Sie eine aufrechte Haltung ein. Die Hände ruhen locker auf den Knien.

> Schließen Sie langsam die Augen ... Richten Sie die Gedanken nach innen ... Erinnern Sie sich daran, daß die folgenden Minuten für Ihre Gesundheit reserviert sind.
>
> Konzentrieren Sie sich auf die Füße ... Bewegen Sie sie ein wenig hin und her, um den Zustand zu erfühlen, in dem sie sich gerade befinden ... Spannen Sie nun die Muskeln an, und halten Sie die Spannung kurz aufrecht ... Lassen Sie sie los ... Fühlen Sie die Muskeln weich und locker werden ... Genießen Sie die Entspannung ... Lassen Sie auch den letzten Rest von Anspannung los ...
>
> Die Waden ... Spannen Sie die Muskeln an ... Lassen Sie sie los ... Spüren Sie den Unterschied zu vorher ... Die Muskeln sind weich und locker ... ganz entspannt ... es ist ein gutes Gefühl, ein natürliches Gefühl ...
>
> Die Schenkel ... Spannen Sie die Muskeln an, und las-

sen Sie sie los ... Lassen Sie sich von dem Gefühl der Entspannung durchdringen ... Die Beine fühlen sich angenehm warm und schwer an ... locker und weich ...
Das Gesäß ... Spannen Sie die Gesäßmuskulatur an, lassen Sie sie locker ... vollständig locker ... angenehm weich und entspannt ...
Der Bauch ... Spannen Sie die Bauchmuskulatur an, entspannen Sie sie ... sie fühlt sich weich und locker an ... frei von jeder Spannung ... Sie sind ruhig und entspannt ... tief entspannt ... ganz locker ...
Der Brustkorb ... Anspannen, entspannen ... Lassen Sie jedes Gefühl von Spannung los ... vollständig los ... Es ist ein gutes, befreiendes Gefühl ...
Die Arme ... Spannen Sie die Muskeln an, lassen Sie sie locker ... bis in die Fingerspitzen ... Sie fühlen sich warm und schwer an ... weich und locker ... Lassen Sie alle Anspannung los ... restlos los ...
Die Schultern ... Spannen Sie die Schultern an, lassen Sie sie locker ... Fühlen Sie den Unterschied ... immer mehr ...
Der Unterkiefer ... anspannen, entspannen ... der Unterkiefer senkt sich ein wenig ... Lassen Sie ihn ganz locker ... völlig entspannt ...
Die Augen ... Anspannung, Entspannung ... völliges Loslassen ... ganz entspannt ... immer mehr ...
Die Stirn ... Anspannen, entspannen ... Fühlen Sie, wie die Stirn sich glättet ... der Druck nachläßt ... Sie sind völlig entspannt ... angenehm ruhig ... Lassen Sie sich davon durchdringen ... ganz erfassen ... Lassen Sie alles los ... auch den letzten Rest von Anspannung ... Ruhe erfüllt Sie ... angenehme Stille ... wohltuende Ruhe ... Ruhe ...

Wenn Sie selbst eine Kassette besprechen, machen Sie hier

eine Pause, solange es Ihnen angenehm ist, dann beenden Sie die Übung folgendermaßen:

> Das ist gut, sehr gut ... Wenn du fertig bist, öffne langsam die Augen ...

Viele empfinden diese Übung als äußerst effektiv, gerade weil Sie so einfach und direkt gehalten ist. Sie bewirkt eine unmittelbare körperliche Entspannung, die häufig in einen Zustand innerer Stille übergeht, der sich spürbar von unserem Wachbewußtsein unterscheidet. Das ist die Entspannungsreaktion. Sie ist der erste Schritt zur Erfahrung der Integrationsmeditation.

Integrationsmeditation und PME

Als ich begann, Meditationskurse abzuhalten, unterrichtete ich nur diese eine, auf der PME basierende Methode. Die meisten Teilnehmer erlebten schon beim ersten Versuch einen ungewöhnlich tiefen Grad an Entspannung – sie erzeugten die Entspannungsreaktion. Einer von zehn erlebte innerhalb von wenigen Tagen als Folge tiefer körperlicher Entspannung einen Zustand innerer Stille. Einige wenige machten diese Erfahrung bereits am ersten Tag. Sie hatten das Gefühl, mehr als einfach nur körperlich entspannt zu sein, sie meditierten. Die Entspannungsreaktion führte sie in den meditativen Zustand hinein. Das ist Integrationsmeditation.

Nach einigen Wochen berichteten die meisten Kursteilnehmer über positive Veränderungen in ihrem Leben, die sie direkt mit der Übung in Zusammenhang brachten. Nur einer von zehn gab sie wieder auf. Fast alle waren sich darin einig, daß die größte Schwierigkeit darin bestand, die Gedanken zu beruhigen – eine oft frustrierende Angelegenheit. Doch diejenigen, die sich nicht entmutigen ließen, bestätigten ausnahmslos, daß Ausdauer und Zuversicht nicht umsonst waren und sie nach einiger Zeit eine zutiefst befriedigende Meditationspraxis entwickeln konnten. Für manche dauerte das mehrere Monate, für andere wesentlich länger. In meinem Fall vergingen zweieinhalb Jahre – und das, obwohl ich durch die Heilmeditation in der Zwischenzeit meinen Krebs hatte besiegen können. Auch wenn tiefe Meditationserfahrungen auf sich warten lassen – die positiven, der Gesundheit zuträglichen Auswirkungen erfahren Sie schon innerhalb kürzester Zeit.

Im Laufe der Jahre kristallisierten sich die Hauptschwierigkeiten und Hindernisse klar heraus, und es war möglich, neue Strategien zu entwickeln, um die Probleme schneller und effektiver zu überwinden. So wurden gerade in den Kursen relativ rasch positive Erfahrungen und Veränderungen sichtbar. Sobald die Teilnehmer gelernt hatten, sich körperlich zu entspannen und ruhig zu werden, zeigten sich die segensreichen Wirkungen der Entspannungsreaktion.

Damals wie heute hörte und höre ich frustrierte Anfänger klagen, daß sie nicht in der Lage seien, ihre Gedanken auch nur annähernd zu kontrollieren. Ein solcher Mensch war Andrew W., bei dem die Ärzte Krebs festgestellt hatten. Dank der Überredungskünste seiner Frau besuchte er nun unser Seminar, doch seine anfängliche Skepsis schlug zu seiner eigenen Überraschung schon bald in echte Begeisterung für die Meditation um. Es fiel ihm nicht schwer, sich körperlich zu entspannen, aber der Geschäftsmann in ihm, gewohnt, ständig zu planen und zu kalkulieren, ließ ihn nicht zur Ruhe kommen. Andauernd wurde er von einem Strom völlig irrelevanter Gedanken, wie er es ausdrückte, heimgesucht. Nachdem auf diese Weise sechs Wochen vergangen waren, jammerte er über sich als einen hoffnungslosen Fall und wollte die Flinte ins Korn werfen. Er bezweifelte ernsthaft, daß Meditation das richtige für ihn wäre. Ich fragte ihn, ob er während der vergangenen sechs Wochen denn überhaupt keine Veränderungen festgestellt hätte. Er dachte einen Augenblick lang nach.

«Na ja, jetzt, wo Sie so direkt fragen», antwortete er, «ich glaube, ich schlafe sehr viel besser als früher.» Und seine Frau warf ein, daß er in den letzten Monaten vor der Teilnahme an diesem Kurs höchstens ein bis zwei Stunden pro Nacht geschlafen und sich dabei unruhig hin- und hergeworfen hatte. «Letzte Nacht schlief er sieben Stunden am Stück», berichtete sie, «und außerdem hat er aufgehört, sich hin- und herzuwälzen.»

«Ja, das stimmt», bestätigte Andrew, «und da fällt mir auch ein, daß mein Arzt mich gestern fragte, was los sei, weil ich auf die Behandlung auf einmal viel besser anspreche.» Er schwieg nachdenklich, dann fügte er hinzu: «Und wenn ich es mir recht überlege, fühle ich mich eigentlich generell wohler, sogar viel wohler ...»

Die anderen brachen in lautes Gelächter aus über den «hoffnunglosen» Fall, der so viele positive Veränderungen an sich feststellte. Je mehr Andrew darüber nachdachte, um so sicherer war er, daß es sich nicht um Zufälle handeln konnte, die sich ausgerechnet in den Wochen, seit er die Entspannungsreaktion übte, häuften, sondern wohl eher um die Auswirkungen der Übung. Das erfüllte ihn mit neuem Schwung und der Zuversicht, daß sein Tun keineswegs umsonst war, und wir diskutierten gemeinsam über andere Methoden, die ihm das Meditieren erleichtern konnten.

So lernt jeder auf seine Weise und in seinem Tempo – die einen leichter und schneller, die anderen durch Ausdauer, Übung und Ausprobieren verschiedener Techniken.

Wie wir gesehen haben, ist die PME-Übung wie geschaffen dafür, den Betreffenden auf die eigentliche Meditation vorzubereiten beziehungsweise diese zu vertiefen. Dennoch wird es nicht ausbleiben, daß Sie zuweilen von sich und der Übung frustriert sind. Trotz zuvor erlebter Erfolge will es auf einmal nicht mehr so recht gelingen, das innere Geplapper zu beruhigen, die innere Unruhe in Ruhe zu verwandeln. Für diesen Fall gibt es, wie gerade schon erwähnt, andere Methoden (siehe Kap. 5), mit deren Hilfe solche Schwierigkeiten überwunden werden können. Wenn Sie sich mit der PME aber wohl fühlen, so bleiben Sie geduldig dabei. Sie werden in zunehmendem Maße Kontrolle über die Technik erlangen, das heißt, sich immer weniger darauf konzentrieren müssen und dadurch automatisch weniger abgelenkt sein, was ein Schritt in Richtung der direkten Methode ist. So läßt sich die Technik mit wachsender Übung vereinfachen, bis man sie schließlich nicht mehr braucht.

PME ohne Muskelkontraktion

Die nächste Übung besteht darin, die PME durchzuführen, ohne die Muskeln wirklich anzuspannen. Das heißt, Sie konzentrieren sich wie gewohnt auf die jeweiligen Muskelgruppen und entspannen sie in Gedanken. Das fällt um so leichter, je intensiver Sie vorher, bei der herkömmlichen PME mit Muskelkontraktion, das Gefühl der Entspannung empfunden haben. Nun können Sie es sich in Erinnerung rufen und willentlich erzeugen. Menschen, die dieses Gefühl der Entspannung intensiv erleben, haben oft den Eindruck, als würden Sie sanft aus einem zusammengepreßten Zustand gelöst, ähnlich wie eine Sprungfeder. Mit dieser Empfindung geht oft ein Wärmegefühl einher, manchmal ein vorübergehendes Prickeln oder auch ein Gefühl der Schwere.

Wird die Meditation noch weiter vertieft, entsteht daraus das Gegenteil, ein Gefühl von Leichtigkeit. Wenn man dann der Versuchung, es festhalten oder analysieren zu wollen, widerstehen kann und sich ihm statt dessen einfach überläßt, zuläßt, daß es sich verstärkt, dann kommt der Geist tatsächlich zur Ruhe.

Die PME ohne Muskelkontraktion hat den Vorteil, daß man weniger denken muß und daß man leichter mit der Übung mitgehen kann. Allerdings werden Sie auch die Erfahrung machen, daß sie an manchen Tagen besser funktioniert als an anderen. Dann hilft es, auf die PME mit Muskelkontraktion zurückzugreifen, die Aufmerksamkeit gezielt auf die einzelnen Muskelgruppen zu richten und sich auf diese Weise von den Alltagsgedanken zu lösen.

Die physische Entspannung muß auf jeden Fall vertieft werden. Zweifelsohne ist es möglich, sich körperlich wunderbar zu entspannen, ohne zu meditieren, aber so gut wie unmöglich, «gut» zu meditieren, ohne körperlich entspannt zu sein. Welche Technik Sie auch anwenden mögen, um die Beherrschung irgendeiner Entspannungstechnik werden Sie nicht herumkommen.

Im Endeffekt sollte die PME ohne Muskelkontraktion zu derselben tiefen physischen Entspannung und als Folge davon zu einem Zustand innerer Stille führen wie die PME mit Muskelkontraktion.

Die PME-Welle

Wenn Sie mit der PME ohne Muskelkontraktion befriedigende Ergebnisse erzielen, können Sie eine weitere Übung ausprobieren.

Anstatt in Gedanken der Reihe nach Füße, Waden und Oberschenkel zu entspannen, denken Sie sich die Beine als eine Einheit. Spüren Sie, wie sie weich und locker werden, lassen Sie alle Anspannung los, bis sie völlig entspannt sind.

Auf dieselbe Weise verfahren Sie mit Gesäß, Bauch, Brustkorb, Armen und Schultern. Empfinden Sie sie als Einheit. Lassen Sie sie weich und locker werden.

Zum Schluß entspannen Sie den Kopf – Stirn, Augen und Kopfhaut als Einheit. Entspannen Sie sie, lassen Sie alle Verspannungen los, die dort sitzen.

Sie können die Übung auch umgekehrt, bei Kopf und Augen beginnend, ausführen und dann eine Welle der Entspannung abwärts durch den Körper schicken.

Die direkte Methode

Einigen Menschen gelingt es mit Hilfe der PME-Welle und nach langem Üben, die Gedanken ziemlich schnell von den alltäglichen Dingen abzuwenden und einen Zustand innerer Stille zu erfahren. Sie brauchen nur ihre Augen zu schließen und der PME-Welle durch ihren Körper zu folgen. Diese Vorstellung lenkt ihre Aufmerksamkeit nach innen, weg von den Alltagsbelangen und Sorgen, und sie erfahren relativ schnell die Ruhe der Meditation. An diesem Punkt gebrauchen sie schon fast keine Technik mehr. Dennoch sollte man sich nicht täuschen – die vermeintliche Leichtigkeit ist nichts anderes als das Ergebnis unermüdlichen Praktizierens und kommt der direkten Methode schon recht nahe. Ich denke, es ist ein lohnendes Ziel, auf das wir unbeirrt hinarbeiten sollten. Um es zu erreichen, müssen wir allerdings aufhören, es erzwingen zu wollen.

Sobald Sie gelernt haben, sich körperlich völlig zu entspannen und ruhig in diesem Zustand zu verharren, reichen schon zehn oder zwanzig Minuten aus, um in den Genuß positiver Auswirkungen zu kommen.

Doch selbst wenn der Geist nicht oder nicht völlig zur Ruhe kommt, war die aufgewendete Zeit keine Fehlinvestition. Solange Sie nicht unglücklich oder frustriert darüber sind, wird Streß abgebaut, und die selbstregulativen Funktionen kehren in ihr natürliches Gleichgewicht zurück. Mit kontinuierlicher Übung werden Sie ebenfalls die Entspannungsreaktion erzeugen. Ob Sie sich nun Heilung von einer Krankheit erhoffen oder ein gewisses Maß an Streß-Management, früher oder später werden Sie exakt jenen Zustand erfahren, der als so schwer erreichbar gilt – den in jeder Hinsicht segensreichen Zustand innerer Ruhe.

Und wenn Ihr Streben vor allem geistiger Natur ist und der persönlichen Entwicklung gilt, werden Sie in der Erfahrung der Stille Antworten auf alle Fragen finden.

Sollten Sie allerdings in Ihrer Praxis irgendwann an einen Punkt gelangen, an dem Frust während der Meditationssitzungen Ihre Gedanken beherrscht und Sie das Gefühl haben, es ginge nicht weiter – dann lesen Sie mal Kapitel 6.

Vorher aber noch ein paar Worte darüber, wie man die in der Meditation gewonnenen Erfahrungen und Erkenntnisse im täglichen Leben umsetzen kann.

5 Meditation in Aktion

Halten wir noch einmal fest: Mit Hilfe der PME können die meisten Menschen früher oder später die Entspannungsreaktion hervorrufen und einen Zustand innerer Ruhe erfahren. Sobald dies geschieht, werden dem Praktizierenden die bereits erwähnten positiven Wirkungen zuteil, die eine Meditationspraxis mit sich bringt.

Den Lernprozeß beschleunigen

Eine Möglichkeit, dies zu tun und auf die direkte Methode hinzuarbeiten, haben wir bereits kennengelernt, als von der PME ohne Muskelkontraktion die Rede war. Man kann die Tiefe und Wirksamkeit der eigenen Praxis aber auch auf andere Art und Weise steigern.

1. Eine unbequemere Haltung

Am Anfang des Lernprozesses ist es wenig ratsam, sich das Ganze unnötig zu erschweren. Um ein Gefühl für die Übung und die eigene Praxis entwickeln zu können, bedarf es einer ruhigen Umgebung und Umständen, die den Erfolg zunächst einmal begünstigen. Mit zunehmender Routine aber wird man von den Umständen unabhängiger. Eine schwierigere Meditationshaltung oder eine der Meditation weniger zuträgliche Situation sind jetzt geradezu ideale Gradmesser, um herauszufinden, wie es tatsächlich um die eigenen Fortschritte bestellt ist, und um seine Fähigkeiten weiterzuentwickeln.

Traditionelle Meditationsschulen arbeiten sogar ganz gezielt damit. Für unsere Bedürfnisse allerdings, und ganz besonders im Fall der Heilmeditation, sollte ein gewisser Grad an «Unbequemlichkeit» nicht überschritten werden. Wenn man nicht in der Lage ist, das Gefühl des Unbehagens, das mit einer solchen Haltung verbunden ist, zu überwinden, wird es nur zu einer Quelle der Ablenkung, und die Übung verfehlt ihren Sinn. Nichtsdestotrotz ist und bleibt der wohlüberlegte Einsatz von ein klein wenig Unbequemlichkeit ein wertvolles Hilfsmittel.

Um sich als Anfänger trotzdem entspannen zu können, die Entspannungsreaktion hervorzurufen und innere Stille zu erfahren, ist es nötig, die Konzentrationsfähigkeit in besonderem Maß zu schärfen und sich in der Rolle des unbeteiligten Beobachters zu üben.

Nun kann man sich im Liegen wunderbar entspannen, gerade wenn man von der Arbeit hundemüde ist. Da geht es mir nicht anders als Ihnen. Dennoch empfinde ich die Qualität meiner Meditation als besser, wenn ich in einer disziplinierten Haltung auf dem Boden sitze. Da mir dies erst nach vielen Jahren Praxis möglich war, meditierte ich zunächst sowohl im Sitzen als auch im Liegen. Im Laufe der Jahre hat also eine natürliche Weiterentwicklung stattgefunden.

2. Eine ungünstigere Umgebung

So paradox es klingen mag, aber an einem dafür nicht so geeigneten Ort zu meditieren führt zu einer spürbaren Verbesserung der Konzentrationsfähigkeit und steigert die

Qualität der Beobachtungsgabe. Die praktischen Auswirkungen zeigen sich im Alltag in größerer Gelassenheit angesichts potentiell stressiger Situationen. Der Nutzen, den Sie daraus ziehen, ist also direkt erfahrbar und von unschätzbarem Wert.

Wenigstens ab und zu sollten Sie deshalb an einem Ort meditieren, den Sie sonst meiden würden, weil es dort zu laut ist, zum Beispiel in dem Zimmer, das zur verkehrsreichen Straße hin liegt. Lassen Sie den Lärm einfach kommen und gehen.

Am Anfang nehmen Sie vielleicht noch jedes Geräusch unangenehm wahr, unterscheiden Busse, Laster, Personenwagen und so weiter. Wenn diese Geräusche ins Bewußtsein dringen, bauen Sie keinen Widerstand dagegen auf. Lassen Sie sie kommen – und wieder gehen. Entscheiden Sie sich dafür, nicht darauf zu reagieren. Bekämpfen Sie sie nicht, versuchen Sie nicht, Sie zu überhören. Widerstehen Sie der Versuchung, ungeduldig oder ärgerlich zu werden. Nehmen Sie sie als gegeben hin, so wie auch alle sonstigen Geräusche.

Erstaunlicherweise ist gerade das Loslassen eine der wirksamsten Methoden, um Ablenkungen gar nicht mehr wahrzunehmen. Das gilt für innere und äußere Ablenkungen gleichermaßen. Wenn Sie ihnen keine Beachtung schenken, nicht auf sie reagieren, werden sie völlig unwichtig und verschwinden ganz einfach. Sie hören schließlich völlig auf, in Ihr Bewußtsein zu dringen, und derart ungestört werden Sie innere Ruhe erfahren.

Tatsache ist, daß Sie die angestrebte Ruhe ja nicht eigentlich erzeugen müssen, denn da sie allem Sein zugrunde liegt, ist sie sowieso immer da, obgleich überlagert von den Aktivitäten des Geistes. Wenn wir diesen keine Bedeutung beimessen, unsere Energie von ihnen abziehen, werden wir zu dem natürlichen Zustand der tiefen inneren Ruhe zurückkehren. Am Anfang bedarf das einer gewissen Willensanstrengung und Übung, aber wenn man die Erfahrung einmal gemacht hat, faßt man ein großes Zutrauen zu diesem Weg.

Dies ist dann auch der Zeitpunkt, wo man versuchen sollte, seine neuerworbenen Fähigkeiten ins tägliche Leben zu integrieren. Je regelmäßiger man meditiert, um so weniger Anstrengung kostet es und um so spontaner wird es geschehen. Auch hierin haben wir einen Gradmesser für unsere Fortschritte, eine Möglichkeit, zu erkennen, woran wir noch arbeiten müssen.

Die Entspannungsreaktion im täglichen Leben

Um unser inneres Gleichgewicht und unsere Gesundheit zu bewahren, sollte uns daran gelegen sein, jederzeit einen möglichst entspannten Zustand aufrechtzuerhalten. Erinnern Sie sich an den Streßmechanismus, an die verheerenden Wirkungen der verlängerten Kampf-oder-Flucht-Reaktion und an die ausgleichende Wirkung der Entspannungsreaktion. Durch sie und die Praxis der Meditation läßt sich das gestörte Gleichgewicht wiederherstellen, und wir haben die Möglichkeit, uns eine ausgeglichene innere Haltung anzugewöhnen, die uns auch außerhalb der Meditationszeit nicht verlorengeht.

Entspannt zu sein ist nicht mit Trägheit zu verwechseln. Vielmehr bedeutet es, von Konditionierungen frei zu sein, um auf eine Situation in geeigneter Weise und mit einem angemessenen Aufwand an Energie zu reagieren.

Wenn Sie diese Fähigkeit entwickeln möchten, beginnen Sie damit, daß Sie die Entspannungsreaktion regelmäßig üben, wenn möglich mehrmals am Tag. Zum Beispiel jedesmal, wenn Sie an einer roten Verkehrsampel warten müssen. Solche Augenblicke sind ein Geschenk! Nehmen Sie sich vor, sich bei jeder roten Verkehrsampel mit der PME-Welle zu entspannen. Das sollte nicht weiter schwierig sein, denn in der Zwischenzeit dürften Sie dank der täglichen Meditationssitzung zu einem geübten Anwender der Entspannungstechnik geworden sein. So wird es Ihnen auch in dieser Situation nicht schwerfallen, sich zu entspannen.

Schließen Sie die ersten paar Male ruhig die Augen, aber bitte erst, nachdem Sie sich vergewissert haben, daß die Ampel noch auf Rot steht, und richten Sie die Gedanken nach innen. Schon nach einigen Versuchen finden Sie gar nichts Besonderes mehr dabei, sich an diesem Ort zu entspannen.

Lenken Sie Ihre Aufmerksamkeit durch den ganzen Körper, und lassen Sie alle Anspannungen los. Spüren Sie die Muskeln locker und weich werden, während der Geist gleichzeitig wach, aufmerksam und reaktionssicher ist. Diese Form der Kurzentspannung können Sie mehrmals am Tag praktizieren, immer dann, wenn Sie gerade ein paar Minuten Leerlauf haben, sei es vor einem Termin, einer Verabredung oder auch vor den Mahlzeiten. Es ist heilsam, sich zu entspannen, dieses besondere Gefühl der Ruhe so oft wie möglich zu erzeugen. Sogar ihre Verdauung wird es Ihnen danken.

Triggerbereiche

Im Laufe der Zeit spüren Sie sehr deutlich, welche Muskelgruppen sich bei Ihnen unter Streß besonders verkrampfen. Schultern, Stirn, Kiefer und Hände gehören zu den «Problemzonen», aber natürlich ist das von Mensch zu Mensch verschieden. Der Bereich, der Ihnen am meisten Schwierigkeiten macht, ist Ihr ganz persönlicher Triggerbereich. Eine gründliche Entspannung dieses Bereichs signalisiert dem ganzen Körper Entspannung. Der Triggerbereich ist, kurz gesagt, Ihr persönlicher Schlüssel zur Entspannung, und Sie sollten es sich zur Gewohnheit machen, ihn mehrmals täglich gezielt zu entspannen.

Angenommen, Sie haben Probleme mit den Schultern. Benutzen Sie die Minuten vor dem Aufstehen für ein gründliches «Durchchecken». Dadurch stellen Sie sicher, daß Sie den Tag körperlich locker beginnen. Allerdings muß die Übung untertags wiederholt werden, denn Sie verkrampfen diesen Bereich gewohnheitsmäßig. Selbst wenn Sie entspannt aus den Federn hüpfen, ist die alte Verspannung schon wieder da, noch ehe Sie das Bad erreicht haben.

Da hilft nur eins: entspannen.

Bis Sie geduscht und die Morgentoilette beendet haben, fühlen Sie sich wieder verspannt. Macht nichts. Entspannen Sie Ihre Schulterpartie. Auf dem Weg in die Küche ist es abermals soweit – verspannt. Was tun? Entspannen. Und so weiter, Stunde um Stunde. Sie werden zu fortwährender Aufmerksamkeit und Übung gezwungen.

Die Rekonditionierung des Körpers, die Rückgewöhnung an den Zustand der Entspannung erfordert Zeit. Sie müssen der Versuchung widerstehen, sich von der notwendigen Daueranstrengung frustrieren zu lassen. Sie müssen sich von Anfang an darüber im klaren sein, daß ein Stück harter Arbeit vor Ihnen liegt und daß Sie viel, viel Geduld mit sich und der Methode werden aufbringen müssen.

Viele Menschen, die sich erstmals bewußt um Entspannung bemühen, stellen fest, wie hart und verspannt ihr Körper im Laufe der Jahre geworden ist, aber auch, daß man sich an das verhärtete Lebensgefühl gewöhnt hat und es sozusagen für naturgegeben hält. Die Erfahrung einer tiefen Entspannung ist daher oft von dem Erstaunen darüber begleitet, wie weich und gut der Körper sich anfühlt, wie außerordentlich angenehm.

Und das ist wirklich ein Grund zur Freude, denn es ist der *Normalzustand*!

Allgemeine körperliche Verspannungen wie auch Verkrampfungen im Triggerbereich können sehr tief wurzeln. Hier kann eine Massage Wunder wirken. Die Massage ist eine natürliche Ergänzung der Entspannungs- und Meditationstechniken und eine außerordentliche Wohltat. Glücklicherweise hat man mittlerweile den therapeutischen Wert der Massage erkannt, so daß es eine ganze Reihe guter Masseure gibt. Falls es Ihnen über Gebühr schwerfallen sollte, sich zu entspannen, suchen Sie einen Masseur auf. Die Massage ist eine natürliche Verbündete.

Entspannt aktiv sein

Es geht also darum, die Ruhe und Entspannung der Meditationssitzung mit in den Alltag zu nehmen, das heißt, die positive Wirkung der Meditation in das Alltagsleben einfließen zu lassen. Wenn Sie regelmäßig üben und wenn Ihre Praxis an Tiefe gewinnt, wird dies ganz automatisch geschehen. Sie können die Entwicklung aber auch zusätzlich unterstützen.

Öffnen Sie während der Meditation ab und zu die Augen, und halten Sie dabei das Gefühl der Ruhe und Entspannung aufrecht. Sollten Sie es verlieren, schließen Sie die Augen wieder. Lassen Sie es erneut entstehen. Wenn es sich gefestigt hat, öffnen Sie die Augen wieder, und so fort.

Im Zustand tiefer Entspannung kann es durchaus geschehen, daß sich das Sehvermögen vorübergehend auf die wichtigsten Grundfunktionen reduziert und Sie beim Öffnen der Augen nur noch in Schwarzweiß statt in Farbe sehen.

Das ist kein Grund zur Panik, ganz im Gegenteil. Sie können daran den Grad Ihrer Fortschritte ermessen. (Ich genieße dieses Phänomen besonders beim Meditieren im Freien. Wenn ich meine Augen öffne, sehe ich die Blätter über mir sich sanft in der Sommerbrise wiegen, schwarze und weiße Blätter. Wenn die Entspannung besonders tief ist, nimmt das Weiß eher den Charakter von Silber an. Es ist von strahlender, funkelnder Natur, während alles Schwarze eigentlich hauptsächlich durch die Abwesenheit der anderen Farben so erscheint. Es hat nichts Erschreckendes an sich. Bei dieser Übung sollten Sie selbstverständlich vermeiden, direkt in die Sonne zu schauen.)

Allerdings sollten Sie diesen Effekt nicht etwa erzielen beziehungsweise, wenn er auftritt, unbedingt festhalten *wollen.* In beiden Fällen führt die Absicht nur dazu, daß er augenblicklich wieder verschwindet. Immerhin haben Sie aber die Möglichkeit, an solchen Phänomenen Ihre Konzentrationsfähigkeit zu schulen und sich darin zu üben, das in der Meditation wiederhergestellte innere Gleichgewicht auch über die eigentliche Meditationssitzung hinaus aufrechtzuerhalten.

Und darum geht es ja unter anderem. Es wäre vollkommen falsch anzunehmen, daß nur die Zeit der eigentlichen Meditationssitzung dazu da sein soll, Geist und Körper zu entspannen. Betrachten Sie sie vielmehr als Einstieg in eine Praxis, die es Ihnen ermöglicht, aus kurzen Perioden der Entspannung eine stabile innere Einstellung werden zu lassen, die Sie den ganzen Tag über begleitet.

Üben Sie die Aufrechterhaltung der inneren Ruhe zunächst an einfachen Dingen, zum Beispiel bei der Hausarbeit. Konzentrieren Sie sich ganz auf eine Tätigkeit, lassen Sie jeden Gedanken an andere Dinge los. Solange Sie den

Abwasch erledigen, zählt nur das Geschirr. Spülen Sie mit innerer Gelassenheit. Versuchen Sie es als nächstes beim Kochen, Einkaufen oder Autofahren. Tun Sie es entspannt und wachsam zugleich.

Geduld

Die neue Gewohnheit – Ihre Meditationspraxis – ist wie eine junge Pflanze. Sie muß wachsen. Werden Sie deshalb nicht ungeduldig. Widerstehen Sie unbedingt der Versuchung, sich frustrieren zu lassen. Wer sich daranmacht, die Macht alter Gewohnheiten zu brechen, wer überdies sehr emotional veranlagt ist oder dazu neigt, sich schnell stressen zu lassen, muß einiges an Ausdauer und Hingabe in dieses Unternehmen investieren, um bleibende Veränderungen herbeizuführen.

Aber: Es ist möglich. Stecken Sie sich erreichbare Etappenziele in einem Tempo, das Sie durchhalten können. Freuen Sie sich über jeden noch so kleinen Fortschritt, den Sie erzielen. Und daß Sie Fortschritte machen werden, steht völlig außer Zweifel!

Mal geht's bergauf, mal bergab

In der Meditationspraxis ergeht es einem nicht viel anders als in einer Beziehung. Am Anfang ist alles neu, man hat Spaß miteinander, sogar an den neuen Verpflichtungen. Man macht ungewohnte, manchmal abenteuerliche Erfahrungen, und auch die genießt man. Alles läuft wie von selbst, man ist heiter und gelassen. Die Tage vergehen in Euphorie und Verzauberung.

Leider weicht diese wundervolle Hochstimmung nach

einiger Zeit einer gewissen Ernüchterung. Die Hochzeitsreise ist vorüber, der graue Alltag fordert seinen Tribut. Man beginnt, zurückzuschauen und sich zu fragen, wie es kam, daß alles so harmonisch verlief. Ob es jemals wieder so werden wird? Man macht sich Sorgen. Wie läßt sich die neue Rolle mit der alten vereinbaren? Wie soll ich mich am besten verhalten?

Und während Sie darüber nachgrübeln, löst sich die Spontaneität in Luft auf, bald darauf verflüchtigen sich auch der Zauber und die Euphorie. Jetzt beginnt die eigentliche Arbeit, ähnlich der eines Gärtners, der das junge Pflänzchen hegt, pflegt und kultiviert, damit es eine Chance hat zu wachsen. Gleichermaßen zartfühlend müssen wir mit diesem neuen, kostbaren Teil unseres Lebens umgehen.

Häufig führt die Integrationsmeditation zu einer wundervollen Erfahrung. Immer wieder erzählen mir Kursteilnehmer schon in den ersten Wochen, welche Freude sie beim Meditieren haben und wie segensreich es sich auf ihr Leben auswirkt.

Fast immer haben diese Teilnehmer die PME praktiziert und gelernt, eine passiv-beobachtende Haltung einzunehmen. Sie haben «es» einfach geschehen lassen und so nicht nur die Entspannungsreaktion erfahren, sondern auch einen Anflug von innerer Ruhe. In diesem Anflug aber blitzte der Funke des unkonditionierten Bewußtseins auf, die Ahnung, daß im meditativen Zustand Antworten auf die letzten Fragen zu finden sind, nicht nur Entspannung und Gesundheit.

Der meditative Zustand ist ein deutlicher Hinweis auf die reale Existenz eines höheren Bewußtseins, das uns ein direktes Verständnis von der wirklichen Natur aller Dinge zugänglich macht.

Diese Tatsache erweckt zwar oft den leidenschaftlichen Wunsch, die Meditation zu vertiefen, verhindert aber nicht, daß auf die Phase der Begeisterung unweigerlich eine tiefe Enttäuschung darüber folgt, noch so weit vom Ziel entfernt zu sein.

Wer hauptsächlich am Streß-Management oder an den gesundheitsfördernden Aspekten der Meditation interessiert ist, für den spielen solche Überlegungen höchstens eine untergeordnete Rolle. Zufrieden und glücklich damit, Entspannung zu erfahren und den Geist ruhig werden zu lassen, hegt so jemand keine besonderen Erwartungen – und erfüllt damit die Voraussetzung für das Eintreten des meditativen Zustandes. Die innere Ruhe entsteht fast mühelos, quasi als Nebenprodukt der Entspannungsübung. Allgemein gilt, daß Menschen, die unverkrampft an die Meditation herangehen und nicht auf sofortige Wirkungen spekulieren, schnellere Erfolge erzielen.

Dafür gibt es mehrere Gründe. Sie zu kennen hilft, Fehler zu vermeiden.

Viele Anfänger machen immer wieder die Erfahrung, daß das eigentliche und größte Hindernis auf dem Weg zum Ziel das Greifen danach ist. Greifen führt zu Anstrengung, zu Verkrampfung, zu Spannungen und zu Frustrationen, die sich als echte Hindernisse auf dem Weg der Entwicklung geistiger Ruhe erweisen.

Es ist also nicht ungewöhnlich, wenn ein Anfänger zunächst gute, ermutigende Erfahrungen macht, die ihm scheinbar zufliegen. Doch dann beginnt er, sich Fragen zu stellen. Was geschieht da eigentlich? Läßt es sich wiederholen? Wie kann ich es besser machen? Ich meditiere mal besser, mal schlechter. Mache ich etwas falsch? *Was* mache ich falsch?

Solche oder ähnliche Überlegungen hinsichtlich der eigenen Fortschritte sind die Ursache für den «Absturz», der den Anfänger einige Wochen oder Monate nach Aufnahme einer Meditationspraxis ereilt. Um die anfängliche

Leichtigkeit wiederzuerlangen, mit der die Meditation zunächst vonstatten ging, braucht mancher Meditationsneuling Monate, wenn nicht gar Jahre, wenn er keine Hilfe beansprucht. Im Zen spricht man frühestens nach zwanzig Jahren von nennenswerten Fortschritten! Wir sollten also nicht davon ausgehen, daß es uns innerhalb weniger Wochen oder Monate gelingt. Trotzdem finde ich es immer wieder erstaunlich, wie viele Menschen relativ schnell und mühelos meditieren lernen. Ebenso viele benötigen jedoch Zeit, Ausdauer und ein tieferes Verständnis des Wesens der Meditation. Dabei können uns die analytischen Fähigkeiten unseres Verstandes helfen. Auch wenn der Intellekt in der Meditation letztendlich transzendiert wird, ist er doch ein Aspekt des Geistes, der uns Vorgänge und Zusammenhänge besser verstehen läßt.

Wir wollen uns an dieser Stelle also die Zeit nehmen, um die theoretische Seite traditioneller Meditationsschulen zu beleuchten, die eine Fülle von detaillierten Anweisungen für den Umgang mit auftretenden Hindernissen geben. Außerdem wird noch einmal deutlich, warum die Integrationsmeditation eine überaus wirksame Methode ist.

Wie bereits erwähnt, war die Meditation traditionellerweise ein Mittel zur direkten Erfahrung eines höheren Bewußtseinszustandes. Wir wissen, daß körperliche Entspannung und ein ruhiger, wachsamer Geist für einen solchen Zustand charakteristisch sind. Um ihn zu erzeugen, brauchen wir:

1. eine aufrechte, leicht unbequeme Meditationshaltung,
2. eine Form der Körperentspannung,
3. die Fähigkeit zu passivem Beobachten,
4. eine das Alltagsbewußtsein verändernde Technik.

Die Anwendung dieser Schritte in der Form der Integrationsmeditation haben wir ebenfalls bereits erörtert.

Meditieren mit und ohne Methode

a) *Ohne Methode*

Da wir einen Zustand tiefer innerer Ruhe anstreben, gibt es eigentlich nichts weiter zu tun, als innerlich ruhig zu werden. Leider ist das nicht ganz so einfach, wie es sich anhört. Die meisten Menschen brauchen eine Methode, die sie dem Ziel ein Stück näher bringt, das heißt, eine Methode, welche die Fähigkeit, still zu werden, entwickelt.

b) *Mit Methode*

Wie so oft, ist die einfachste Methode die wirkungsvollste. Trotzdem werden Sie vielleicht ein wenig experimentieren müssen, um herauszufinden, auf welche Weise Sie am besten meditieren. Dabei kann ein erfahrener Lehrer von großem Nutzen sein.

Wenn Sie sich dann für eine Technik entschieden haben, beginnen Sie mit der einfachsten Übung. Wenden Sie sich den anderen Methoden erst zu, wenn Sie eine gewisse Routine erworben haben und auch wirklich das Bedürfnis danach besteht.

Jede Methode, auch die einfachste, beginnt mit körperlicher Entspannung. Der zweite Schritt besteht darin, den Geist ruhig werden zu lassen, wie etwa durch die Übung des passiven Beobachtens.

Unter Einsatz dieser Mittel sollte das Meditieren nach einiger Zeit gelingen.

Die Regeln für eine jede Meditationstechnik lassen sich wie folgt zusammenfassen:

1. Körperentspannung (z. B. mit der PME).
2. Entwicklung geistiger Ruhe:
   a) durch eine Konzentrationsmethode.
      Dies ist der *aktive Teil* der Meditation. Das bewußte Richten der Aufmerksamkeit auf ein bestimmtes Objekt erleichtert den Übergang von ziellosem Denken zu geistiger Ruhe.
   b) durch Schulung der Fähigkeit zur unparteiischen Beobachtung.
      Hierbei handelt es sich nicht um eine aktive Tätigkeit, sondern um eine *innere Einstellung*, die entwikkelt werden muß.

Die Integrationsmeditation verbindet alle diese Punkte auf eine einfache, leicht nachvollziehbare Art und Weise. Beginnend mit der PME-Übung, lernen Sie, die einzelnen Muskelgruppen zu lockern. Die Konzentration wird auf das Gefühl der Entspannung gerichtet, das den ganzen Körper erfaßt.

Daraufhin erfolgt eine entsprechende Rückmeldung an das Gehirn, welches nun endgültig grünes Licht für die Entspannung gibt.

Während dieses Vorgangs nehmen Sie Geräusche oder Gedanken wahr, ohne sich damit zu identifizieren. Sie beobachten sie wie weiße Wolken, die über den ruhigen, strahlendblauen Himmel des Bewußtseins ziehen, auftauchen und vorübersegeln. Dabei stellen Sie fest, daß Sie nicht diese Gedanken *sind*, sondern diese nur unbeteiligt *beobachten.* Mit der Zeit werden es immer weniger «Wolken», und schließlich bleiben sie völlig aus. Der strahlendblaue Himmel ist so ganz still und klar. Sie erleben innere Ruhe.

Vielen Menschen genügt es, diese Erfahrung zu machen und die Technik der Integrationsmeditation im Laufe der Zeit zu vereinfachen.

Wenn Sie aber der Meinung sind, daß Sie mehr Hilfe brauchen könnten, werden sie im folgenden Kapitel weitere Anregungen erhalten. Wir werden dabei auch untersuchen, warum die bisher dargestellten Methoden bei Ihnen nicht zum gewünschten Ergebnis geführt haben.

6 Den Geist entspannen

Natürlich ist die Integrationsmeditation nicht die einzige Methode, mit der sich die Kunst des Meditierens erlernen läßt. Sie ist zwar einfach und effektiv, aber eben nicht unbedingt für jeden das richtige.

Die meisten Menschen können sich mit ihrer Hilfe zuverlässig entspannen. Wer darüber hinaus bereit ist, sich in der Beobachtung der Gedanken zu üben und geduldig auf jene kostbaren Augenblicke der Ruhe zu warten, der sollte unbedingt dabei bleiben. Wenn Sie aber das Gefühl haben, auf der Stelle zu treten, wenn Sie keine befriedigende Kontrolle über Ihre Gedanken erlangen und die Übung Sie mehr frustriert als aufbaut, brauchen Sie trotzdem nicht aufzugeben. Es gibt noch eine ganze Reihe anderer Möglichkeiten, die Ihnen vielleicht mehr zusagen als die bisher vorgestellten, obwohl sie auf denselben Prinzipien wie die Integrationsmeditation basieren. Die physische Entspannung ist geradezu unabdingbar, wie auch die beiden anderen Komponenten, nämlich die Konzentration und die Beobachtung. Lassen Sie sich von den vielfältigen Methoden und Ansätzen nicht verwirren, sondern nützen Sie sie einfach, um Ihr Verständnis vom Wesen der angestrebten inneren Ruhe zu erweitern beziehungsweise zu vertiefen.

1. Die Konzentration

Eine Methode zur Entwicklung und Schulung von Konzentration sollte den persönlichen Bedürfnissen des einzelnen entsprechen. Es gibt Menschen, die sich sehr gut auf ein Objekt konzentrieren und dadurch ihren ruhelosen Geist besänftigen können, während andere besser auf komplexere Vorstellungen ansprechen.

Ein einfaches Meditationsobjekt ist zum Beispiel der Atemrhythmus, auf den man seine Aufmerksamkeit richten kann, oder ein Wort, das im Geiste viele Male wiederholt wird. Ebensogut kann man sich natürlich auch auf eine Kerze konzentrieren.

Die Progressive Muskelentspannung gehört zu den komplexeren Konzentrationsübungen, wie auch viele andere Visualisationen, bei denen man sich Szenen oder Landschaften so detailliert wie möglich vorstellt.

Im Rahmen einer weiteren Form der Meditation konzentriert man sich nicht auf etwas Bestimmtes. Man läßt einfach geschehen, was geschieht, und beobachtet es ohne innere Beteiligung und ohne es zu bewerten. «Es» ist weder gut noch schlecht, weder interessant noch langweilig. Diese innere Einstellung haben wir das neutrale, passive oder vorurteilsfreie Beobachten genannt.

2. Die Beobachtung

Diese innere Einstellung muß in der Meditation entwickelt werden. Dabei handelt es sich nicht, wie man fälschlicherweise annehmen könnte, um einen Zustand willenlosen Sich-treiben-Lassens, sondern ganz im Gegenteil um einen höchst wachen, aufmerksamen Zustand, in dem der Meditierende selektiv wahrnimmt. Gelassen, aber konzentriert. Achtsam, nicht achtlos. Er urteilt nicht, er reagiert nicht. Er beobachtet. Er wird zum aufmerksamen, neutralen Beobachter. Diese innere Einstellung kann man a) auf passivem Weg erlangen oder b) als Ergebnis eines analytischen Vorgangs.

a) Man hat keine andere Absicht als die, einfach nur abzuwarten, was geschieht – ganz so, wie es am Anfang der Heilmeditation erklärt wurde. Man folgt dabei keiner bestimmten Vorgehensweise. Geräusche, Gefühle und Gedanken, alles wird wahrgenommen und beobachtet, aber nicht festgehalten. Sie lösen keine Reaktionen oder Beurteilungen aus, werden weder unterdrückt noch kontrolliert. Man läßt sie kommen und gehen wie Wolken, die am ruhigen Himmel vor Ihren Augen vorüberziehen.

b) Man konzentriert sich auf die Gedanken und versucht zu verstehen, welcher Natur sie sind, woher sie kommen, wie sie entstehen. Diese Vorgehensweise ist das Kernstück der Einsichtsmeditation, durch die man sich selbst besser kennenlernt. Wer oder was bin ich? Sieht die Wirklichkeit so aus, wie sie mir erscheint? Die Techniken, die man bei dieser Art von Meditation anwendet, sind höchst komplex.

Jede Meditationstechnik ist im Endeffekt eine Kombination aus Übungen zur Steigerung der Konzentrationsfähigkeit und zur Stabilisierung der passiven Beobachtung.

Bei der Heilmeditation hängt der Erfolg entscheidend davon ab, daß die Technik möglichst einfach und leicht nachvollziehbar ist. Die uns mittlerweile vertraute Integrationsmeditation erfüllt diese Bedingung. Schon in der Anfangsphase gelingt es den meisten Menschen, die Entspannungsreaktion zu erzeugen, wodurch innere Spannungen und die Auswirkungen von chronischem Streß abgebaut werden. Im Laufe der Zeit führt sie zu einer Vielzahl von positiven Veränderungen. So werden alte, unerwünschte Verhaltensmuster aufgebrochen und neue, positive treten an ihre Stelle. Der innere Arzt kommt zum Zuge.

Die sogeannte Einsichtsmeditation erfordert sehr viel mehr Übung, mehr Ausdauer und nicht zuletzt eine gute Portion Humor. Man meditiert mit der Absicht, die subtilen Bewußtseinszustände einzusetzen, um auf direktem, intuitivem Weg Einsichten in die Natur der letztlichen Wirklichkeit zu gewinnen. Mit ihr erzielt man keine beeindruckenden Heilergebnisse. Statt dessen transformiert sie den Geist.

Nach diesem kurzen Ausflug in die Theorie wenden wir uns wieder der Praxis zu. Wie läßt sich unser neu erworbenes Wissen praktisch anwenden, um die Qualität der Meditation zu verbessern? Wie geht man am effektivsten damit um?

Ich möchte an dieser Stelle noch einmal die verschiedenen Arten der Meditation aufführen und verdeutlichen, um die praktische Anwendung zu erleichtern.

Meditieren – aber wie?

1. *Ohne Methode:*

Der ideale Weg – einfach und direkt, ohne jede Technik wird man innerlich ruhig. Anfangs vielleicht ein wenig zu einfach und direkt.

2. *Mit Methode:*

a) Entspannung des Körpers mittels PME (siehe Kap. 4).

b) Entspannung des Geistes

I. mit Hilfe der PME.

a) Konzentrieren Sie sich auf die PME-Übung und das Gefühl der Entspannung.

b) Nehmen Sie die Haltung eines neutralen, vorurteilsfreien Beobachters ein, der Gedanken und Geräusche kommen und gehen läßt, ohne sich damit zu identifizieren.

c) Sollten Sie abgelenkt werden, lenken Sie die Aufmerksamkeit wieder auf den Körper, und entspannen Sie sich erneut.

d) Überlassen Sie sich der Stille. Mehr brauchen Sie nicht zu tun.

e) Geben Sie nicht auf, auch nicht, wenn Sie spürbare Fortschritte machen. Lassen Sie in Ihrer Disziplin nicht nach.

f) Wenn Sie frustriert sind, weil Sie glauben, auf der Stelle zu treten, und wenn Ihre Gedanken gar nicht zur Ruhe kommen wollen, dann

II. nehmen Sie ein zweites Konzentrationsobjekt zu Hilfe.

a) Es wird Ihre Gedanken beschäftigen und davon abhalten abzuschweifen.

b) Versuchen Sie, innerlich die Haltung des passiven Beobachters beizubehalten.

c) Als Ergebnis der aufrechterhaltenen Konzentration werden Sie die Gedanken allmählich hinter sich lassen und innere Stille erleben.

d) Das zweite Konzentrationsobjekt wird im Laufe der Zeit überflüssig.

3. *Vereinfachung der Methode* und allmähliche Annäherung an den direkten Weg.

Tatsächlich ist der direkte Weg der einfachste, wenn es gelingt, ihn zu gehen. Wenn nicht, sind die eben aufgeführten Schritte zur Entspannung von Körper und Geist, die wir als Integrationsmethode kennengelernt haben, ein geeigneter Einstieg in die Meditationspraxis.

Sollte Ihnen auch diese Methode nicht liegen, können Sie zweierlei tun: zum einen Ihre Fähigkeit zur neutralen Beobachtung schulen, zum anderen Ihre Konzentrationsfähigkeit steigern. Beides wird Ihre Meditation festigen und effektiver machen.

Wie man ein neutraler Beobachter wird

Viele Menschen werden sich erst bei dem Versuch, zu entspannen oder zu meditieren, bewußt, daß sie unablässig denken. Im Alltag fehlt uns dieses Bewußtsein. Da identifizieren wir uns so sehr mit unseren Gedanken, daß wir ganz in ihrem Bann stehen. Es ist, als säßen wir im Kino und hätten vergessen, daß wir einen Film anschauen, weil das Geschehen auf der Leinwand uns so sehr fesselt, so real erscheint, daß wir uns wie ein Teil davon fühlen und unsere ganze Aufmerksamkeit darauf verwenden.

Die gegenteilige Erfahrung tritt ein, wenn ein langweiliger Film über die Leinwand flimmert. In diesem Fall weiß man sehr genau, daß man im Kino sitzt, und es fällt einem nicht schwer, den Film innerlich unbeteiligt an sich vorüberziehen zu lassen. Genauso sollten wir mit den in der Meditation auftretenden Gedanken verfahren.

Eine vielbefahrene Straße zum Beispiel ist wenig dazu angetan, die Aufmerksamkeit zu fesseln. Gerade deshalb eignet sie sich besonders dazu, die Einstellung des neutralen Beobachters zu üben, der den Verkehr aufmerksam, aber unbeteiligt registriert: Ein grüner VW, ein blauer Opel, ein Motorrad, ein LKW und so weiter. Kein Kommentar, keine Beurteilung. Reine, konzentrierte Beobachtung. Sollte allerdings beim Anblick eines schnittigen, roten Ferrari Ihr Herz höher zu schlagen beginnen und Sie sich ausmalen, wie sagenhaft es wäre, selbst am Steuer zu sitzen ... Nun, in diesem Augenblick findet eine Identifikation statt, und Sie haben Ihren Beobachterposten verlassen. Sobald eine Beurteilung/Identifikation erfolgt oder Sie beginnen «mitzudenken», haben Sie die Übung «verloren».

Wenn Sie lernen, Gedanken in der Meditation einfach kommen und vorüberziehen zu lassen, ohne sie festzuhalten oder die Aufmerksamkeit auf sie zu richten, werden Sie eine erstaunliche Erfahrung machen. Ohne daß Sie es merken, tritt der Verkehrslärm in den Hintergrund und anstelle des üblichen unablässigen Gedankenstroms werden Sie sich einzelner Gedanken bewußt. Langsam scheinen sie aufeinanderzufolgen, dazwischen liegen kurze Augenblicke der Stille. Der Unterschied ist gravierend, vergleichbar dem Verkehrslärm zur Stoßzeit beziehungsweise an einem ruhigen Nachmittag.

In dem Maße, wie Sie die Fähigkeit zur innerlich unbeteiligten Beobachtung entwickeln, werden Gedanken und Geräusche Sie weniger belästigen. Andererseits fällt es Ihnen aber auch leichter, die innere Ruhe beizubehalten, selbst wenn Gedanken auftauchen.

Ein Zenmeister wurde einmal gefragt, ob ihm während der Meditation Gedanken kämen. «Hat die nicht jeder?» erwiderte er lachend. «Aber», so fuhr er fort, «sie haben keinen Einfluß auf mich, denn ich beobachte lediglich, wie sie kommen und gehen – wie Wolken, die am blauen Himmel vorüberziehen.» Ob er dann überhaupt Stille erfahren könne, wurde weiter gefragt. «Aber ja, nur haben diese Augenblicke den Charakter seltener Geschenke», lautete seine Antwort. Er betonte, daß nichts so wichtig sei, wie zu meditieren, Erfahrungen zu sammeln und zu beobachten, was geschieht. Für ihn umfaßte diese Praxis alles, was man zum Leben brauchte.

Einige praktische Übungen

Mit Hilfe der folgenden Übungen läßt sich die Fähigkeit zur neutralen Beobachtung entwickeln und schulen. Sie können aber auch als Einstieg in die Einsichtsmeditation verwendet werden (siehe Kap. 7).

I. *Die Sekundenzeiger-Übung*

Hier geht es darum, die schnelle Bewegung des Sekundenzeigers auf dem Zifferblatt zu verfolgen. Zweck der Übung ist es, sich ganz auf diese Bewegung zu konzentrieren, ohne an etwas anderes zu denken. Die Übung ist anspruchsvoller, als es auf den ersten Blick erscheinen mag. Anfangs genügen zwei Minuten vollauf. Versuchen Sie es, aber seien Sie nachsichtig mit sich selbst. Wenn Sie feststellen, daß Sie von der Übung abschweifen, sammeln Sie Ihre Konzentration, und lenken Sie die Aufmerksamkeit erneut auf den Zeiger.

Ausdauer und Humor sind bei Übungen dieser Art wichtig. Es ist besser, über die eigenen Schwierigkeiten zu lachen und sie nicht so ernst zu nehmen, als sich frustrieren zu lassen. Der Geist ist in mancher Hinsicht wie ein verspieltes Kind, das man sanft, aber bestimmt lenken muß. Diese einfache Übung ermöglicht es Ihnen, sowohl die Konzentration als auch die Fähigkeit zur neutralen Beobachtung zu entwickeln.

II. *Die Verkehrsübung*

Ebenso nützlich und wirkungsvoll ist es, eine verkehrsreiche Straße zu beobachten. Wie schon erwähnt, besteht die Aufgabe darin, den Verkehr zu registrieren, ohne ihn zu beurteilen oder an andere Dinge zu denken.

III. *Gebrauchen Sie Ihre Phantasie*

Eine dritte Übung beginnt mit physischer Entspannung, zum Beispiel mit Hilfe der PME. Danach stellen Sie sich die Gedanken wie weiße Wolken vor, die am strahlendblauen Himmel vorüberziehen. Wenn Ihnen die Übung Spaß macht und Sie gern mit der Imagination arbeiten, können Sie sich Ihre Gedanken auch wie Schriftzüge in den Wolken vorstellen. Oder Sie verändern die Szene. Sie sitzen an einem Flußufer und beobachten die Gedanken, die wie Treibholz im Wasser gemächlich an Ihnen vorbeitreiben. Wenn Sie wollen, «sehen» Sie sie als Worte auf den vorüberschwimmenden Planken. Oder Sie stellen sich vor, Sie befinden sich auf dem Meeresgrund. Tiefe Stille umfängt und durchdringt Sie. Die Gedanken steigen eingeschlossen in Luftblasen langsam zur Oberfläche und lösen sich auf.

IV. *Die eigenen Gedanken beobachten*

Diese Übung wurde bereits ausführlich diskutiert und ist sehr empfehlenswert. Jeder sollte sie wenigstens einmal ausprobiert haben. Sie beginnt ebenfalls mit der PME. Nehmen Sie sich vor, die Gedanken weder zu kontrollieren noch sonstwie zu manipulieren, sondern sie einfach kommen und gehen zu lassen. Daß sie auftauchen, ist natürlich und völlig normal. Sie brauchen sich nur nicht mit ihnen zu beschäftigen. Beobachten Sie sie wie den Verkehr, ohne innere Beteiligung. Lassen Sie sie einfach kommen und gehen. Unterdrücken Sie sie nicht, reagieren Sie nicht darauf, beurteilen Sie sie nicht. Auf die Dauer wird ihnen das zu langweilig, und sie geben auf. Gedanken brauchen einen Zuhörer. Wenn niemand sich für sie interessiert, fällt die Vorstellung aus. Die Abstände zwischen den einzelnen Gedanken, jene kostbaren Augenblicke der Stille, werden größer. Nach einer Weile stellen Sie fest, daß es still in Ihnen geworden ist und Sie frei von Gedanken sind – zumindest für ein Weilchen.

Die Einstellung des unvoreingenommenen Beobachters, kombiniert mit der PME-Übung, ergibt jene ideale Kombination, die wir die Integrationsmeditation genannt haben. Sie ist nicht nur ein zuverlässiger Einstieg in die Erfahrung innerer Ruhe, sondern läßt sich außerdem durch vereinfachende Schritte der direkten Methode annähern. Gleichzeitig ist sie ein idealer Ausganspunkt für weiterführende Meditationspraktiken.

Konzentration

Einige Menschen machen die betrübliche Entdeckung, daß ihre Gedanken einfach nicht weniger werden, geschweige denn aufhören. Nicht selten resultieren daraus Enttäuschung, Ärger oder Kummer. Gerade diese Reaktion auf das Ausbleiben des gewünschten Ergebnisses aber ist das eigentliche Problem. Die Gedanken allein hätten keinerlei Bedeutung, wenn wir nicht auf sie reagieren würden. Unsere Reaktion ist die eigentliche Wurzel des Übels.

Vielleicht kennen Sie diese Problematik aus eigener Erfahrung. Dann sollten Sie es mit einer strukturierteren Konzentrationsmethode versuchen, die Sie mit zunehmender Übung wieder vereinfachen können. Nahezu alle traditionellen Meditationsschulen verwenden am Anfang komplexere Techniken. Anstatt die Gedanken einfach kommen und gehen zu lassen und sie dabei zu beobachten, ziehen sie es vor, die Aufmerksamkeit auf ein bestimmtes Konzentrationsobjekt zu lenken, von dem sie nicht abschweifen darf.

Man kann dieses Konzentrationsobjekt mit einer Linse vergleichen, die diffuses Sonnenlicht in einem Punkt bündelt. Ähnlich verhält es sich mit der punktförmigen Konzentration. Die Energie diffuser Gedanken wird in einem Punkt, dem Konzentrationsobjekt, gesammelt, von dem aus der Geist sich für die Stille öffnet. Das folgende Diagramm soll dies veranschaulichen:

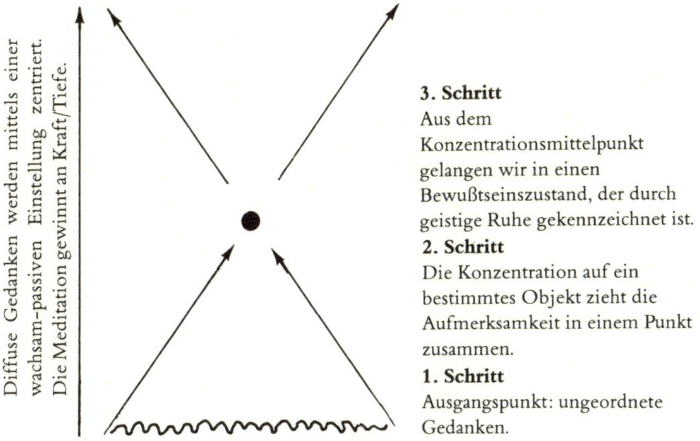

Der Übergang vom normalen Bewußtsein in den Zustand innerer Stille vollzieht sich mit Hilfe der Konzentration in mehreren Etappen, nämlich in fünf klar zu unterscheidenden Phasen, um genau zu sein. Alle großen Glaubensgemeinschaften und Religionen dieser Welt kennen und beschreiben diesen Übergang in der einen oder anderen Form. Ursprünglich war die Meditation einer der fünf

Schritte auf dem Weg zur Erkenntnis, während der heutige Sprachgebrauch mit dem Begriff Meditation etwas freier umgeht und damit sowohl den gesamten Vorgang als auch die einzelnen Etappen bezeichnet.

Die erwähnten traditionellen Schritte sind: 1. Konzentration, 2. Meditation, 3. Kontemplation, 4. Erfahrung des Einsseins, 5. Erleuchtung. Bei der Entwicklung einer eigenen Meditationspraxis kann es sehr hilfreich sein, sich diese verschiedenen Stufen bewußtzumachen. Aus diesem Grund wollen wir sie zunächst einzeln betrachten.

Der klassische Fünf-Stufen-Weg

Die Entspannung kann in die Konzentrationsstufe eingebaut oder aber davorgeschaltet werden.

Meistens werden ganz bestimmte Entspannungsübungen durchgeführt. So ist die PME beispielsweise eine klassische Yoga-Übung. Außerdem kommen sowohl reine Atemübungen als auch Atembeobachtungsübungen zur Anwendung. Häufig wird die physische Entspannung in die erste Stufe integriert und dazu verwendet, die Konzentration auf ein bestimmtes Objekt zu richten. Nicht selten dient sie selbst als Konzentrationsobjekt.

1. Stufe: Konzentration

Die Konzentration auf ein bestimmtes Objekt ist ein Stück harter Arbeit und erfordert viel Übung. Die meisten Menschen machen die Erfahrung, daß sie die Konzentration nur eine kleine Weile aufrechterhalten können, bevor die Gedanken abschweifen. So kann es durchaus geraume Zeit dauern, bis der Geist, der seine Freiheit über alles liebt und sich gegen jede Disziplin aufbäumt wie ein Wildpferd, daran gewöhnt ist. Die Konzentrationsobjekte lassen sich im wesentlichen in vier Gruppen einteilen: Töne, Gedanken, Handlungen und Gegenstände. Das Ziel ist immer die Konzentration auf das Objekt und auf nichts anderes. Wenn dies gelingt, erreicht man Stufe 2.

2. Stufe: Meditation

Darunter wird traditionellerweise die Fähigkeit verstanden, die Aufmerksamkeit unter Ausschluß anderer Gedanken in einem Punkt zu sammeln, eine aktive, geistige Tätigkeit also. Wenn man sich lange genug darin geübt hat, führt die Meditation zur 3. Stufe, der Kontemplation.

3. Stufe: Kontemplation

Auf dieser Stufe ist die Konzentration so weit entwickelt, daß sie mühelos entsteht. Die sonst dominierenden logisch-rationalen Aspekte des Geistes verbinden sich jetzt mit den aktivierten intuitiven und kreativen Aspekten.

Es ist wichtig, diese beiden Aspekte des Geistes, den rationalen und den intuitiven, zu verstehen. Die meisten Menschen sind sich hauptsächlich des einen, des rationalen Aspekts bewußt. Wir denken, analysieren und beurteilen von früh bis spät. Ein ununterbrochener Strom von Gedanken bestimmt unseren Alltag.

Im Gegensatz dazu werden Phasen des Nicht-Denkens für gewöhnlich mit der Schlafphase oder mit Bewußtlosigkeit in Verbindung gebracht. Tatsache ist jedoch, daß jeder Mensch Augenblicke von Nicht-Denken erlebt – zum Beispiel kurz vor dem Einschlafen. Und wer kennt nicht das Gefühl tiefen Friedens, das einen manchmal angesichts eines herrlichen Sonnenuntergangs überkommt oder wenn ein Kunstwerk unser innerstes Wesen berührt und uns in tiefes, friedvolles Schweigen versetzt? In solchen Augenblicken sind die intuitiven Fähigkeiten der rechten Gehirnhälfte aktiviert, die, obwohl in jeder Hinsicht dem «linksseitigen» rationalen Denken gleichberechtigt, uns doch weniger vertraut sind.

In der Tat identifizieren wir uns mehr mit der einen Gehirnhälfte als mit der anderen und nutzen dementsprechend auch nur die Hälfte unseres geistigen Potentials. Oder um es noch krasser zu sagen: Wir verhalten uns, als hätten wir nur eine Gehirnhälfte! Das macht unser ganzes Leben und Denken so einseitig. Die Kontemplation verhilft uns dazu, unsere rechte Hemisphäre besser kennenzulernen. Daraus entstehen zwangsläufig neue, wohltuend frische, unvoreingenommene Einsichten, und vieles erscheint in einem neuen Licht. Auch auf dieser Stufe ist der Geist noch aktiv. Er wird lediglich in einer Weise genutzt, die uns linkslastigen Menschen weniger vertraut und daher erst einmal suspekt ist.

Die Verwirklichung der Kontemplation führt zur nächsten Stufe, der Erfahrung des Einsseins.

4. Stufe: Einssein

Es ist eine abstrakte Erfahrung, in der der Betrachtende, das Objekt der Kontemplation und der Akt der Kontemplation selbst völlig miteinander verschmelzen. Jedes Gefühl der Trennung wird aufgehoben. Mystiker aller Zeiten haben sich um diese Erfahrung bemüht und sie wortreich gepriesen, wenn sie ihnen zuteil geworden war. Die Erfahrung des Einsseins führt zur 5. und letzten Stufe, der Erleuchtung.

5. Stufe: Erleuchtung

Es ist der Zustand, in dem man um all das weiß, was man eigentlich nicht verstehen kann. Einsichten kommen, Offenbarungen gleich, im wahrsten Sinne des Wortes aus heiterem Himmel.

Wir wollen den Fünf-Stufen-Weg am Beispiel einer Konzentrationsübung mit Kerze näher betrachten. Erste Stufe: Konzentration auf die Kerze. So gelingt es, allmählich still zu werden. Den Geist wird diese Beschäftigung schnell langweilen. Viel lieber möchte er wissen, wann es Tee gibt, was morgen zu erledigen ist, ob man sich an der Nase kratzen soll oder nicht und so weiter.

Nach einiger Zeit gelingt das Unmögliche jedoch, und wir können uns auf die Kerze konzentrieren, ohne von störenden Gedanken abgelenkt zu werden. Die erste Stufe des traditionellen Weges wurde erklommen.

Nun beginnt ein Gedankenprozeß, der sich mit der symbolischen Bedeutung der Kerze beschäftigt und beispielsweise über die Natur des Lichts reflektiert. Diese Betrachtungen eröffnen eine weitere, tiefere Verständnisebene. Das ist die Stufe der Kontemplation. Zum Beispiel könnten Sie denken, daß das Licht der Kerze ein Bild für den göttlichen Funken im Menschen ist, und durch dieses neue Bewußtsein eine Bereicherung erfahren.

Allmählich werden auch solche Gedanken schwächer, das Gefühl für die Zeit und das Bewußtsein für jede Art von Aktivität kommt einem abhanden. Lediglich im Rückblick ist es möglich, den Zustand des Einsseins mit der Kerze zu erkennen. Das Gefühl des Einsseins kann sich über die Kerze hinaus auf die direkte Umgebung erstrekken. Eine solche Erfahrung zaubert ein Lächeln auf die Lippen, das noch lange anhält! Und schließlich gewinnen Sie ein direktes Verständnis der Natur der Dinge – klar und unmißverständlich.

Die Kontemplation der Kerze führte also zunächst zu dem Gedanken des göttlichen Funkens im Menschen. Jetzt, auf der Stufe der Erleuchtung, erfahren Sie diesen Funken in sich selbst und verstehen, daß alle Menschen ihn in sich tragen. Dieses Wissen ist über jeden Zweifel erhaben. Es kommt nicht durch Lesen oder Zuhören zustande und entzieht sich rationaler Beweisführung. Es ist das Wissen der direkten Erfahrung.

So kann eine Übung, die als einfache Konzentrationsübung beginnt, zu tiefen Einsichten führen, und tatsächlich ist das die Grundlage der Einsichtsmeditation. Wenn auch die Vorgehensweise in der Heilmeditation eine andere ist, die innere Ruhe, die der Meditierende durch sie erfährt, ist identisch mit der im eben geschilderten Zustand der Erleuchtung erfahrenen.

Der augenfälligste Unterschied zwischen Heil- und Einsichtsmeditation besteht darin, daß die Heilmeditation schon in einem frühen Stadium zur Entspannungsreaktion führt, wodurch Streß abgebaut und die Gesundheit unmittelbar günstig beeinflußt wird. Die Einsichtsmeditation dagegen ist ein ausgesprochen intensiver mentaler Prozeß, der dem Meditierenden viel Ausdauer und Geduld abverlangt. Gerade am Anfang entsteht daraus häufig das Gegenteil von Entspannung und Ruhe, nämlich Erregung bis hin zu Streß. Wenn die jeweilige Technik dann aber gemeistert wird, ist die Gipfelerfahrung dieselbe, egal nach welcher Methode man meditiert hat, und alle Wohltaten spürt man gleich. Der Vorteil der Heilmeditation liegt also darin, daß die positiven Auswirkungen der Meditation auf die Gesundheit nicht erst zum Schluß, sondern von Anfang an erfahren werden.

Trotzdem kann es sein, daß die Integrationsmeditation

Sie frustriert und Sie weder eine Kontrolle über Ihre Gedanken erlangen noch innerlich ruhig werden. Hier gewinnt das zuvor erwähnte sekundäre Konzentrationsobjekt an Bedeutung. Richtig angewendet, kann es Ihnen als Sprungbrett zur inneren Ruhe dienen.

Sekundäre Konzentrationshilfen

I. Klänge/Töne

Seit Tausenden von Jahren werden sie als Konzentrations- und Meditationshilfen angewendet.

1. Gesänge

Die Wiederholung eines Tons oder mehrerer Töne ist eine angenehme Erfahrung, unabhängig davon, ob man allein oder in einer Gruppe meditiert. Nicht selten erzeugt sie ein ausgesprochenes Glücksgefühl. Zu den berühmtesten Gesängen gehören die gregorianischen Choräle, aber auch die Lieder der Indianer und die indischen Bhajans stehen in dieser Tradition. Gesänge sind ebenfalls ein fester Bestandteil unseres Programms, und eines unserer Lieblingslieder lautet folgendermaßen:

> Türen öffnen sich, Türen schließen sich.
> Schließt sich eine Tür, öffne ich eine andere.
> Alles ist gut, es verändert sich nur,
> alles ist gut, es verändert sich nur.

Die Zeilen werden etwa zehn Minuten lang singend wiederholt. Dann folgt eine Zeit des Schweigens. Diese Übung kann zu einer sehr bewegenden Erfahrung werden.

2. Mantras

Ein Mantra ist die rhythmische Wiederholung eines Tons, einer Silbe, eines Wortes oder einer Reihe von Wörtern, die man meistens still, im Geiste, wiederholt. In den Traditionen Indiens hat der Gebrauch von Mantras für die Beziehung zwischen spirituellem Lehrer und Schüler schon immer eine große Rolle gespielt. Der Lehrer muß in der Lage sein, seinem Schüler ein geeignetes Mantra zu geben, welches diesem den Übergang in einen höheren Bewußtseinszustand erleichtert.

Auf diesem Prinzip basiert auch die Transzendentale Meditation (TM). Die dort verwendeten Mantras sind dem Sanskrit entlehnt. Erfahrene TM-Lehrer wählen für den Anfänger ein geeignetes Mantra aus und unterweisen ihn im Umgang damit. Für Menschen mit einem sehr unruhigen Geist ist das Mantra ein überaus wirksames Mittel, um die Gedanken zu kontrollieren. Zweimal täglich wird zwanzig Minuten lang in einer einigermaßen bequemen Haltung meditiert und das Mantra im Geist rezitiert.

Schweifen die Gedanken ab, wird die Aufmerksamkeit, ohne störende Emotionen zu entwickeln, wieder auf das Mantra gerichtet, und man fährt mit der Übung fort. Kein Ärger über die Unterbrechung, keine Enttäuschung, keine Ungeduld, kein Beurteilen der Meditation als gut oder schlecht. Alle auftauchenden Gedanken werden sofort losgelassen, und man fährt unbeirrt mit der Rezitation des Mantras fort. Bei vielen Menschen entsteht aus dieser Art von Konzentration der meditative Zustand.

Die klassischen Mantras gelten als überaus machtvoll. Ihre dauernde Wiederholung, so heißt es, erleichtert den Eintritt in die tiefe Meditation. Seit man festgestellt hat, daß nicht nur die traditionellen Mantras «funktionieren», geht man etwas großzügiger mit dem Begriff um. So lernte eine Gruppe von Amerikanern das Meditieren, indem sie die Worte «Coca-Cola» als Mantra gebrauchten!

Mantras lassen sich in folgende drei Kategorien einteilen:

a) *Nonsense-Mantras*

Es ist ihnen weder eine offensichtliche Bedeutung zu eigen, noch haben sie irgendeinen Bezug zur Entspannung oder Meditation – wie das oben erwähnte «Coca-Cola». Lawrence LeShan rät in seinem Buch *Meditation als Lebenshilfe*, nach der Telefonbuch-Methode vorzugehen: Man schlägt das Buch an irgendeiner Stelle auf und verwendet die erste Silbe des ersten Namens, auf den das Auge fällt. Sucht man ein zweisilbiges Mantra, wiederholt man den Vorgang. Sein Lieblings-Nonsense-Mantra ist «La-De».

Nonsense-Mantras haben den Vorteil, daß sie frei von Assoziationen und Konnotationen sind und daher keine Vorstellungen oder Gedanken hervorrufen.

b) *Beschreibende Mantras*

«Loslassen», «Entspannen», «Ruhe» sind Begriffe aus dieser Kategorie, die sich alle als Mantra eignen. Es sind bedeutungstragende Worte, die die Absicht der Meditation unterstreichen, ähnlich wie eine Affirmation. Affirmationen sind kurze, prägnante Leitsätze, mit deren Hilfe man sich programmiert, um ein bestimmtes Ziel zu erreichen. «Ich bin ein positiver Mensch», «Ich bin liebenswert» oder «Ich rege mich nicht auf» sind solche Kurzformeln, die ebenfalls als Mantra dienen können. Einer unserer Kursteilnehmer verwendete den Satz «Alles wird gut» als persönliches Mantra – mit großem Erfolg.

c) *Spirituelle Mantras*

Sie fördern in besonderer Weise den geistigen Fortschritt und können dazu beitragen, daß höhere Bewußtseinszustände leichter und schneller erreicht werden. Hier einige Beispiele:

I. *Om Namah Shivaya*
Dies ist eines der klassischen indischen Mantras und zugleich das zentrale Mantra der Siddhi-Yogaschule. Es kann im Geist rezitiert werden und ist von besonderer Kraft, wenn es in der Gruppe gesungen wird. In größeren Gruppen gelingt auf diese Weise oft der Durchbruch zu einer tieferen Meditationsebene. Es bedeutet soviel wie: «Ich respektiere das Göttliche in mir.»

II. *So Ham*
Ein sehr wirkungsvolles Mantra, besonders wenn es im Atemrhythmus rezitiert wird. Lassen Sie den Atem fließen, sagen Sie *So* beim Einatmen, *Ham* (Hummm ... gesprochen) beim Ausatmen.

III. *Christliche Mantras*
Sei still und wisse, daß ich Gott bin ... ein etwas längeres christliches Mantra, das gern verwendet wird, wie auch *Ich bin der Weg, die Wahrheit und das Leben* oder *Kyrie eleison*. Natürlich gibt es noch viele andere Verse oder kurze Zitate, die sich ebensogut eignen.

Wie jedes Konzentrationsobjekt, ist auch das Mantra ein Hilfsmittel auf dem Weg zur inneren Stille. Nicht jeder kann etwas damit anfangen. Ich kenne Menschen, bei denen Mantras eine ausgesprochen ablenkende Wirkung haben. Andere fühlen sich davon irritiert. So segensreich und effektiv ein Mantra auch sein mag, sollte man sich doch nicht daran festklammern, sondern es als das sehen, was es ist – ein Mittel, um die Gedanken zu beruhigen und innere Ruhe erfahren zu können.

3. Musik

Eine weitere Meditationshilfe ist die Musik. So verschieden, wie die Menschen sind, so verschieden ist auch ihr Geschmack. Der eine liebt komplizierte klassische Themen, der andere wird davon abgelenkt und bevorzugt einschmeichelnde, einfache Melodien. Musik kann eine sehr entspannende Wirkung ausüben, wenn man in der Lage ist, sich durch sie hindurch in die Stille führen zu lassen. Als kaum hörbare Hintergrundmusik oder Untermalung eingesetzt, kann sie dem einen oder anderen durchaus dabei helfen, den Geist ruhigzustellen und so eine wirkliche Meditationserfahrung zu machen.

II. Gedanken

Um den gewöhnlichen Gedankenstrom zu unterbrechen, konzentriert man sich auf einen einzigen, ganz bestimmten Gedanken. Dabei bedient man sich der Kontemplation, verschiedener Achtsamkeitsübungen oder auch eines Koans, um nur einige Beispiele zu nennen. Diese Übungen gehören allesamt zur Analytischen oder Einsichtsmeditation, die im nächsten Kapitel näher behandelt wird.

Eine andere, sehr effektive Methode ist die Arbeit mit inneren Bildern. Die sogenannten Vorstellungsbilder sind die Grundlage der Kreativen Meditation, auf die wir ebenfalls in Kürze zu sprechen kommen werden. An dieser Stelle interessiert uns primär der Gebrauch der Imagination als Konzentrationshilfe, um unsere Gedanken zu beruhigen und so die Voraussetzung für innere Gelassenheit zu schaffen.

Um wirksame Vorstellungsbilder erzeugen zu können, sollte man sich vorher entspannen. Viele Menschen sehen innere Bilder, sobald sie die Augen schließen, manche so klar und deutlich wie im Fernsehen.

Falls Sie der Meinung sind, daß es so einfach wohl doch nicht ist, versuchen Sie folgende Übung: Schließen Sie die Augen. Stellen Sie sich vor, Sie wären am Strand. Lassen Sie sich für diese Vorstellung ein Weilchen Zeit, versenken Sie sich in das Bild. Was fühlen Sie? Was sehen Sie? Wie deutlich sehen Sie, was Sie sehen? Riechen Sie das Meer? Hören Sie es? Spüren Sie den leichten Salzgeschmack auf den Lippen? Je mehr Sinne an der Vorstellung beteiligt sind, um so intensiver ist die Wirkung der Übung.

Auch wenn es Ihnen schwerfällt, auf Anhieb derart intensiv zu visualisieren, können Sie es dennoch erlernen. Beginnen Sie damit, sich ein Bild oder eine Fotografie genau anzusehen. Konzentrieren sie sich mindestens eine Minute lang darauf, dann schließen Sie die Augen. Wahrscheinlich sehen Sie eine Art Schattenbild. Versuchen Sie nun, das Bild systematisch nachzuzeichnen, Detail um Detail. Das wird nicht auf Anhieb gelingen, aber von Mal zu Mal bessergehen. Als nächstes vergegenwärtigen Sie sich etwas, das Ihnen sehr vertraut ist, Ihren Garten etwa oder Ihr Auto. Erst dann sollten Sie sich an Fantasiebildern versuchen.

Da in der Meditation die Gedanken beruhigt werden sollen, sind die Vorstellungsbilder in der Regel so geartet, daß sie den Geist über eine geeignete Assoziation in einen gelassenen, entspannten Zustand überführen, der das Entstehen der inneren Ruhe begünstigt. Man beginnt mit einer Phase der Entspannung, zum Beispiel mit der PME-Übung. (Es steht Ihnen frei, sie mit oder ohne Muskelkontraktion durchzuführen.) Je entspannter Sie vor einer Visualisation sind, um so besser.

Wenn es Ihnen schwerfällt, sich so zu entspannen, lassen Sie sich von einer Kassette durch die Übung führen. Vielleicht gibt es aber auch jemanden, der Ihnen die Anweisungen vorliest. Konzentrieren Sie sich ganz auf die Vorstellungsbilder, und entspannen Sie Geist und Körper. Sie werden feststellen, daß Sie wie von selbst ruhiger werden.

Vorstellungsbilder bewirken nicht nur Entspannung. So hat eine Bilderserie, die ich die Heilungsreise nenne und in der Gruppe verwende, einen subtilen, aber starken Heileffekt. Die archetypischen, zum Teil auf Jung zurückgehenden Bilder übermitteln dem Unterbewußtsein eine positive, Heilung bewirkende Botschaft. Darüber hinaus verhelfen sie neuen Teilnehmern oft zu einer tiefen Erfahrung von innerer Ruhe.

Erläuterungen zur Heilungsreise

Wir machen einen Ausflug in eine imaginäre Landschaft, die Sie sich so realistisch wie möglich vorstellen sollen. Nehmen Sie alle Eindrücke mit allen Sinnen auf, als wären Sie tatsächlich dort. Sehen, hören, schmecken, riechen und fühlen Sie. Mit einiger Übung wird es Ihnen gelingen, die inneren Sinne ebenso selbstverständlich zu benutzen wie die äußeren, aber Sie müssen schon ein wenig Geduld mit sich selbst haben. Forcieren Sie nichts. Bleiben Sie nur, was Ihre Praxis angeht, konsequent.

Ich beschreibe verschiedene Landschaften, die in Ihnen möglicherweise Bilder von Orten entstehen lassen, die Sie kennen, vielleicht sogar von mehreren Orten gleichzeitig. Dies ist ein Zeichen für die große Flexibilität des Geistes. Es fällt ihm nicht schwer, Gedanken sofort in reale Bilder umzusetzen und dabei zeitliche und räumliche Distanzen aufzuheben.

Andererseits kann es vorkommen, daß aufgrund der Beschreibung Szenen vor Ihren Augen entstehen, die nichts mit «realen» Orten zu tun haben. Auch das ist in Ordnung.

Im Verlauf der Übung gelangen wir an einen See, und Sie haben die Möglichkeit, darin zu schwimmen. Falls es draußen kalt sein sollte, Sie zum Schwimmen aber warmes Wetter vorziehen, heizen Sie vorher am besten gut ein, damit Sie nicht frieren! Tauchen während der Visualisation unangenehme Bilder und Assoziationen auf, zögern Sie nicht, diese sofort zu verändern. Der bewußte, harmonisierende Eingriff ist unter Umständen genau die richtige therapeutische Reaktion.

Die Heilungsreise: Eine Imaginationsübung

Nehmen Sie eine aufrechte, leicht unbequeme Haltung ein. Visualisieren Sie die beschriebenen Landschaften. Versuchen Sie, die Szenen so zu erleben, als befänden Sie sich selbst an Ort und Stelle. Sie spüren die weiche Erde unter den Füßen, nehmen Geräusche wahr, die Luft ist voll angenehmer Düfte. Je intensiver Sie sich die Bilder vorstellen können, um so besser. Am Schluß der Übung legen Sie sich ins Gras und entspannen sich. Wenn Sie dabei von störenden Gedanken abgelenkt werden, machen Sie sich das Gefühl von Ruhe und Frieden stärker bewußt, lassen Sie sich davon durchdringen. Überlassen Sie sich ganz der heilsamen Schwingung dieses Ortes.

Schließen Sie die Augen, so wie Sie es tun, wenn Sie müde sind ... Richten Sie die Gedanken nach innen ... Denken Sie daran, daß die folgenden Minuten ganz für ihre Gesundheit und deren Wiederherstellung reserviert sind ... Allmählich entspannt sich der Körper ... Die Muskeln werden weich und locker ... Lassen Sie alle Verspannungen los ... Sie lösen sich vollständig auf ... mehr und mehr ... Spüren Sie den ganzen Körper weich und locker werden ... wohlig entspannt ... Auch Gesicht und Stirn sind entspannt ... selbst die Kopfhaut ... mehr und mehr ... Die Entspannung wird immer tiefer ... Fühlen Sie Ihren Körper warm und schwer werden ... weich und locker ... Sie lassen auch den letzten Rest von Anspannung los ... entspannen sich tiefer und tiefer ...

Lassen Sie nun vor Ihrem geistigen Auge das Bild einer Wiese entstehen ... Spüren Sie das weiche, kühle Gras unter den Füßen ... Betrachten Sie die Bäume, in deren Blättern der Wind leise raschelt ... Über den strahlendblauen Himmel zieht gelegentlich ein weißes Wölkchen ... Genießen Sie die Wärme der Sonne auf der Stirn, im Gesicht ... Vögel zwitschern ... Sehen Sie sich um, und nehmen Sie alle Eindrücke in sich auf, während Sie ohne Hast durch das kühle Gras spazieren ... Nach einer Weile gelangen sie an einen von Felsen umgebenen See mit sandigem Uferrand ... Am anderen Ende ein Wasserfall ... Setzen Sie sich in den Sand ... er ist warm und weich ... Vergraben Sie die Füße darin ... Spüren Sie, wie der Sand durch die Zehen rieselt ... Räkeln Sie sich in der Sonne ... Dann ziehen Sie die Kleider aus und legen sie neben sich ins Gras ... Lassen Sie sich ins Wasser gleiten ... Kühl und belebend prickelt es auf der Haut ... Wenn Sie möchten, tauchen Sie hinab, und genießen Sie die Leichtigkeit der Bewegungen und die Stille unter Wasser ... Nach einer Weile tauchen Sie wieder auf ... Planschen und spritzen Sie nach Herzenslust, und erfreuen Sie sich am Funkeln und Glitzern der Tropfen im Sonnenlicht ... Dann schwimmen Sie zum Wasserfall hinüber, tauchen unter ihm hindurch oder bleiben unter ihm stehen, ganz wie Sie möchten ... Das Wasser schießt auf Sie hernieder, Sie spüren es überall gleichzeitig, auf dem Kopf, dem Rücken, den Schultern ... Es fühlt sich angenehm wie eine Wasserstrahlmassage an … Ein belebendes, anregendes Gefühl … Stellen Sie sich vor, daß das Wasser durch den Körper hindurchfließt und alle Müdigkeit aus ihm fortspült … Sie fühlen sich vital, sauber und gesund … Hinter dem Wasserfall entdecken Sie den Eingang zu einer Felsgrotte … Sie schwimmen darauf zu … Vor Ihnen liegt eine Art Tunnel … dunkel, aber nicht beängstigend … Sie fühlen sich völlig sicher und schwimmen hinein … Nach einer Weile sehen Sie, vage zuerst, dann ein wenig deutlicher, ein Lichtpünktchen in der Ferne … Sie halten darauf zu … Das Lichtpünktchen wird heller und größer … noch heller … immer heller und intensiver … am Ende des Tunnels erwartet Sie helles, strahlendes Sonnenlicht … wohlig umfängt es Sie … Lassen Sie sich wärmen … Vor Ihnen liegt eine von Palmen, Farnen und üppigen Grünpflanzen umwucherte Lichtung … in ihrer Mitte eine einladende Bank, auf der frische Kleider und ein Handtuch liegen … Sie gehen zur Bank hinüber und trocknen sich ab … Spüren Sie das weiche Handtuch auf der Haut … Sie ziehen die Kleider an und setzen den Spaziergang durch die üppige Vegetation fort … Bald erreichen Sie einen Wald mit hohen, mächtigen Bäumen, deren Kronen sich zu einem grünen Dach vereinen … ein paar vereinzelte Sonnenstrahlen erreichen die Erde … Es riecht modrig … Unter Ihren Füßen raschelt das Laub … lehnen Sie sich gegen einen der mächtigen Baumstämme, spüren Sie seine Rinde, seine Kraft und Energie … Nach einer Weile endet der Wald, und Sie gelangen zurück auf die Wiese … Hier entdecken Sie eine Stelle, die Sie magisch anzieht … einen Ort, der friedvolle Ruhe ausstrahlt … Sie legen sich ins weiche Gras und lassen sich von der Stille umfangen und durchdringen … Sie fühlen sich wohl und gut … völ-

lig sicher und entspannt ... eine tiefe Ruhe breitet sich in Ihnen aus ...
Sie sind völlig entspannt ... jeder Rest von Spannung fließt aus Ihren Muskeln, aus dem Körper und versickert in der Erde ... Sie fühlen sich so leicht, als würden Sie über der Erde schweben ... Es ist absolut still ... Sie überlassen sich dem Gefühl der Leichtigkeit, des Schwebens ... der vollkommenen Ruhe ... tiefen Friedens ...

Es ist typisch für diese Art von Übung, daß sie an einen angenehmen und sicheren Ort führt, an dem Sie sich hinlegen und entspannen können. Dieser schrittweise mentale Entspannungsprozeß verhilft vielen Menschen zu einer gründlichen physischen Entspannung. Wenn Sie feststellen, daß die Wirkung nachläßt, kehren Sie in Gedanken an diesen Ort zurück, und entspannen Sie sich erneut. Überlassen Sie sich abermals dem Gefühl der Leichtigkeit und des Schwebens.

Die Heilungsreise hat eine zweifache Wirkung. Zum einen vermittelt sie dem Unterbewußtsein auf subtile Weise ansprechende Bilder von Heilung, Regeneration, Erneuerung und Freiheit. Gleichzeitig erzeugt sie einen Zustand tiefer physischer und mentaler Entspannung. Wenn Sie während der Visualisation feststellen, daß die eine oder andere Vorstellung Sie besonders fesselt oder Sie sie besonders intensiv erleben, können Sie so lange dabei verweilen, wie Sie Lust dazu haben.

Entspannung durch Assoziation

Die Konzentration auf Vorstellungsbilder mit entspannendem Charakter verbessert auch die Qualität der Meditation. Ebenso wie ärgerliche Gedanken sich negativ auswirken, haben friedvolle, beruhigende Gedanken eine positive

Wirkung auf die eigene Verfassung. Schon aus diesem Grund sollte der Ort, an dem Sie regelmäßig meditieren, eine beruhigende, friedliche Atmosphäre ausstrahlen. Entsprechende Bilder oder Fotografien können ebenso dazu beitragen wie eine inspirierende Lektüre vor der Sitzung. Man muß es schon zu großer Meisterschaft gebracht haben, wollte man nach einem Horrorfilm gut und entspannt meditieren!

Zusätzlich können Sie sich auch Gedanken an oder Gefühle für Menschen oder Erfahrungen in Erinnerung rufen, die Ihnen zu Hause die Einstimmung auf die Meditation erleichtern.

Kreatives Visualisieren

Obwohl diese Art der Visualisation ausführlich in dem späteren Kapitel über Kreative Meditation behandelt wird, soll sie an dieser Stelle nicht unerwähnt bleiben. Die Kreative Visualisation ist, wie der Name schon verrät, vor allem ein schöpferischer, geistiger Vorgang und stets zielgerichtet.

Zusammenfassend läßt sich also sagen, daß die Arbeit mit inneren Bildern ein nützliches Hilfsmittel ist. Wenn Sie Gefallen daran finden, sollten Sie möglichst regelmäßig damit üben, aber auch nicht mehr daraus machen, als es ist: eine weitere Möglichkeit, Konzentration und Achtsamkeit auf dem Weg zur inneren Ruhe zu entwickeln.

III. Handlungen

Manchen Menschen fällt es leichter, sich mit Hilfe von Bewegungsabläufen zu konzentrieren.

T'ai Chi und andere Formen der Bewegungsmeditation

T'ai Chi ist die klassische chinesische Form der Bewegungsmeditation mit festgelegten, fließenden Bewegungssequenzen. Regelmäßiges Praktizieren fördert die körperliche Entspannung, obwohl es großer Übung bedarf, auf diese Weise einen tiefen meditativen Zustand zu erreichen. Ein Mensch, dem dies gelingt, ist von einer Aura der Stille umgeben, als bewegte er sich in einem Kokon völliger Ruhe, die spürbar präsent ist. (Gayle beschäftigt sich schon seit einigen Jahren damit, und wenn sie ihre T'ai-Chi-Bewegungen ausführt, habe ich jedesmal das eben beschriebene Gefühl.)

Andere Formen der Bewegungsmeditation sind das japanische Bogenschießen (eine Zenübung), die Tee-Zeremonie und die wirbelnden Tänze der Sufi-Meister.

Atmung

Eine einfache Übung ist das Zählen der Atemzüge. Daneben gibt es eine Vielzahl von komplexeren Atemübungen, wie sie beispielsweise im Hatha-Yoga gelehrt werden.

Zazen

Die Atembeobachtung ist die Grundlage des Zazen, einer Form der Zen-Meditation, bei der man im Sitzen entspannt und sich das Ein- und Ausströmen des Atems vergegenwärtigt. Gezählt wird nur beim Ausatmen, und zwar von 1 bis 10. Dann beginnt man von vorn. Das klingt ziemlich einfach, und beim ersten oder zweiten Mal ist es das auch. Je länger man aber zählt, um so mehr Konzentration braucht man. Die Aufgabe besteht darin, sich des Atmens bewußt zu bleiben und das Ausatmen zu zählen. Nicht mehr und nicht weniger. Die ganze, ungeteilte Aufmerksamkeit auf das Atmen richten und zählen. Nicht davon abschweifen. Manche zählen nur von 1 bis 4, andere zählen pro Sitzung von 1 bis 100 oder gar 1000. Es ist nicht jedermanns Sache, aber für den einen oder anderen genau das richtige.

Wie auch immer Sie vorgehen, jede Methode zur Entwicklung und Schulung von Konzentration und Achtsamkeit erfordert Übung und Geduld. Im Kapitel über die Einsichtsmeditation werden Sie mehr darüber erfahren.

Richtiges Atmen

Yogis sind schon seit langem Meister in der Beherrschung des Atems. Takashi Nakamuras *Das große Buch vom richtigen Atmen* ist eine ausgezeichnete Einführung in diese Wissenschaft. Innerhalb des Yoga beschäftigt sich die Pranayama-Schule ausschließlich mit dem Studium des Atmens. Es wird ausführlich erklärt, warum man durch die Nase atmen sollte und welche segensreichen Auswirkungen die sogenannte vollständige Yogi-Atmung hat, bei der Bauch, Rippen und Schultern beim Ein- und Ausatmen involviert sind. So wird der ganze Körper besser mit Sauerstoff versorgt als bei der flachen Brustatmung, die Lunge wird vollständig durchgepustet, der gesamte Atmungsappart ist beteiligt. Richtig angewendet, ist die vollständige Yogi-Atmung ein wahrer Jungbrunnen.

Beobachtung des Atems

Entspannen Sie sich, und vergegenwärtigen Sie sich, wie der Atem ein- und ausströmt. Ob schnell oder langsam, das ist dabei völlig unwichtig. So wie Sie atmen, werden Sie sich Ihres Atems bewußt. Verlagern Sie nun in der Vorstellung das Zentrum des Bewußtseins in die

Nasenspitze. Konzentrieren Sie sich darauf, wie der Atem dort ein- und ausströmt. Achten Sie auf nichts anderes.

Der Umkehrpunkt des Atems

Entspannen Sie sich, und werden Sie sich des Atemvorgangs bewußt. Verfolgen Sie den durch die Nase einströmenden Atem bis in die Lunge hinab und wieder aus der Lunge heraus. Wiederholen Sie die Übung so oft, bis Sie deutlich einen Punkt spüren, an dem der Atem ruht, bevor er umkehrt. Sie atmen aus, der Atem steht kurz still, kehrt um und strömt zurück. Sie atmen ein, der Atem strömt in die Lunge hinab, steht kurz still, kehrt um und strömt wieder aus. Richten Sie die Aufmerksamkeit auf diesen Umkehrpunkt. Werden Sie sich seiner immer wieder bewußt.

Atemkontrolle

Fühlen Sie Ihren Puls. Mit dem Pulsschlag als Taktmesser atmen Sie auf 4 zählend ein, halten den Atem 4 Pulsschläge lang an, atmen auf 4 wieder aus, halten den Atem 4 Takte lang an, atmen auf 4 ein und so weiter. Ebensogut können Sie aber auch auf 6 ein- und ausatmen, ohne den Atem dazwischen anzuhalten. Wie bei allen bisher vorgestellten Methoden wird es auch hier nötig sein, ein wenig zu experimentieren, wobei Sie Übertreibungen tunlichst vermeiden sollten. Eine übertriebene Atemkontrolle führt leicht zu Hyperventilation. Daher ist es nötig, in einem natürlichen Rhythmus zu atmen. Wenn es Ihnen gelingt, diesen Rhythmus mühelos aufrechtzuerhalten, fällt der Übergang in die Stille der Meditation nicht mehr schwer.

Bei einer anderen Atmungsvariante wird kurz eingeatmet und möglichst lange ausgeatmet. Jedes Ausatmen wird gezählt, von 1 bis 10. Dann beginnt man von vorn.

Beim Ausatmen entspannen

Eine einfache Atemübung, mit der man die Entspannungsphase oder die Meditationssitzung beginnen kann, besteht darin, tief einzuatmen und wie bei einem Seufzer der Erleichterung auszuatmen. Mit dem Seufzer läßt man alle Spannungen los und spürt, wie die Muskeln weich und lokker werden.

Diese Übung ist eigentlich nichts anderes als die bewußte Nachahmung der natürlichen Entspannungsreaktion. Nach einer Phase der Anspannung entspannen wir uns unbewußt und ganz natürlich mit einem tiefen Atemzug und einem langen Seufzer der Erleichterung, den wir ausstoßen. Diesen natürlichen Entspannungsmechanismus machen wir uns nun zunutze. Schon nach wenigen bewußten Wiederholungen sollten Sie eine entspannende Wirkung spüren.

IV. Objekte

Die letzte Gruppe von Konzentrationshilfen ist die der äußeren und inneren Objekte.

1. Äußere Objekte

Die Konzentration auf äußere Objekte beginnt mit offenen, auf den Gegenstand gerichteten Augen. Wie bei den Mantras ist es auch hier möglich, sich entweder auf ein neutrales Objekt zu konzentrieren (das keine bestimmten Assoziationen hervorruft) – einen Punkt an der Wand etwa – oder aber auf ein bedeutungstragendes Objekt, das gezielt Assoziationen weckt, wie zum Beispiel eine beruhigende Landschaft oder ein spiritueller Gegenstand (eine Ikone, eine Statuette oder ein Kreuz).

a) *Meditation mit offenen Augen*

Im Raja-Yoga wird der Anfänger angewiesen, die offenen Augen auf die Stirn des Lehrers zu heften, und zwar auf die Stelle zwischen den Augenbrauen. Der Schüler wird immer wieder ermuntert, mit offenen Augen zu meditieren. Tatsächlich ist es möglich, dabei das Bewußtsein für den Fixpunkt oder andere Dinge, die das Auge registriert, zu verlieren.

b) *Konzentration mit Hilfe einer Kerze (siehe auch Meditationshaltungen, Abb. 8)*

Eine weitere Möglichkeit, mit offenen Augen zu meditieren, ist die Betrachtung einer brennenden Kerze. Wenn die Gedanken abschweifen, lenkt man die Aufmerksamkeit einfach wieder auf die Kerze. Mit zunehmender Entspannung zeigen die Augenlider die Tendenz zuzufallen. Lassen Sie es geschehen. Sobald sie zugefallen sind, nehmen Sie eine Art Schattenbild der Kerze wahr, das sich langsam auflöst. Manchen Menschen ermöglicht diese Technik ein sanftes Abschalten auf dem Weg in die Stille der Meditation.

2. Innere Objekte

Innere Objekte sind eigentlich eine Kombination aus wirklichen und vorgestellten Objekten.

a) *Die Nasenspitze*

Man sitzt mit geschlossenen Augen in aufrechter Haltung da und entspannt sich. Dann konzentriert man sich auf seine Nasenspitze. Ich habe auf diese Weise nach einiger Zeit meine ersten Meditationserfahrungen gemacht, obwohl ich damals noch sehr wenig über Meditation wußte und auch keine qualifizierte Anleitung zum Meditieren erhalten hatte.

b) *Die Stelle zwischen den Augen*

Später lenkte ich die Aufmerksamkeit auf jene Stelle zwischen den Augen, die als «drittes Auge» oder Stirn-Chakra bezeichnet und von vielen Menschen als der Sitz des Bewußtseins betrachtet wird. Denken Sie es sich als das Zentrum Ihres Seins, das seinem Wesen nach Liebe und Weisheit ist. Die Konzentration auf diese Stelle kann eine sehr starke Wirkung haben und zu einer direkten Erfahrung des Höheren Selbst, unseres inneren Weisheitsaspekts, führen. Die Übung ist eine gute Ergänzung der Integrationsmeditation. Entspannen Sie sich, und lenken Sie Ihre Aufmerksamkeit auf das Stirn-Chakra.

c) *Farben*

Die Konzentration auf das Gebiet zwischen den Augen kann auch zu einer spontanen Erscheinung von Farben führen, meist intensiv leuchtende Farben, die oft die Form eines Balls oder einer Ellipse annehmen und sich auf Sie zu- oder von Ihnen wegzubewegen scheinen. Leider führt jeder Versuch, sich näher mit ihnen zu beschäftigen, zu ihrem sofortigen Verschwinden, da durch diesen Wunsch der vorübergehend ruhende rationale Aspekt des Geistes reaktiviert wird. Ruhiges, entspanntes Wahrnehmen ohne Greifen führt jedoch dazu, daß die Erscheinung allmählich zur Ruhe kommt. Manchmal hat man das Gefühl, völlig in die Farbe einzutauchen. Wenn das der Fall ist und Sie es geschehen lassen, erfolgt meistens der Übergang zu tiefer, innerer Ruhe. Soviel ich weiß, machen etwa 25 Prozent aller Meditierenden solche und ähnliche Erfahrungen. Wenn Sie bei der Meditation Farben sehen, lassen Sie es zu, und bewerten Sie das Phänomen nicht weiter. Es ist einfach ein Hinweis darauf, daß Sie gewisse Fortschritte machen. Sicher ist es eine angenehme Meditationserfahrung, aber sich darauf zu konzentrieren hieße zu verhindern, daß man in eine tiefere Phase der Meditation gelangt.

Einige wenige Menschen haben unter solchen oder ähnlichen Umständen Visionen. Auch das sind äußerst interessante, wertvolle Erfahrungen, im Grunde genommen aber ebenfalls Ablenkungen vom eigentlichen Ziel, der inneren Ruhe.

Ein Zen-Schüler hatte während seiner Meditationssitzung eine Vision von einem Buddha. Aufgeregt rannte er zu seinem Lehrer, um ihm davon zu berichten. Der aber beruhigte ihn. «Keine Sorge», erwiderte er, «übe nur fleißig weiter, dann wird er schon wieder verschwinden!»

Zusammenfassung

Je einfacher die Technik, desto besser.

Wir haben in diesem Kapitel eine Reihe von Meditationstechniken kennengelernt. Die, mit der Sie am besten umgehen können, ist auch die für Sie geeignetste und wirkungsvollste.

Beginnen Sie mit der einfachen und zugleich sehr effektiven Integrationsmeditation. Üben Sie mindestens vier Wochen lang tagtäglich, auch wenn sich nicht gleich sichtbare Erfolge einstellen. Sollte sich jedoch Frustration breitmachen, üben Sie zusätzlich nach einer der anderen Methoden, zum Beispiel nach der, die Sie am meisten anspricht. Praktizieren Sie sie vier Wochen lang regelmäßig. Geben Sie sich und der Methode eine Chance, miteinander vertraut zu werden. Haben Sie Geduld. Lassen Sie in Ihrer Ausdauer nicht nach, bis Sie mit der Methode umgehen können, ohne darüber nachdenken zu müssen.

Wenn mehr als nur eine der Methoden Ihr Interesse findet, probieren Sie sie alle aus. Ich habe mich jahrelang mit den verschiedensten Methoden beschäftigt und kann je nach Gegebenheit die eine oder andere Technik anwenden.

Wenn ich mich gut und fit fühle, meditiere ich auf dem Boden sitzend. Ich schlage mein Bein unter, schließe die Augen, fühle eine Welle der Entspannung durch meinen Körper strömen und meinen Geist ruhig werden. Geräusche oder Gedanken ziehen wie Wolken am ruhigen Himmel meines Bewußtseins vorüber, ohne mich zu stören.

Wenn ich jedoch einen anstrengenden Tag hinter mir habe, wenn der Rücken von der Gartenarbeit schmerzt, dann meditiere ich im Liegen. Manchmal brauche ich bis zu einer Stunde, um meine Aufmerksamkeit durch den ganzen Körper zu lenken und alle Spannungen so zu lösen, daß ich spüre, wie die Energie in mich zurückfließt. Manchmal ist der Gedankenstrom kaum zu bändigen. Dann greife ich auf ein Mantra zurück, um ihn zu unterbrechen, oder beobachte den Atemvorgang. Hin und wieder bediene ich mich der Visualisation, wenngleich ich sie hauptsächlich zu Heilzwecken verwende.

Wenn sich mir ein bestimmtes Problem stellt, für das ich eine Lösung suche, setze ich mich hin und meditiere darüber. Ich analysiere es so gründlich wie möglich und lasse mich inspirieren. So gibt es für jede Situation, für jedes Bedürfnis geeignete Methoden. Nicht zuletzt deswegen ist die Meditation ein echtes, lohnenswertes inneres Abenteuer.

7 Einsichtsmeditation: Was ist wirklich?

Die Einsichtsmeditation eröffnet dem Meditierenden eine neue Dimension. Wir wollen uns daher die Zeit nehmen, um Zweck, Wert und Techniken dieser Methode genauer zu untersuchen.

Aus der Beschäftigung mit der Heilmeditation wissen wir, daß sie das physische und psychische Gleichgewicht wiederherstellt und das Selbstvertrauen stärkt. Sie führt außerdem zu einem Zustand innerer Ruhe, in dem Schwierigkeiten und Ängste erkannt und losgelassen werden können. Die Selbstheilungskräfte des Körpers werden aktiviert, die Gesundheit langsam, aber sicher wiederhergestellt. Es ist eine neue, eine ganzheitliche Gesundheit, die nicht nur den Körper erfaßt, denn wahre Gesundheit ist das Ergebnis einer Heilung von emotionalen und geistig-spirituellen Störungen.

Wenn es Ihnen also darum geht, Gesundheit zu erlangen und innere Ruhe zu erfahren, dann finden Sie beides durch die Heilmeditation – ja sogar noch mehr: Sie finden das Juwel in der Lotosblüte.

Nach dem klassischen Fünf-Stufen-Weg entspricht die innere Ruhe der Heilmeditation der vierten Stufe, der Erfahrung des Einsseins. Es ist ein wunderbares, transformierendes Gefühl, das Ihre Sicht vom Leben von Grund auf verändert. Es ist eine Erfahrung, bei der man das, was ist, erfühlt. Nun drängt sich fast automatisch die Frage auf, ob man das, was ist, nicht auch mit letzter Sicherheit wissen kann, so sicher, wie wir den Geschmack einer Banane kennen, weil wir sie selbst gegessen und erfahren haben, wie sie schmeckt. Wohlgemerkt, ich spreche vom Wissen aus eigener Erfahrung, nicht aufgrund von Mutmaßungen oder logischen Schlüssen, auch nicht vom Wissen aus zweiter Hand durch Bücher oder Expertengespräche. Aber gibt es das wirklich, wenn es um letzte und allerletzte Fragen geht?

Die folgende Geschichte mag die Frage teilweise beantworten.

In den Tiefen des Dschungels lebte ein Pygmäenstamm, der den Urwald nie verlassen hatte. Eines Tages stießen die Männer des Stammes auf etwas Neues, Fremdes, etwas, das sie noch nie zuvor gesehen hatten. Durch das dichte Blätterdach des Dschungels fiel aber nur wenig Licht, so daß jeder gerade nur jenen Teil sehen konnte, der ihm am nächsten war. Dem ersten, der am einen Ende des komischen Dings stand, erschien es wie etwas Langes, Dickes, Rauhes, vielleicht eine große Schlange. Ein anderer spürte etwas Langes, Dünnes, aber es war hart, und so dachte er an einen Speer. Ein dritter ertastete weiter oberhalb etwas Breites, Dünnes, das sich hin- und herschwenken ließ, während wieder ein anderer weiter unten etwas Dickes, Säulenartiges zu erkennen meinte, das er für einen Baumstamm hielt. Weiter hinten meinte noch ein anderer ein dünnes Seil zu fühlen. Die so ertasteten Teile gehörten alle zu einem Elephanten, und die Männer hatten dessen Rüssel, Stoßzahn, Ohren, Fuß und Schwanz erfühlt. Leider vermochten sie nicht, das ganze Bild zu sehen.

Und wie sieht das ganze Bild – die Wahrheit – aus, die wir ein Leben lang suchen? Jeder von uns hat so seine Ideen, mehr oder weniger vage Vermutungen, seine ganz persönliche Version eben. Wie aber sieht sie *wirklich* aus? Gibt es überhaupt ein ganzes Bild? Und wenn ja, wie können wir es erkennen? Dies zu wissen würde unserem rastlosen Suchen ein Ende bereiten. Viele Menschen tun so, als gäbe es keine Sinnfrage, andere halten ihre Beantwortung für zu schwierig und verdrängen sie daher einfach. Den Geist, der unermüdlich nach Antworten sucht, befriedigt ein solches Vorgehen nicht, und spätestens angesichts einer schweren Krankheit oder einer anderen existentiellen Krise müssen wir uns erneut mit dieser Frage auseinandersetzen.

Menschen, die sich dem entziehen, fühlen sich den Anforderungen dieser Auseinandersetzung meistens nicht gewachsen. Sie blenden alles aus, was damit zu tun hat, und ziehen es statt dessen vor, sich mit den Konsequenzen der Verdrängung herumzuschlagen.

Die traurigsten Worte, die ich diesbezüglich gehört habe, sprach ein alter, im Sterben liegender Mann, der rückblickend fragte: »Warum habe ich eigentlich gelebt? Ich weiß es nicht.«

Verdrängung und Angst treten immer gemeinsam auf. Wo sie sich einnisten, sind Mißtrauen, Disharmonie und Kummer an der Tagesordnung.

Menschen, die die Mühsal der Auseinandersetzung nicht scheuen, finden auch Antworten. Sie strahlen innere Kraft und Ruhe aus. Unter den Krebspatienten sind sie es, die die Krankheit als eine wertvolle Erfahrung akzeptieren. Um ein solches Verständnis, um solche Einsichten zu erlangen, sollten wir keine Mühe scheuen! Es ist ein Jammer, daß die meisten Menschen – wie ja auch ich seinerzeit – erst vor einem Abgrund stehen müssen, bevor sie erkennen, welches die wirklich wichtigen Fragen im Leben sind.

Was aber gewinnt man nun konkret durch diese Einsicht?

Es gibt eine allem Sein zugrundeliegende Wahrheit, die in einem höheren Bewußtseinszustand direkt erfahrbar ist.

Die allem Sein zugrundeliegende Wahrheit wird durch die direkte Erfahrung vermittelt. Wenn es also diesen wahren Urgrund mit daraus ableitbaren Gesetzmäßigkeiten gibt, würde das unseren Handlungen einen natürlichen Bezugsrahmen verleihen und die Frage nach dem Sinn des Lebens beantworten. Wir bräuchten mit unserem Leben nicht unzufrieden oder unglücklich zu sein, sondern wären voller Zuversicht und Verantwortungsbewußtsein.

Die einzige Möglichkeit zu wissen, ob es das tatsächlich gibt, ist, es persönlich zu erfahren.

Es gibt Menschen, die behaupten, eine solche Erfahrung gemacht zu haben. Sie scheinen frei zu sein von Angst, innerlich ausgeglichen und heiteren Gemüts. Sie brauchen gar nicht über ihren inneren Frieden zu sprechen, sie strahlen ihn aus. Ihr Lächeln kommt aus tiefstem Innern.

Um Verwirklichung zu erfahren, muß die Meditation über ein bloßes Stillwerden hinausgehen.

Das ist die nächste Stufe, die neue Dimension, zu der die Einsichtsmeditation führt.

Im Rahmen des klassischen Fünf-Stufen-Wegs entspricht die Einsichtsmeditation der Stufe der Erleuchtung. Sie kann spontan erfahren werden, völlig unerwartet und ohne große Vorankündigung. Ganz natürlich kann sie plötzlich als blitzartige, tiefe Einsicht aus der Stille der Meditation entstehen. Wenn Sie mit der Absicht, innere Ruhe zu erlangen, meditieren, wird sie in dieser Form allerdings eher selten auftreten.

Die innere Ruhe der Heilmeditation führt, wie wir wissen, zu einem inneren Gleichgewicht, zu Ausgewogenheit und Gelassenheit, nicht jedoch zwingend zu einer tiefgreifenden Veränderung der Persönlichkeit. Es ist richtig, daß die Heilmeditation unsere konditionierten Reaktionen auf streßauslösende Faktoren verändert und in uns eine Harmonie entstehen läßt, die sich auf alle Aspekte unseres Lebens auswirkt. Auch befreit sie uns über kurz oder lang von den schädlichen Auswirkungen, die Streß und eine ungesunde, zu Exzessen neigende Lebensweise in uns produzieren.

Es verhält sich in gewissem Sinn wie mit einem Glas voll schmutzigen Wassers. Wenn man immerfort darin herumrührt, bewirkt man nur, daß der Schmutz stets von neuem aufgewirbelt wird. Das Wasser bleibt trüb und schmutzig. Wenn man das Glas jedoch beiseite stellt, setzt sich nach einiger Zeit der Schmutz am Boden des Gefäßes ab, und das restliche Wasser wird klar. Wenn wir die Techniken der Heilmeditation anwenden, setzt sich unser geistig-seelischer Schmutz und wir erfahren bis zu einem gewissen Grad eine wunderbare Klarheit.

Der Schmutz ist aber immer noch da. Sobald wir darin herumstochern, steigt er fein säuberlich verteilt wieder auf und alle Klarheit ist dahin. Wir müssen daher immer wieder zur Ruhe kommen, damit die Klarheit immer wieder ihre Chance bekommt. Je öfter wir innere Ruhe erfahren, um so spürbarer und sichtbarer werden die positiven Auswirkungen sein. Die Heilmeditation kann uns ungeahnte Erfahrungshöhepunkte bescheren. Aber um die Wirkungen aufrechtzuerhalten, müssen wir uns immer wieder von neuem darum bemühen.

Daran ist nun eigentlich nichts auszusetzen. Durch regelmäßiges Meditieren erlangen wir eine größere Klarheit. Was aber ist mit dem Schmutz, der sich abgesetzt hat? Ähnlich wie Wasser, das die Fähigkeit besitzt, sich selbst zu reinigen, bewirkt die Ruhe der tiefen Meditation eine langsame, grundlegende Reinigung. Im Gegensatz zu diesem sich über längere Zeit hinziehenden Prozeß hat ein Moment wahrer, tiefer Einsicht, ein einziger Augenblick der

Erleuchtung, sofort eine transformierende Wirkung. Diese Art, Wahrheit persönlich zu erfahren, vermittelt eine völlig neue Dimension der Klarheit und Bewußtheit. Es ist, als würde vor unseren Augen ein Schleier gelüftet, der uns die ganzen Jahre über die wirkliche Klarheit nur ahnen ließ, zu der wir jetzt direkten Zugang haben. Hierin liegt der Hauptunterschied zwischen Heilmeditation und Einsichtsmeditation.

Heilmeditation führt zu Gelassenheit, Ausgeglichenheit und Harmonie.
Einsichtsmeditation ist der direkte Weg zur Transformation.

Das Wesen der Einsichtsmeditation

Die Einsichtsmeditation bewirkt zweierlei:

1. *Einsichten, die den Alltag betreffen*

Eine Methode der Einsichtsmeditation beschäftigt sich ausschließlich mit der Lösung alltäglicher Problemsituationen, und zwar mittels einer analytischen Vorgehensweise, die uns befähigt, effektiv und sinnvoll zu handeln.

Erfolgreiche Menschen wenden diese Methode oft an, ohne sich dessen bewußt zu sein.

2. *Letztendliche Einsichten*

Sie sind das Ergebnis der unmittelbaren Erfahrung und führen zur Klärung der fundamentalen Fragen des Lebens.

Grundlagen der Einsichtsmeditation

Sie basiert auf dem aktiven Prozeß der Analyse, der seinen Ursprung in dem Wunsch nach Erkenntnis der Wahrheit hat. Wie jede Suche kann sie aufregend, wenn nicht abenteuerlich sein und entbehrt somit nicht der Spannung.

Auch hierin unterscheidet sie sich von der passiven, harmonisierenden Heilmeditation. Dieser Unterschied wurde von Maxwell Cade wissenschaftlich untersucht (siehe Anhang: «Darstellung veränderter Bewußtseinszustände anhand zweier korrelierter Graphen»). Die Diagramme der Gehirnströme und die Messungen des basalen Hautwiderstandes von Zen-Meditierenden wiesen alle Anzeichen eines entspannten Körpers und eines wachen, aktiven Geistes auf. Die tiefe Heilmeditation zeichnet sich aber – ähnlich wie der Tiefschlaf – durch einen entspannten Körper *und* einen entspannten Geist aus. Bei der Heilmeditation sind Geist und Körper entspannt, bei der Einsichtsmeditation ist der Körper entspannt, der Geist jedoch höchst aktiv.

Welche Form der Meditation man auch wählen mag, es schadet keinesfalls, sich durch die einfache, entspannende Heilmeditation darauf einzustimmen. Sie sorgt für innere Ausgeglichenheit und legt somit ein sicheres Fundament, von dem aus man gefahrlos in andere Bereiche vorstoßen kann.

Sollten Sie dennoch gleich mit der Einsichtsmeditation beginnen und dabei finden, was Sie suchen, werden Sie zwangsläufig eine vollständige Transformation erfahren, die sich auch auf Ihre Gesundheit positiv auswirkt. Nur eines dürfen Sie dabei nie vergessen: Die Erfahrung, die dieser Weg vermittelt, ist grundsätzlich anders. Und es kann ziemlich lange dauern, bis Sie den Gipfel erreichen! Auch wenn Sie während dieser Zeit den einen oder anderen Fortschritt bemerken, werden die positiven Auswirkungen auf Ihre Gesundheit doch eine Weile auf sich warten lassen. Ich kenne Menschen, die diesen Weg schon seit vielen Jahren gehen, ohne ihr inneres Gleichgewicht gefunden zu haben. Es scheint, als sei gerade das Ungleichgewicht von großer Bedeutung für sie und ihre Umgebung.

Meine Empfehlung lautet daher immer wieder: Beginnen Sie mit der Heilmeditation, achten Sie auf Ihre Ernährung, auf ausreichend Bewegung und auf alle anderen Aspekte einer gesunden Lebensweise. Wenn dann mit der Zeit der Wunsch entsteht, zur Einsichtsmeditation überzugehen, behalten Sie unabhängig davon die Praxis der Heilmeditation bei. Üben Sie sich regelmäßig in beiden Techniken, die sich in vollkommener Weise ergänzen. Achten Sie auf Ihre Bedürfnisse. Im Laufe der Zeit werden Sie immer besser spüren, was gut und richtig für Sie ist.

Die Technik der Einsichtsmeditation

Man untrscheidet zwei Vorgehensweisen, auch wenn sie sich in mancher Hinsicht überschneiden.

A. *Die analytische Meditation*

Sie untersucht «das, was ist», in einem Prozeß logisch-konsequenten Fragens und Analysierens, der sowohl für alltägliche Belange als auch in der Auseinandersetzung mit letzten Fragen zu Antworten führt.

B. *Die beobachtende Meditation*

Auf diesem Weg soll der Meditierende eine vollkommen genaue, vollständige Wahrnehmung entwickeln. Er schult sich in der Beobachtung dessen, was ist, um sich in jedem Augenblick bewußt zu sein, was wirklich geschieht.

Viel zu selten machen wir uns klar, wie gefärbt unsere Art, Dinge wahrzunehmen, tatsächlich ist. Erfahrungen aus der Vergangenheit, mehr oder weniger vollständige, verzerrte Erinnerungen, Assoziationen sowie eine Vielzahl anderer Konditionierungen bestimmen unsere Eindrücke.

Ziel der meditativen Achtsamkeit ist es, uns von der Vergangenheit, aber auch von der Zukunft zu befreien, um *jetzt, hier zu sein*; die unvoreingenommene, uneingeschränkte Erfahrung des Augenblicks zu machen und angemessen darauf zu reagieren; unserem Tun hundertprozentige Aufmerksamkeit zu schenken, in dem Vertrauen, daß wir mehr nicht tun können, und in der Gewißheit, daß weniger zu tun nachlässig wäre.

Wie oft haben wir uns schon gesagt oder gedacht, daß alles ganz anders aussähe, wenn dies oder jenes nicht geschehen wäre. Gewiß ginge es uns dann besser, man wäre gar ein anderer Mensch. Oder wir verschieben unser Glücklichsein auf später. Erst muß noch dieses und jenes ausgestanden werden, und wenn ich diese bittere Pille auch noch schlucke oder mich noch einmal besonders anstrenge, dann wird meine Zukunft vielleicht etwas rosiger aussehen. Wenn ich jetzt dieses Leid erdulde und jenes Opfer bringe, dann wird, mit etwas Glück, alles bald ganz anders aussehen. Viele Menschen denken so und haben sich damit eine persönliche Anleitung zum Unglücklichsein maßgeschneidert!

Im Gegensatz dazu ist das bewußte Erleben des Augenblicks, in dem man Sinn und Erfüllung findet, ein erprobtes Rezept für Seelenfrieden. Wenn Sie sich darüber hinaus klarmachen, daß alles Sein, das ganze Universum, ja Sie selbst den augenblicklich höchsten Stand der Evolution erreicht haben, fühlen Sie sich da nicht wenigstens ein bißchen privilegiert? Wenn wir jeden Augenblick in diesem speziellen Bewußtsein erleben, und zwar nicht nur die guten, sondern auch die schlechten Augenblicke, werden wir eine neue Achtsamkeit entwickeln und tiefen inneren Frieden erfahren. Die einzige Erfahrung, die zählt, ist die, die wir jetzt machen. Was uns an Gutem oder Schlechtem in der Vergangenheit auch widerfahren sein mag, heute ist es nur noch das Produkt einer ungenauen Erinnerung. Der Augenblick, den wir jetzt erleben, ist das einzig Wirkliche. Und was die Zukunft betrifft, so ist das einzig Gewisse daran, daß wir *jetzt* die Basis dafür schaffen. Sicher wäre es ganz nett, wenn irgend jemand uns ein gesundes, langes und zufriedenes Leben garantieren könnte, aber auch unsere Wünsche und Hoffnungen für die Zukunft haben nichts von der Wirklichkeit des Augenblicks, den wir *jetzt* erleben, vor allem wenn wir ihm unsere ungeteilte, unvoreingenommene Aufmerksamkeit schenken.

So weit die kurze Einführung zu den beiden Vorgehensweisen der Einsichtsmeditation, dem analytischen Weg und dem beobachtenden Weg. Ihre Praxis wird im folgenden erläutert.

Analytische Techniken der Einsichtsmeditation

Kontemplation

Im klassischen Fünf-Stufen-Modell – Konzentration, Meditation, Kontemplation, Einssein, Erleuchtung – entspricht die Kontemplation der dritten Stufe.

a) Einfache Kontemplation

Dabei wird die Konzentration auf ein bestimmtes Thema oder Objekt gerichtet, über das nachzudenken man sich vorgenommen hat. Die Gedanken sollen nicht davon abschweifen. So weit ist uns der Vorgang ja schon bekannt.

Beginnen Sie die Sitzung mit einer Phase der Entspannung, zum Beispiel mit Hilfe der bewährten Entspannungsreaktion. Dann folgt, mit einem hohen Maß an Konzentration, die Analyse des gestellten Themas. Wenn Ihre Gedanken sich selbständig machen wollen, holen Sie sie zurück, sobald Sie es bemerken. Versenken Sie sich in das Thema, stellen Sie sich diesbezüglich alle möglichen Fragen. Haben Sie Erfahrungen gemacht, die sich damit in Zusammenhang bringen lassen? Betrachten Sie es von allen Seiten, setzen Sie Ihre rational-analytischen Fähigkeiten ein, führen Sie eine innere Debatte, und lassen Sie nicht locker. Wenn Zweifel und Zynismus sich zu Wort melden, untersuchen Sie diese mit derselben Offenheit und Gründlichkeit. Auch sie sind relevant, und die Gründe dafür zu verstehen bedeutet, sich selbst besser zu verstehen. Wie fühle ich mich und warum? Verhält es sich tatsächlich so oder anders?

Lassen Sie das Thema nicht los – so wie ein Hund, der seinen Lieblingsknochen nicht hergibt. Wenn sich dann ein Augenblick intuitiver Einsicht einstellt, lassen Sie ihn auf sich wirken. Es ist, als habe man ein Fenster aufgestoßen, vor dem sich ein neues, weites Verständnis auftut.

Wenn dieser Augenblick der Einsicht verblaßt ist, können Sie die Sitzung entweder beenden oder die Analyse erneut aufnehmen. Nicht selten bewirkt das wiederholte Aufnehmen der inneren Debatte weitere Einsichten bis hin zu tiefgreifenden Erkenntnissen.

Diese Art meditativer Analyse wird schon seit alters her in den verschiedensten Kulturen praktiziert. So auch im Christentum, wo die angehenden Priester in der Meditation eine zentrale Wertvorstellung wie zum Beispiel allumfassende Liebe oder Wahrheit betrachteten. Wenn Sie über die Liebe meditieren und anderen Gedanken keinen Raum geben, trägt die Meditation Früchte. Wandern die Gedanken umher, holen Sie sie geduldig und ohne ärgerlich zu werden zum Thema zurück und beginnen von neuem. Diese Vorgehensweise kann bereits auf der Stufe der Kontemplation zu gewissen Einsichten führen, im weiteren Verlauf, wenn die Kontemplation vertieft wird, auch zu einem Gefühl des Einswerdens mit dem betrachteten Gegenstand oder Begriff – in unserem Fall *Liebe* – und schließlich zu einer Einsicht mit Offenbarungscharakter über die eigentliche, wahre Natur der Liebe.

b) Strukturierte Assoziation

Östliche Meditationsschulen haben die strukturierte Art der Einsichtsmeditation in besonderer Weise entwickelt und vervollkommnet. Als Beispiel hierfür mag die «Meditation über den Tausendblättrigen Lotos» dienen. Sie wird angewendet, um über ein zentrales Thema zu meditieren, zum Beispiel über das Wesen der Liebe. Man setzt sich hin, entspannt sich, richtet die Aufmerksamkeit auf das Thema »Liebe« und wartet darauf, welche Assoziationen dazu auftauchen.

Man beschäftigt sich nicht länger als höchstens drei oder vier Sekunden mit jeder Assoziation, gerade lang genug, um festzustellen, ob sie einen Bezug zum Thema hat. Nehmen wir einmal an, wir wählen den Begriff *Liebe* als Zentrum des Lotos. Der erste Gedanke, der auftaucht, ist vielleicht «Mutter». Ja, da läßt sich ein Zusammenhang herstellen. Erneutes Konzentrieren auf den Schlüsselbegriff. Der nächste Gedanke, der auftaucht, ist «Frau». Bezug vorhanden. Zurück zum Schlüsselbegriff. Nächster Gedanke: «Kinder». Und so weiter. Irgendwann taucht vielleicht der Gedanke «Feinde» auf. Sie sehen keinen Zusammenhang zwischen Assoziation und Schlüsselbegriff, also: Nein. Zurück zum Schlüsselbegriff. Im Verlauf der Übung kann es sein, daß sich Ihr Verständnis erweitert und Sie aufgrund anderer Assoziationen die Einsicht gewinnen, daß Liebe und Feinde doch etwas miteinander zu tun haben könnten. So führt Sie diese scheinbar einfache Übung zu ungemein scharfsinnigen Überlegungen und sehr subtilen Einsichten.

Derselbe Prozeß kann selbstverständlich auch im Hinblick auf Alltagsprobleme angewendet werden – ob Sie nun Ihre Eßgewohnheiten ändern möchten oder sich fragen, wie Sie sich Ihrem Chef gegenüber verhalten sollen.

c) Selbst-Analyse

Eine weitere, sehr wirkungsvolle Art der Anwendung dieses kontemplativ-analytischen Prozesses ist im Zusammenhang mit der Sinnfrage oder der Identitätssuche gegeben. Die Frage «Wer bin ich?» als Thema einer strukturierten Meditation kann ebenfalls zu wertvollen Einsichten führen.

Nehmen wir an, Sie möchten darüber meditieren. Sie setzen sich hin, entspannen sich und stellen die Frage: «Wer bin ich?» Spontan kommt Ihnen der Gedanke: «Ich bin mein Körper.» Daraufhin fragen Sie: «Wer ist dieses ‹Ich›, das sich mit diesem Körper identifiziert? Wenn ich ein Bein verlieren würde, hätte ich zwar ein Stück meines Körpers verloren, würde mich aber trotzdem noch als ‹Ich› fühlen. Also – wer bin ich?» Diesmal könnten Sie antworten: «Ich bin meine Gefühle.» – «Falsch», überlegen Sie weiter. «Gefühle sind unbeständig. Sie kommen und gehen. Wer also ist es, der die Gefühle hat? Wer bin ich?» Nachdem Sie weiter darüber nachgedacht haben, antworten Sie sich selbst: «Ich bin meine Gedanken, meine Erinnerungen, meine Ansichten.» Die Antwort wird geprüft. «Nein», lautet Ihr Kommentar, «auch das stimmt nicht. Gedanken sind ebenfalls unbeständig. Sie kommen und gehen. Wer ist es, der die Gedanken hat? Wer bin ich?»

Auf diese Weise führen Sie das Frage- und Antwortspiel weiter. Eine Auffassung nach der anderen wird geprüft, und wenn sie sich als nicht stichhaltig erweist, verworfen. Sie stoßen unweigerlich zu immer tieferen Schichten des Bewußtseins vor. Auch diese Technik erfordert viel Übung. Sie erzielen die besten Ergebnisse, wenn Sie sie täglich anwenden.

Das Rätsel des Koan

Eine für den Zen-Buddhismus typische Art, den Geist in einen Zustand der Ruhe zu versetzen, ist es, ihn derart zu überfordern, daß er einfach aufgibt. In dem entstehenden Vakuum können jene Aspekte des Geistes zum Zuge kommen, die tiefe Einsichten ermöglichen. Ein Koan ist ein Rätsel in Form einer Frage. Der Lösung kommt allergrößte Bedeutung zu, aber eine definitive Antwort gibt es nicht. Das im Westen wohl bekannteste Koan lautet: «Wie klingt das Klatschen einer Hand?»

Die Reflexion über ein Koan führt oft zu Erkenntnissen über Natur und Funktionsweise des Geistes, wie das folgende Beispiel zeigt. Ein Mann zieht ein Entenküken in einer Glasflasche auf. Er füttert es, es wächst heran, und schließlich wird dem Tier die Flasche zu eng. Natürlich möchte der Mann das Entlein befreien, die Flasche will er deswegen aber nicht zerbrechen. Was kann er tun?

Eine Antwort lautet: Es ist bereits getan.

Ich habe bisher nur einmal eine spontane Antwort auf dieses Rätsel zu hören bekommen, und zwar von einer Sechsjährigen, die ihrem Großvater bei der Lösung helfen sollte. «Ach, Opa», meinte die Kleine fast vorwurfsvoll, «wenn du dir eine Ente in die Flasche *hinein*denken kannst, dann kannst du sie dir doch auch bestimmt wieder *heraus*denken!»

Es ist alles ein Spiel des Geistes. Es ist bereits getan.

Achtsamkeit

In fast allen Traditionen spielt die Übung der Achtsamkeit eine große Rolle. In der Zen-Meditation wird jedoch besonderer Wert darauf gelegt. Ich kann mich des Eindrucks nicht erwehren, daß der Zen-Buddhismus bei vielen Menschen in dem Ruf steht, verstiegen und weltfremd zu sein. Tatsächlich ist dies aber ein Vorurteil, denn in Wahrheit ist er sogar ausgesprochen praktisch orientiert. Er betont die Erfahrung des Augenblicks und lehrt, wie man ihn bewußt, mit ungeteilter Aufmerksamkeit erlebt und optimal nutzt.

In Japan verbrachten junge Zen-Mönche traditionellerweise ein bis zwei Jahre in völliger klösterlicher Abgeschiedenheit. In dieser Zeit lernten sie, sich zu sammeln und zu meditieren. Zu ihrem Alltag gehörte auch das Verrichten schwerer körperlicher Arbeit mit dem Ziel, den Wert jeder Tätigkeit, auch der niedrigsten, zu erkennen.

Nach dieser Zeit der Abgeschiedenheit wurden sie dazu ermuntert, wieder zu ihren Angehörigen zurückzukehren, selbst Familien zu gründen und ihre Begabungen und Fähigkeiten praktisch und zum Wohl der Allgemeinheit zu nutzen, wenn sie nicht den ausdrücklichen Wunsch hatten, ihr Leben als Mönch zu verbringen. Sie konnten hart arbeiten, verfügten über die Fähigkeit zur Konzentration, über Ausdauer und nicht zuletzt über eine optimistische, von Bescheidenheit geprägte Grundhaltung. Viele von ihnen übernahmen verantwortungsvolle Posten im öffentlichen Leben.

Einfachheit ist das charakteristische Merkmal des Zen und seiner Methoden. Lernen, sich zu sammeln. Sich dessen, was ist und schon immer war, bewußt zu werden. Sich von unerwünschten inneren Ablenkungen freizumachen. Lernen, sich auf ein bestimmtes Objekt zu konzentrieren. Achtsam sein. Im Zen wird diese Achtsamkeit durch die Beobachtung des Atemvorgangs gelehrt, praktiziert und erfahren.

Zazen

Die Übung des Zazen ist das Herz des Zen. Sie wird von den drei Faktoren Meditationshaltung, Atmung und innere Einstellung getragen.

Meditationshaltung

Idealerweise sollte man den vollen Lotossitz einnehmen. Wer noch daran arbeitet, braucht deswegen nicht zu verzagen. Der halbe Lotos oder der Schneidersitz tun es anfangs auch, obwohl ernsthafte Zazen-Schüler angewiesen werden, die volle Lotosposition so bald als möglich zu erlernen.

(Anmerkung: So zu sitzen führt am Anfang meistens zu innerer Unruhe und großem körperlichen Unbehagen, aber das gehört dazu. Es sollte also niemand mit dem Eintreten der Entspannungsreaktion oder anderer positiver Auswirkungen der einfacheren Heilmeditation rechnen, wenigstens nicht auf Anhieb.)

Atmung

Geatmet wird mit dem Zwerchfell. Beim Einatmen wölbt sich die Bauchdecke nach oben, beim Ausatmen sinkt sie wieder ein. Das ist die Bauch- oder Zwerchfellatmung. Beginnen Sie mit einem kurzen Einatmen, gefolgt von einem langgezogenen Ausatmen. Das mag Ihnen zunächst unnatürlich erscheinen, aber schon nach einiger Zeit werden Sie feststellen, daß sich ein angenehmer Rhythmus einstellt und das Ausatmen sogar noch kräftiger wird.

Jedes Ausatmen wird gezählt, 1 beim ersten Ausatmen, 2 beim zweiten und so weiter bis zu 10. Danach beginnt man von vorn.

Wenn es Ihnen am Anfang leichter fällt, nur bis 4 zu zählen, tun Sie es. Sinn der Übung ist, weder die Konzentration auf den Atem noch auf das Zählen zu verlieren.

Innere Einstellung

Sie sollte sich durch eine tiefe, wachsame Konzentration auszeichnen. Stellen Sie sich einen Gefangenen vor, der einen mit einer Flüssigkeit randvoll gefüllten Krug auf dem Kopf durch eine belebte Straße balancieren muß. Ihm folgt eine Wache, die den Befehl hat, den Gefangenen sofort zu töten, sollte er auch nur einen Tropfen der Flüssigkeit verschütten. Für den Gefangenen steht alles auf dem Spiel. Unter Aufbietung aller Kräfte und Energiereserven konzentriert er sich auf einen möglichst gleichmäßigen, ruhigen Schritt. Aber er muß auch darauf achten, entspannt zu bleiben, mit der Bewegung mitzugehen. Er darf sich nicht von der Menge ablenken lassen. Von seiner Konzentration hängt alles ab. Diese lebensnotwendige Konzentration ist die richtige Einstellung im Zazen.

Vergegenwärtigen Sie sich Ihren Atem, versenken Sie sich in seinen Rhythmus. Achten Sie auf nichts anderes, lassen Sie sich durch nichts verunsichern oder ablenken. Wenn es denn doch passieren sollte, machen Sie sich keine Vorwürfe. Konzentrieren Sie sich erneut auf den Atem und das Zählen, immer und immer wieder. Die Übung schult sehr wirkungsvoll die Fähigkeit zur Sammlung, zur punktförmigen Konzentration und Achtsamkeit.

Wenn Sie Geschirr spülen, sind Sie dann mit all Ihrer Aufmerksamkeit beim Abwasch? Oder denken Sie an alles mögliche andere, zum Beispiel an Dinge, die schon lange passiert sind, oder an Ihre Pläne für den nächsten Tag? Strenggenommen fallen Sie also aus dem zeitlichen Gefüge, denn Sie sind in der wirklichen Zeit, im Jetzt, in diesem Augenblick, wo Sie spülen, gar nicht anwesend. Sie existieren in einer anderen Zeit.

Wenn Sie Geschirr spülen, tun Sie es, als gäbe es nichts Wichtigeres im Leben. Das ist Achtsamkeit. Höchstes, konzentriertes Bewußtsein.

Als ein Zen-Meister einmal nach dem Wesen des Zen gefragt wurde, antwortete er: «Wenn ich esse, dann esse ich. Wenn ich schlafe, schlafe ich.» Setzen Sie sich zum Essen nicht vor den Fernsehapparat, der Sie von der Mahlzeit nur ablenkt, was dazu führt, daß Sie die Bilder und Eindrücke bewußter aufnehmen als die Nahrung. Wenn Sie essen, dann essen Sie, bewußt und konzentriert.

Auf dem Weg durch einen Wald bemerkte ein Mönch, daß er von einem Tiger verfolgt wurde. Er begann zu rennen, so schnell er konnte, der Tiger dicht hinter ihm. Plötzlich tat sich ein felsiger Abgrund vor ihm auf. Ohne zu zögern, sprang der Mönch, in die Tiefe. Sein Sturz wurde von einem verkrüppelten Bäumchen abgefangen, das auf einem schmalen Felsvorsprung Wurzeln geschlagen hatte. Während der Mönch, an dem Bäumchen zwischen Himmel und Erde hängend, seine Lage überdachte, bemerkte er im Wald unter sich das lauernde Tigerweibchen. Da fiel sein Blick auf eine wilde Erdbeere, die aus einer Felsspalte wuchs. Sie schmeckte köstlich!

Das ist Gelassenheit. Dem Augenblick leben. Die Möglichkeit, die er bietet, ergreifen. Nicht vor Furcht wie gelähmt sein. Die Schönheit des Augenblicks erkennen: den Geschmack der süßen, reifen Erdbeere.

Nun, könnten Sie einwenden, wann soll man sich denn mit der Vergangenheit beschäftigen oder sich um die Zukunft kümmern? Alles zu seiner Zeit. Wenn es an der Zeit ist zu planen, tun Sie es. Setzen Sie sich hin, und planen Sie Ihre Termine und Konferenzen, aber seien Sie hundertprozentig bei der Sache. Wenn Sie damit fertig sind, lassen Sie sie los. Es ist unnötig, sich noch länger damit zu beschäftigen. Sobald Sie dann in der Konferenz sitzen, nehmen Sie hundertprozentig daran teil. Denken Sie nun nicht an andere Pläne und Termine, sondern ausschließlich an die Konferenz. Richten Sie Ihre ganze Aufmerksamkeit darauf.

Auf diese Weise ist jeder Augenblick bedeutungsvoll. Ein geheiligter Augenblick. Pläne schmieden, Geschirr spülen, essen, jeder Augenblick unseres Lebens sollte kostbar und sinnvoll sein. Wir sollten ihm unsere volle Aufmerksamkeit schenken, als wäre es unser letzter. Unter diesem Blickwinkel erhalten selbst leidvolle Augenblicke eine neue Bedeutung.

Mehr können wir nicht tun. Weniger wäre nicht genug.

Teil II:

Der aktive Geist

8 Den Tiger zähmen

Der entspannte, ruhige Geist stellt das innere Gleichgewicht wieder her, fördert die Gesundheit und eröffnet der Wahrnehmung und der Erkenntnis neue Dimensionen. Welche Rolle spielt da der aktive, rationale, dynamisch-kreative Geist überhaupt noch? Steht er unserem Glück – der Verwirklichung unseres Potentials – vielleicht sogar im Wege? Ganz offensichtlich nicht. Ohne ihn könnten wir in unserer Welt kaum zurechtkommen. Es sind ja genau diese Eigenschaften, die es uns ermöglichen, zu lernen und der Frage nach dem Sinn des Lebens oder unserer Identität nachzugehen.

So birgt der aktive Geist ein ungeheures Potential an schöpferischen Kräften, die, falsch eingesetzt, auch zerstörerisch wirken können. Er ist der Kommentator, der all unser Tun, unsere Innenwelt und die Außenwelt, ständig interpretiert, entsprechend seiner Interpretation manipuliert und uns auf diese Weise lenkt.

Die Bedeutung des Positiven Denkens

Wir müssen uns also ausführlich mit der Funktionsweise des aktiven Geistes beschäftigen und seine Fähigkeiten, aber auch seine Grenzen verstehen lernen. Deshalb werden wir untersuchen, wie das Unterbewußtsein unser Denken und Handeln aufgrund von konditionierten Verhaltensmustern, Gewohnheiten, Erinnerungen und persönlichen Überzeugungen beeinflußt. Wir werden auch sehen, daß man sich schlechte Gewohnheiten wieder abgewöhnen kann, wenn man erkannt hat, welches Potential einem zur Verfügung steht, und daß man es sich in schöpferischer Weise zunutze machen kann. Die Herausforderung liegt darin, einen Weg zu finden, der alle schöpferischen Aspekte der Meditation optimal nutzt. Die Chancen stehen nicht schlecht, denn eine wichtige Grundvoraussetzung erfüllen wir bereits:

Wir denken alle positiv!

Wie und warum das so ist, soll anhand eines Beispiels erläutert werden. Nehmen wir eine ganz normale Alltagssituation, einen geschäftlichen Termin etwa. Zuerst existiert er nur in unseren Gedanken, wenngleich konkretisiert durch bestimmte Angaben wie Ort und Zeitpunkt des Treffens sowie den Namen des Geschäftspartners. In unserem Kopf existiert somit die allgemeine Zielvorstellung mit dem dazugehörigen, mehr oder weniger klaren Bild. Kennen wir den Ort der Verabredung und schauen wir uns den Weg auf der Karte an, wird das Bild deutlicher. Und schließlich verbindet sich mit der bevorstehenden Begegnung auch noch ein Gefühl, ein gutes oder schlechtes, sowie der Wunsch, rechtzeitig da zu sein.

Nachdem das Ziel also abgesteckt ist, hilft der Geist uns dabei, die richtigen Entscheidungen zu treffen, um es zu erreichen. Nehmen wir an, wir wollen mit dem Wagen hinfahren. Wir gehen in die Garage. Aber der Wagen springt nicht an! Geben wir unser Vorhaben deswegen auf? Mitnichten. Ziemlich sicher werden wir alle Hebel in Bewegung setzen, um das Problem zu lösen und den Wagen zu starten, sei es, daß wir uns anschieben lassen oder jemanden bitten, uns sonst irgendwie zu helfen.

Endlich sind wir unterwegs. Entschlossen biegen wir hier ab, dann dort, je nachdem, welche Entscheidung unser Navigator – der Geist – trifft, um uns ans gewünschte Ziel zu bringen. Wenn nun auf halbem Wege die Brücke, über die wir fahren müßten, wegen eines Unfalls gesperrt ist, geben wir unser Vorhaben dann auf? Wohl kaum. Wir werden eben eine andere Route wählen, um ans Ziel zu gelangen. Schließlich sind wir schon mit ganz anderen Schwierigkeiten fertig geworden. Wir strengen uns ganz selbstverständlich an, ohne das Ziel in Frage zu stellen. Warum sollten wir auch so schnell aufgeben? Wegen der paar Probleme ...

Genau das ist positives Denken. Wir wenden es andauernd und ganz selbstverständlich an. Es ist unser stärkster Verbündeter, mit dessen Hilfe wir unsere Ziele erreichen.

Trotzdem hat es den Anschein, als würden einige Menschen positiver denken als andere! Einen Geschäftstermin einhalten und wieder nach Hause fahren – was ist das schon? Kinderkram, nichts weiter. Ganz anders sieht die Sache aus, wenn es um Erziehungsfragen oder um existentielle Entscheidungen geht oder wenn wir uns plötzlich mitten in einer Krise befinden. In solchen Fällen scheinen einige Menschen nicht viel von ihrem stärksten Verbündeten zu halten.

Ich bin sicher, daß in den kritischen Jahren meiner Krankheit, in denen Hoffnung und Enttäuschung sich abwechselten und viele Hindernisse zu überwinden waren, die Übung des positiven Denkens nicht nur mein Verbündeter war, sondern mein Lebensretter. Hätte ich die Fähigkeit, positiv zu denken, verloren, die Entschlossenheit, weiterzumachen und wieder gesund zu werden, eingebüßt, ganz sicher hätte ich nicht mehr allzulange gelebt.

Aber ich hatte Glück. Zum einen, weil ich selbst ein positiv denkender Mensch bin, zum anderen, weil ich eine ebensolche Lebensgefährtin habe, die meine positiven Tendenzen stets verstärkte. Trotzdem gab es Phasen, in denen wir uns mächtig anstrengen mußten, um diese Einstellung aufrechtzuerhalten und weiterzuentwickeln. Es ist dabei wie mit jedem Talent. Selbst wenn man es hat, muß man es doch unentwegt trainieren, sonst verkümmert es. Und schließlich sind die Menschen nun mal unterschiedlich begabt. Aber das macht nichts, denn

Positives Denken ist lernbar!

Wenn wir die Grundprinzipien des positiven Denkens kennen und mit unserem Wissen über die Funktionsweise des Geistes kombinieren, können wir wunderbar kreative Resultate erzielen.

Fangen wir also an, und zwar mit den *Grundprinzipien* Positiven Denkens:

1. *Ein klares Ziel*

Wenn Sie weder Ort noch Zeitpunkt der Verabredung wüßten, wie wollten Sie dann jemals dort ankommen? Sie müssen ein absolut klares Ziel vor Augen haben, eine klare Vorstellung davon, wo Sie ankommen möchten.

2. *Die Bereitschaft, alles zu tun, was nötig ist, um das Ziel zu erreichen*

Ohne diese Bereitschaft geht es nicht. Sie ist der Schlüssel zum Erfolg, egal was Sie zu erreichen gedenken. Wenn Sie ein klares Ziel vor Augen haben, gepaart mit der Bereitschaft, es konsequent, auch über Durststrecken und Hindernisse hinweg zu verfolgen, verleiht Ihnen das ungeahnte Kräfte. Der Erfolg ist Ihnen dann so gut wie sicher.

3. Die Entschlossenheit, Spaß zu haben

Es ist ein Trick, eine List, aber Sie funktioniert! Oft höre ich Menschen über ihre Arbeit schimpfen. «Ich hasse es, dorthin zu gehen.» Als ob sie keine andere Wahl hätten. In solchen Situationen spiele ich gern den Advocatus Diaboli. «Aber wieso denn?» frage ich erstaunt. «Du *mußt* doch gar nicht dorthin gehen!»

«Natürlich muß ich. Wie soll ich denn sonst meine Rechnungen bezahlen?»

»Du *mußt* deine Rechnungen doch gar nicht bezahlen. Es gibt einen Haufen Leute, die ihre Rechnungen nicht bezahlen.»

«Ja, gewiß. Aber *mir* liegt so was nicht», lautet dann meistens die genervte Antwort.

«Da haben wir's ja», entgegne ich. «Mein Fall wäre es auch nicht! Also tust *du*, was *du* tun mußt – arbeiten, um Rechnungen zu bezahlen. Du bekommst ja etwas für deine Arbeit und dein Geld – *also könntest du dich genausogut darüber freuen.*»

Die Frage nach der Alternative ist von entscheidener Bedeutung. Es ist befreiend zu wissen, daß wir in allem, was uns betrifft, die Wahl haben. Soweit ich es beurteilen kann, gibt es nur eines, was wir tatsächlich müssen. Und das ist sterben. Alles andere ist de facto eine Sache *unserer* Entscheidung.

«Aber die Kinder – ich muß mich doch um die Kinder kümmern.»

«Wer sagt das? Es gibt Eltern, die ihre Kinder im Stich lassen, sie in Heime oder andere soziale Einrichtungen stecken. Einen Knacks werden sie dort sicher kriegen, aber schaffen könnten sie's.»

«Nein, das will ich nicht», wird mein Argument dann entrüstet zurückgewiesen.

So banal es klingen mag, aber diese simplen Überlegungen zeigen einigen Menschen, daß sie nicht müßten, wenn sie nicht wollten, und befreit sie von einem Teil der Last.

«Gut, gut. Aber *essen* muß man», heißt es dann.

«Wieso?» frage ich erstaunt. «Wenn ich aufhören will zu essen, höre ich auf. Früher oder später, wahrscheinlich früher, werde ich dann die einzige Erfahrung machen, die wir alle machen *müssen*, aber es bleibt mir überlassen, ob ich esse oder nicht.»

Zu wissen, daß man die Wahl hat, ist befreiend. Zu genießen, wofür man sich entschieden hat, macht glücklich.

Während eines Krebs-Selbsthilfe-Seminars bemerkte kürzlich einer der Teilnehmer: «Krank bin ich schon, da werde ich doch nicht auch noch unglücklich sein, oder?» Welch bemerkenswerte Einstellung! Trotz der schwierigen Umstände entschied er sich dafür, glücklich zu sein. Um das besser verstehen zu können, müssen wir begreifen, wie unser Geist funktioniert.

1. *Der Geist ist ein zielorientiertes, Entscheidungen fällendes Werkzeug.*

Wenn wir zu der Auffassung kommen, daß es angebracht und vernünftig ist, ein bestimmtes Ziel zu verfolgen, wird der Geist zielgerichtete Entscheidungen herbeiführen, die gewährleisten, daß wir es erreichen, ob wir nun zu einer bestimmten Zeit an einem bestimmten Ort sein möchten oder die Heilmeditation mit dem Ziel einer besseren Gesundheit anwenden.

2. *Der Geist funktioniert wie ein Autopilot.*

Wenn wir einen Pfeil auf ein Ziel abschießen wollen, straffen wir zuerst den Bogen, dann zielen wir möglichst genau, und danach lassen wir den Pfeil abschwirren. Aber, so gut wir auch gezielt haben mögen, sollte ein Windstoß kommen, wird der Pfeil während des Flugs von seinem Ziel abgelenkt und landet irgendwo, nur nicht da, wo wir ihn haben wollten. Ein Pfeil verfügt eben nicht über einen selbstregulierenden Mechanismus wie der Geist.

Der Geist hat viele Eigenschaften, unter anderem die, daß er sich wie ein Autopilot auf ein bestimmtes Ziel programmieren läßt. Dann macht er sich daran, sein Vorhaben unbeirrt zu verfolgen, zum Beispiel indem er Entscheidungen herbeiführt, um uns so genau und sicher wie möglich ans Ziel zu bringen. Sämtliche Erfahrungen und Eindrücke, die wir auf dem Weg dorthin machen, werden fein säuberlich registriert und dazu verwendet, den Kurs zu überprüfen und notfalls zu modifzieren. Wenn wir die richtige Ausfahrt verpassen, weil wir in Gedanken versunken waren, meldet unser «Autopilot» prompt: «Ausfahrt verpaßt. Nächste Möglichkeit der Kurskorrektur dort vorne rechts, dann links . . .», und so weiter, um uns wieder auf Zielkurs zu bringen.

Derselbe Mechanismus tritt in Kraft, wenn es gilt, Hindernisse zu überwinden oder einen neuen Kurs zu bestimmen. Der aktive Geist ist ungemein erfinderisch, und kreative Problemlösungen sind gewissermaßen seine Spezialität. Gleichzeitig ist er in der Lage, Ablenkungen gezielt abzuwehren. Sollte es uns unterwegs plötzlich in den Sinn kommen spazierenzugehen, weil das Wetter so schön ist, lehnt der Geist diesen Gedanken sogleich ab und bekräftigt die ursprüngliche Absicht. Hat er sich erst einmal auf ein Ziel eingestellt, läßt er nicht mehr davon ab. Solange er von dessen Wert überzeugt ist, läßt er nichts unversucht, um es zu verwirklichen. Das trifft auch auf das letzte große Ziel zu, dessen Verwirklichung wir alle anstreben und das uns so sehr beschäftigt:

3. *Das eigentliche Ziel des Geistes ist es, inneren Frieden zu erfahren.*

Es gibt nichts, was dem Geist wichtiger wäre. Deswegen ist die Frage, wie man diesen inneren Frieden erlangen kann, von so grundlegender Bedeutung:

4. *Innerer Friede entsteht, wenn unser Handeln mit unseren innersten Überzeugungen übereinstimmt.*

Wenn das Geschehen in der Welt, die Erfahrungen, die wir machen, und unser Handeln mit unseren innersten Überzeugungen übereinstimmen, fühlen wir uns gut, stark und zufrieden. Wir sind im Gleichgewicht, in Harmonie mit uns selbst und der Welt. Oder anders ausgedrückt: Wir erfahren inneren Frieden.

Da wir der Ansicht sind, daß es zu unserem Besten ist, die Verabredung einzuhalten, tun wir alles in unseren Kräften Stehende, um dorthin zu gelangen. Wir brechen frühzeitig auf, bereiten uns in Gedanken vor und so weiter. Unsere Bemühungen empfinden wir nicht als Last, denn sie stimmen mit unserer Überzeugung überein. Wir sind im Gleichgewicht. In Einklang mit unseren Überzeugungen zu handeln ist uns Menschen ein grundlegendes Bedürfnis. Unsere innersten, tiefsten Überzeugungen, das, was wir wirklich glauben, ist der Schlüssel zu unserer Welt. Was also sind Überzeugungen, und wie kommen sie zustande?

5. *Eine Überzeugung ist das, was der Geist als wirklich akzeptiert.*

Einer meiner Freunde diente in der Armee in einer Panzereinheit, der auch ein junger Man mit einer ausgeprägten Schlangenphobie angehörte. Er hatte es nicht leicht, weil die anderen ihn deswegen dauernd hänselten. Eines Tages wurde zum Abschluß einer Manöverübung noch bis spät in die Nacht gezecht, nachdem der junge Mann bereits zu Bett gegangen war. Das brachte die anderen auf die Idee, ihm einen deftigen Streich zu spielen. Mit einem nassen Wasserschlauch bewaffnet, krochen sie in das Zelt, in dem er schlief, pirschten sich an sein Feldbett heran, legten den Schlauch vorsichtig um seinen Hals und bewegten ihn leicht hin und her. Der Unglückliche erwachte und erschrak so sehr, daß sein Herz versagte! *Er starb aus Angst*, weil er *glaubte*, eine Schlange habe ihn im Würgegriff!

Gewiß ein ziemlich dramatisches Beispiel, aber gerade deswegen macht es ein weiteres Prinzip deutlich:

6. *Wir müssen in Übereinstimmung mit unseren Überzeugungen handeln, wenn wir uns nicht selbst für unzurechnungsfähig halten wollen.*

Die Angst, den Verstand zu verlieren, ist fast so schlimm wie die Angst vor dem Tod. Deshalb tun wir auch alles, um es zu vermeiden. Wenn wir uns vor Schlangen fürchten und im Gras etwas Langes, Schwarzes, Glänzendes entdekken, ganz eindeutig eine möglicherweise giftige Schlange also, müßten wir schon den Verstand verloren haben, wenn wir dann doch barfuß durchs Gras gehen wollten, so, als wüßten wir nichts von der Gefahr. In der Regel kommt uns das aber nicht in den Sinn. Die Tatsache, daß die Schlange sich bei genauerer Betrachtung als ein Stück Gartenschlauch herausstellen könnte, verhindert nicht, daß wir uns zunächst ebenso heftig erschrecken, als hätten wir es mit einer richtigen Schlange zu tun. Wenn wir es für eine Schlange halten, müssen wir auch entsprechend handeln, wenn wir uns nicht für unzurechnungsfähig halten wollen.

In Einklang mit unseren Überzeugungen zu handeln

führt dazu, daß wir in Harmonie mit uns selbst leben und ein wunderbares inneres Gleichgewicht – inneren Frieden – erfahren.

Wie kommen Überzeugungen zustande?

Wenn unsere Überzeugungen die Richtung unseres Lebens so entscheidend bestimmen, wäre es beruhigend zu wissen, ob sie der Wahrheit entsprechen oder nicht, ob unsere Ziele gut und erstrebenswert sind und wie sie zustande kommen.

Überzeugungen sind das Produkt angesammelter Erfahrungen.

Diese Erfahrungen werden entweder direkt gemacht oder stammen aus zweiter Hand. Haben wir eine Erfahrung mittels unserer Sinne gemacht, das heißt gesehen, gehört, geschmeckt, gefühlt oder gerochen, so ist dies eine direkte Erfahrung. Es vesteht sich von selbst, daß die Exaktheit eines Sinneseindrucks von vitaler Bedeutung ist, wenn wir unser Glaubenssystem darauf aufbauen wollen. Genau das ist aber der berühmte Haken, denn unsere äußeren Sinnesorgane erlauben uns akkurate Wahrnehmungen nur bis zu einem gewissen Grad. Dasselbe gilt auch für die diversen Hilfsmittel, deren wir uns bedienen, um unser Wahrnehmungsvermögen zu verfeinern beziehungsweise zu erweitern. Wären unsere Augen zum Beispiel auf die Wahrnehmungen kürzerer Wellenlängen eingestellt, auf Röntgenstrahlen etwa, wie anders sähe unser Bild von der Wirklichkeit aus! Die Welt, wie wir sie kennen, gäbe es gar nicht, und unsere Mitmenschen wären wandelnde Skelette!

Am Beispiel von der Schlange und dem Wasserschlauch wurde deutlich, daß unsere Wahrnehmung nicht unbedingt mit der Wirklichkeit übereinstimmen muß, sondern durch Ängste, Erwartungen und viele andere Faktoren gefärbt sein kann. Ja, sie kann uns vollkommen täuschen, obwohl wir etwas doch mit eigenen Augen gesehen haben! Daraus folgt, daß eine Anschauung, auch wenn sie aus einer direkten Erfahrung gewonnen wurde, nicht unbedingt korrekt sein muß. Doch für uns, die wir an ihre Wirklichkeit glauben, *ist* sie wirklich, und wir müssen entsprechend handeln.

Unter einer Erfahrung aus zweiter Hand versteht man Wissen oder Einsichten, die wir durch andere gewinnen, die uns wichtige Anstöße geben, Zusammenhänge vor Augen führen oder uns einfach sagen können, wo's lang geht, wenn wir mit unserem Latein am Ende sind. Bücher, Kassetten, Filme, alles, dem wir eine Autorität zuschreiben, kann ebenso unser Lehrer sein wie unsere Mitmenschen.

Auch hier gilt, daß die so gewonnenen Überzeugungen korrekt sein können, aber nicht müssen – je nach Fähigkeit und Qualifikation des «Lehrers».

Einst herrschte allgemein die Überzeugung, daß die Erde eine Scheibe sei. Es war eine aus zweiter Hand gewonnene Erfahrung, denn niemand hatte je den Rand der Erde gesehen oder war von ihm heruntergefallen. Trotzdem war man felsenfest überzeugt von ihrer Richtigkeit. Die heute bestehende Lehrmeinung basiert auf seither gewonnenen Erkenntnissen und besagt, daß die Erde rund ist. Es gibt Menschen, die sie umsegelt oder umflogen haben, und wir haben Satellitenaufnahmen von unserem Heimatplaneten gesehen. Man kann die *direkte* Erfahrung machen, daß die Erde rund ist.

Beide Beispiele zeigen sehr deutlich, daß das, was wir glauben, unser Leben, unser Weltbild und das, was wir Wirklichkeit nennen, bestimmt. Heute hat niemand mehr

Angst, vom Rand der Erde zu fallen, wenn er in einen Jet steigt und um die halbe Welt fliegt.

Alle Erfahrungen, die wir im Leben machen, hängen davon ab, was wir glauben, das heißt, was wir für wirklich oder nichtwirklich halten.

Nehmen wir zum Beispiel zwei kleine Jungs, die ihren ersten Tag im Kindergarten verbringen. Hänschen ist begeistert. Von seinem älteren Bruder, der schon zwei Jahre länger in den Kindergarten geht, hat er gehört, daß es oft recht lustig zugeht dort, daß spannende Spiele gespielt werden und vieles mehr. Seine Mutter hat ihm erklärt, was ein Kindergarten ist und was dort auf ihn zukommen wird. Nun ist es endlich soweit. Da kommt auch schon die Kindergärtnerin mit Zeichenstiften und Papier. Los geht's. Der kleine Hans malt nach Herzenslust, zufrieden, daß er jetzt auch in den Kindergarten darf. Die Kindergärtnerin erkennt in seinen Kritzeleien einen Baum und lobt ihn dafür. Hänschen strahlt. Prima, denkt er und freut sich schon auf den nächsten Tag.

Fritz am Nebentisch ist weniger begeistert. Er ist das älteste von mehreren Geschwistern, und bis jetzt hat niemand ihn so richtig auf Schule und Kindergarten vorbereitet. Zu Hause wurde wenig darüber gesprochen. Irgendwie kommt ihm alles hier fremd und bedrückend vor, am liebsten wäre er zu Hause bei seiner Mutter. Er fühlt sich allein, unglücklich und unzufrieden.

Unlustig zeichnet er ein paar Striche aufs Blatt und schiebt es dann beiseite. Die Kindergärtnerin versucht, ihn ein wenig aufzumuntern. «Na, Fritz, macht dir das Malen keinen Spaß? Ist nicht so schlimm. Komm mit herüber zu den Bauklötzen. Du kannst damit spielen, ja?»

Am nächsten Tag freut Hänschen sich bereits unbändig

aufs Malen. Das Lob der Kindergärtnerin spornt ihn mächtig an. Vielleicht kriegt er heute wieder eins. Anders Fritzchen. O weh, denkt er, nicht schon wieder malen. Ob ich mit den Bauklötzen spielen darf?

Der kleine Fritz könnte ein zweiter Picasso sein. Wenn aber seine ersten negativen Erfahrungen im Umgang mit Malstiften verstärkt werden – und meistens werden sie das –, wird er zu glauben beginnen, daß er nicht malen kann und sein schlummerndes Talent nicht entwickeln. Er wird zu einer falschen Ansicht konditioniert. Nicht lange, und er glaubt felsenfest, daß er nicht malen kann.

Bei all diesen Vorgängen spielt der Geist die entscheidende Rolle.

Geist und Glaube

- Der Geist speichert alle Erfahrungen der Vergangenheit und leitet daraus entsprechende Glaubenssätze ab: «Die Erde ist flach», «Ich kann malen» und so weiter.
- In uns entsteht das Bedürfnis, diesen Überzeugungen entsprechend zu handeln.
- Der Geist sucht dafür in Frage kommende Handlungen aus.
- Die Intensität vergangener Erfahrungen und unsere daraus resultierende augenblickliche Sicht der Wirklichkeit bestimmen unser Verhalten.
- Sind unsere Erfahrungen positiver Natur, nimmt unser Leben eine positive Ausrichtung, sind sie negativ, verläuft es entsprechend.

Zurück zu Fritz und Hans. Jahre später malen beide im Gymnasium an einem Bild für eine Klassenarbeit. Angenommen, die frühen Erfahrungen aus den Kindergartentagen sind verstärkt worden. Hans widmet sich dem Projekt mit Enthusiasmus. Wenn er an irgendeinem Punkt feststellt, daß ihm das Vorhaben nicht so recht gelingen will, wird er versuchen, es mit Abstand zu betrachten, und sich fragen, wo das Problem liegt. «Das sieht gar nicht nach mir aus», denkt er sich. «Ich kann doch malen. Woran mag es also liegen?» Es wird ihm nicht schwerfallen, Veränderungen vorzunehmen oder noch einmal von vorn anzufangen.

Anders Fritz. Verbissen kämpft er sich Strich für Strich weiter, aber er bringt nichts Rechtes zustande. Frustriert schiebt er das Blatt beiseite. «Mist», denkt er sich, «ich hab's schon wieder vermasselt. Ist ja auch kein Wunder, ich konnte noch nie malen. Und Spaß hat es mir auch noch nie gemacht.»

Die positive Grundeinstellung von Hans und seine Bereitschaft, an dem Bild weiterzuarbeiten, zeigen ein weiteres Grundprinzip auf:

> *Wenn die äußere Realität (unsere Handlungen und Erfahrungen) der inneren widerspricht (unseren Überzeugungen), stehen wir unter einer kreativen Spannung, die zur Lösung des Konflikts motiviert.*

Ein anderes Beispiel. Nehmen wir an, Sie haben von klein auf gelernt, daß nur ein unkrautfreier Garten auch ein schöner Garten ist. Sie haben sich diese Ansicht zu eigen gemacht und glauben nun selbst so fest daran, daß Sie sich genötigt fühlen, entsprechend zu handeln, sobald Sie feststellen, daß sich auf Ihren Beeten Unkraut breitmacht. Zwischen der sichtbaren Realität und der unsichtbaren (nämlich dem, was Sie für richtig halten) besteht dann ein himmelweiter Unterschied, an dem der Geist sogleich Anstoß nimmt. Diese Diskrepanz erzeugt eine innere Spannung, die Sie wiederum zu kreativem Handeln motiviert.

Das kreative Unterbewußtsein

Als Antwort auf den inneren Konflikt werden die kreativen Fähigkeiten des Geistes aktiviert, um das Problem zu beseitigen. Betrachten wir den Vorgang am Beispiel des Gartens:

1. Schon seit frühester Kindheit haben Sie einen unkrautfreien Garten als etwas Schönes erlebt. Der Garten der Großeltern war stets eine Blütenpracht. Blumen, Hecken und Sträucher verströmten ihre Düfte. Sie fühlten sich wohl und glücklich. Sie erlebten ein Stück Realität mit allen Ihren Sinnen.

2. Diese Erfahrung wurde im Unterbewußtsein als Erinnerung gespeichert.

3. Mit jedem Besuch wiederholte sich die angenehme Erfahrung und verdichtete sich zu einer starken, positiven Erinnerung. So kamen Sie zu der Auffassung, daß ein unkrautfreier Garten ein angenehmer Ort ist, an dem man sich gern aufhält, und glauben deshalb, daß auch Ihr Garten so aussehen sollte.

Auf diese Weise haben Sie viele Anschauungen entwikkelt, die zu festen Glaubenssätzen wurden, zu tragenden Säulen Ihres ganz persönlichen Weltbildes und Ihrer Auffassung von der Wirklichkeit. Voller Überzeugung hören Sie sich sagen, daß ein Garten frei von Unkraut sein sollte, daß Sie malen können, daß Sie nicht malen können und so weiter.

4. Wenn die Realität sich Ihnen anders darstellt, als sie Ihrer Überzeugung nach sein sollte, entsteht ein innerer Konflikt.

5. Dieser Konflikt aktiviert die kreativen Fähigkeiten des Geistes, um die Diskrepanz zwischen äußerer und innerer Realität zu beseitigen und unser inneres Gleichgewicht wiederherzustellen.

Dieser Vorgang läßt sich wie folgt darstellen:

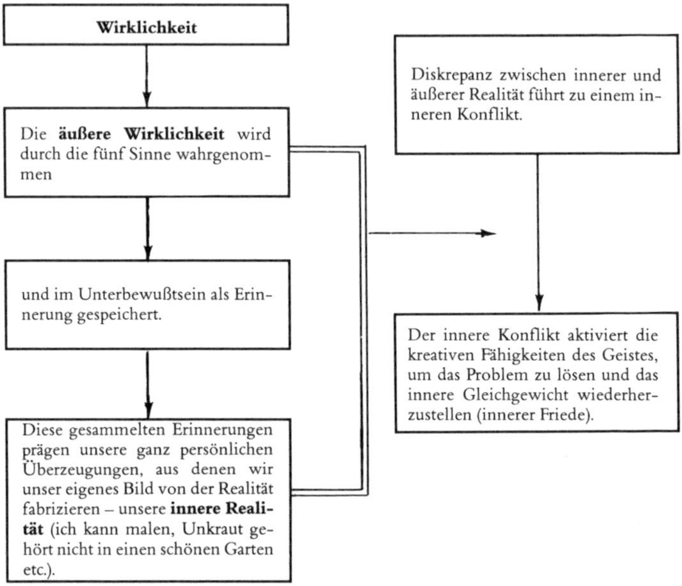

Die kreative Konfliktbewältigung findet im Unterbewußtsein statt, wo alle Erinnerungen aufgehoben und somit zugänglich sind. Wissenschaftler sprechen diesbezüglich vom Zellgedächtnis, in dem all unsere Erfahrungen gespeichert sind. Aber wir wissen auch, daß der Zugang dazu nicht einfach ist. Wie oft «liegt uns etwas auf der Zunge», und wir kriegen es einfach nicht heraus, oder wir wissen eine Antwort, «eigentlich», aber sie will uns im

Moment partout nicht einfallen. Genauso hat sich jeder schon einmal in ein Problem verbissen, es analysiert und diskutiert, ohne eine befriedigende Lösung zu finden. Frustriert ist man zu Bett gegangen oder hat einen Spaziergang gemacht und die Sache erst mal auf sich beruhen lassen – und dann urplötzlich, wie ein Blitz aus heiterem Himmel, fiel einem die Lösung ein, fix und fertig und vollkommen mühelos.

Innere Spannungen aktivieren unsere kreativen Fähigkeiten und motivieren uns, einen Ausweg zu suchen.

Zurück zum Unkraut im Garten. Angefeuert von dem Konflikt zwischen Glaube und Realität, suchen Sie nach einer Lösung. Sie probieren Ihr Glück bei den Kindern und locken mit einer Belohnung, wenn sie das Unkraut jäten. Sollte das nichts nützen und auch die Nachbarkinder sich nicht breitschlagen lassen, legen Sie eben selbst Hand an. Bei schönem Wetter, wenn Sie gerade nichts anderes vorhaben, mag es ja sogar noch Spaß machen, aber eigentlich ist es doch eine lästige Pflicht.

Wäre Ihr Erfahrungshintergrund in bezug auf Gärten ein anderer, gäbe es die unbequeme Pflicht des Unkrautjäten-Müssens womöglich gar nicht! Wenn Unkraut im Garten Ihr Weltbild nicht aus dem Gleichgewicht bringt, gibt es keinen Konflikt, und Sie können das schöne Wetter bei einem Tennismatch genießen.

Was wir glauben, bestimmt, welche Erfahrungen wir im Leben machen, auch wenn Glaube nicht gleich Glaube ist. Zweckmäßigerweise unterscheidet man spontane Überzeugungen, konditionierte Überzeugungen und innerste Überzeugungen.

1. Spontane Überzeugungen

Dazu gehören Äußerungen wie: «Ich glaube, morgen wird es regnen (basierend auf der Wettervorhersage). Ich sollte zur Arbeit einen Schirm mitnehmen.» Es sind Überzeugungen, die auf bestimmten Anhaltspunkten beruhen, denen wir aber keine besondere Bedeutung beimessen. Erweisen sie sich als irrig, werden wir entweder naß oder haben den Schirm umsonst mitgenommen. Der Geist trifft unermüdlich solche ihm praktisch erscheinenden Entscheidungen, die uns das Leben erleichtern sollen.

2. Konditionierte Überzeugungen

«Ich kann malen» beziehungsweise «Ich kann nicht malen», oder «Es ist schon immer so gewesen, warum sollte es jetzt anders sein . . .» Das ist die Art von Überzeugung, die Hans und Fritz in bezug auf ihre Malkünste erworben haben.

Solch konditionierter Glaube kann unsere Möglichkeiten erheblich einschränken, denn egal ob Sie denken, daß Sie etwas können oder daß Sie etwas nicht können – Sie haben in jedem Fall recht, wie Henry Ford einmal sagte.

3. Innerste Überzeugungen

Fühlen Sie sich als Versager oder als Gewinner im Spiel des Lebens? Ihre persönliche Antwort auf die Sinnfrage wirkt sich auf Ihr Lebensgefühl aus und prägt die Erfahrungen, die Sie im Leben machen, in ganz entscheidendem Maße.

Was bedeutet Ihnen das Leben? Fühlen Sie sich geborgen? Oder wittern Sie überall Gefahren, die auf Sie lauern? Glauben Sie, daß man aus Fehlern lernen kann? Finden Sie, daß das Leben ein guter Lehrer ist oder eher ein schlechter? Macht es Ihnen Spaß, oder finden Sie es ungerecht? Haben

Sie das Gefühl, jedesmal auf die Nase zu fallen, wenn Sie etwas ausprobieren?

Diese grundlegenden Anschauungen prägen Ihr Leben natürlich auch im Hinblick auf die Ziele, die Sie sich (nicht) stecken, und die Entschlossenheit, mit der Sie sie (nicht) verfolgen.

Zu wissen, woran man glaubt, ist von existentieller Bedeutung. Und schließlich, sollten Sie die Entdeckung machen, daß Sie mit Ihrem alten Glaubenssystem im Grunde genommen unzufrieden, ja unglücklich sind, weil es Ihren Bedürfnissen nicht mehr entspricht – es gibt Möglichkeiten, etwas daran zu ändern.

Wenn Sie entschlossen sind, Ihre Glaubensgrundsätze zu überprüfen und herauszufinden, welche Konditionierungen Ihr Leben beeinflussen, sollten Sie:

1. *Zuhören*

Hören Sie gut zu, was andere Ihnen sagen und was/wie Sie darauf erwidern.

Unsere Mitmenschen zeigen uns nicht selten gerade jene Aspekte unseres Selbst, deren wir uns nicht bewußt sind. Wenn jemand einen Kommentar oder eine konstruktive Kritik abgibt, seien Sie ruhig offen dafür. Fassen Sie Kritik nicht immer gleich als persönlich gemeinten Angriff oder Besserwisserei auf, sondern wagen Sie das Ungewohnte, betrachten Sie Kritik so objektiv wie möglich, und stimmen Sie ihr gegebenenfalls zu: «Richtig, das hätte ich womöglich übersehen» oder «Es schadet sicher nicht, wenn ich mich noch mal damit beschäftige.» Oder widersprechen Sie sachlich fundiert, wenn die Einwände tatsächlich nicht berechtigt sind. Sie werden sehen, daß der befürchtete Nachteil ausbleibt.

Ebenso wichtig ist es, die persönlichen Schlüsselsätze herauszufinden. Wie oft hört man Menschen von sich behaupten, sie seien Pechvögel. Andere beliebte Aussprüche, die das eigene Lebensgefühl trefflich charakterisieren, sind: «Oh, das wäre zu schön, um wahr zu sein» oder «Wenn man sich etwas wünscht, kriegt man's bestimmt nicht, oder?»

Wenn solche und ähnliche Statements zu Ihrem Repertoire gehören, müssen Sie besonders aufmerksam sein. Stellen Sie sich vor, Sie würden finden, wonach Sie suchen, oder bekommen, was Sie sich wünschen. Dann hätten Sie ein echtes Problem und müßten konsequenterweise an sich und der Welt zweifeln, weil ja nicht sein kann, was nicht sein darf – *oder*? Entdecken Sie Ihre Schlüsselsätze. Hinter ihnen verbirgt sich das «Glaubensbekenntnis», dem Sie sich zutiefst verpflichtet fühlen, so sehr, daß Sie ihm entsprechend handeln, ob Sie sich dessen bewußt sind oder nicht.

2. Beobachten

Beobachten Sie sich, und vergegenwärtigen Sie sich Ihre Verhaltensmuster. Führen Sie sich deutlich vor Augen, wie Sie in bestimmten, immer wiederkehrenden Situationen reagieren. Diese Verhaltensmechanismen sind ein weiterer Wegweiser in die gar nicht so unergründlichen Gefilde innerster Überzeugungen.

Was fällt Ihnen besonders auf? Wie sehen Sie andere Menschen? Wie wirken andere Menschen auf Sie? Wenn Sie das Gefühl haben, ständig nur mit Rüpeln und Egoisten zu tun zu haben, denken Sie an die Spiegelwirkung, und fragen Sie sich ehrlich und offen, ob diese Menschen nicht Ihren toten Winkel ausleuchten. Könnte es sein, daß Sie just in dieser Hinsicht an sich arbeiten müßten?

Unsere lieben Mitmenschen sind unsere Lehrer, ob wir das nun mögen oder nicht. Sie halten uns einen Spiegel vor und zeigen uns Aspekte unseres Selbst, die der Aufmerksamkeit bedürfen.

Bei der Erforschung unserer wirklichen, innersten Überzeugungen sind die Techniken der Einsichtsmeditation eine große Hilfe. In diesem Zusammenhang wurde bereits über den Wert der meditativen Selbst-Analyse gesprochen, die uns Einsichten in unsere wahre Natur und in die Wirklichkeit vermittelt. Dieser Prozeß wurde in Kapitel 7 ausführlich beschrieben. Es geht darum, Antworten auf drei elementare Fragen zu finden und die folgenden Sätze zu vervollständigen:

1. Ich bin ...
2. Das Leben ist ...
3. Der Sinn meines Lebens ist ...

Von der Antwort auf diese Fragen hängen Ihr Glück und Ihr innerer Friede ab. Sie sollten wenigstens das Gefühl haben, daß die Beschäftigung damit keine Zeitverschwendung ist und Sie Fortschritte machen.

Nachdem wir nun ein gewisses Verständnis der Funktionsweise des Geistes gewonnen haben, soll es im folgenden darum gehen, dieses Wissen praktisch umzusetzen und direkten Nutzen aus den Fähigkeiten des Geistes zu ziehen.

9 Kreative Meditation: Das Potential des Geistes nutzen

Der Geist kann sowohl konstruktiv wie auch destruktiv wirken. In der langen Tradition der australischen Aborigines finden wir ein Beispiel für seine zerstörerischen Kräfte.

Das Deuten mit dem Knochen

Wenn ein normal gekleideter weißer Australier Sie auf der Straße anhalten würde, einen Knochen auf Sie richten und verkünden würde, daß Sie sterben müßten, hätte das wohl kaum eine beunruhigende Wirkung auf Sie. Eher im Gegenteil. Wenn Ihnen der gleiche Vorfall passierte, nur mit dem Unterschied, daß diesmal ein Ureinwohner einen federgeschmückten Menschenknochen auf Sie richten würde, wer weiß, ob Sie nicht doch ein wenig nervös würden. Wenn Sie nun selbst ein Eingeborener wären, sähe die Sache fatal aus. Denn Sie wären in einem Glaubenssystem, einem Stammeskodex, verwurzelt, der sich auf die Einheit und den Zusammenhalt der Gemeinschaft gründet und dessen strikte, unumstößliche Regeln diese Gemeinschaft und ihre Werte wahren und beschützen sollen. Die Verletzung einer dieser Regeln würde Sie als Stammesmitglied inakzeptabel machen und müßte mit dem Tod bestraft werden. Das zeremonielle Deuten mit dem Knochen käme einer Urteilsverkündung gleich.

Entsprechend dem Glaubenssystem, das Sie mit den anderen Stammesmitgliedern verbindet, würden diese sich von Stund an von Ihnen distanzieren, Sie wie einen Paria, einen Ausgestoßenen, behandeln. Sie würden sich, von allen verlassen, völlig zurückziehen, weder Speise noch Trank zu sich nehmen und zusehends schwächer werden. Erst dann, angesichts des herannahenden Todes, würden die anderen sich wieder um Sie versammeln und formelle Trauerrituale durchführen, die die Todeserwartung auf beiden Seiten verstärken. Der Tod würde ohne erkennbare körperliche Ursache schon bald darauf eintreten: als Ergebnis der Aktivierung eines machtvollen Glaubenssystems.

In unserer modernen Gesellschaft gibt es ein ähnlich machtvolles Ritual: die ärztliche Diagnose. Lautet sie beispielsweise auf Krebs, kommt das einem Todesurteil gleich, denn hinter der Diagnose steht das Glaubenssystem unserer Gesellschaft, in dessen Rahmen Krebs «das Ende» bedeutet. Obwohl fünfzig Prozent aller Krebspatienten nicht an der Krankheit sterben und in Aufklärungskampagnen immer wieder versichert wird, daß Krebs nur ein Wort, nicht aber zwangsläufig ein Todesurteil sei, sind viele Menschen nach wie vor vom Gegenteil überzeugt. Sie gestehen dem Arzt dieselbe bedingungslose Autorität zu wie die Aborigines ihrem Stammesältesten.

Da geht jemand wegen ein paar kleiner Beschwerden zum Arzt, um sich untersuchen zu lassen. Die Autorität in Weiß, ausgestattet mit den Amtsinsignien Stethoskop und Rezeptblock, ruft ihn ins Sprechzimmer. Das Ritual vollzieht sich ähnlich wie beim Deuten mit dem Knochen. «Kraft meines Amtes als Arzt», erklärt die Autorität, «verkünde ich hiermit: Sie haben Krebs. Der Tod wird innerhalb von drei Monaten eintreten. Daran ist nun nichts mehr zu ändern. Sie finden sich besser damit ab.»

Mit Sicherheit werden solche Worte ihre Wirkung nicht

verfehlen. Ein eben noch fast gesunder Mensch wird plötzlich für so gut wie tot erklärt. Vor Angst und Entsetzen ist er wie gelähmt. Schmerzen treten auf, er kann nichts mehr essen, nicht mehr arbeiten. Das Leben kommt zum Stillstand. Freunde verhalten sich anders als bisher, Bekannte gehen auf Distanz. Man fühlt sich gemieden, allein, wird mißtrauisch. Alles trägt dazu bei, die Furcht, womöglich nicht mehr allzulange zu leben, zur Gewißheit werden zu lassen, und so halten viele Patienten sich denn auch peinlich genau an den vom Arzt vorhergesagten Termin. Da der «unvermeidliche Augenblick» unbarmherzig näher rückt, versammeln sich Bekannte, Freunde und Verwandte noch einmal um das Bett des Dahinsiechenden, um Abschied zu nehmen. Ohne sich dessen bewußt zu sein, bestärken sie den Kranken durch ihr ritualisiertes Verhalten in seiner Todeserwartung.

Zugegebenermaßen geht es nicht immer und überall so extrem zu, aber es geschieht! Ein richtiger Arzt weiß, wie er dem Patienten die Diagnose einer unheilbaren Krankheit nahezubringen hat, aber viele Ärzte müssen es erst noch lernen. Ein Satz wie: «Sie sind sehr krank, und Ihre Überlebenschancen sind gering», nimmt dem Patienten nicht alle Hoffnung. «Gering» heißt immerhin nicht aussichtslos. Er kann Fragen stellen, sich über seine Krankheit informieren und sich konstruktiv damit auseinandersetzen. Laut Statistik betrug meine Chance, fünf Jahre nach der Amputation noch am Leben zu sein, fünf Prozent. Es fiel meinem Geist nicht schwer, sich an den fünf Prozent festzumachen und die restlichen fünfundneunzig Prozent einfach nicht zu beachten.

Aber selbst wenn die Chancen noch schlechter stehen, gibt es keinen Grund, eine Diagnose wie ein Todesurteil zu verkünden. Ich kenne einen Arzt, der regelmäßig mit diesem Problem konfrontiert wird. Ohne etwas zu beschönigen, sagt er dem Patienten zwar klipp und klar, daß man ihm medizinisch nicht mehr helfen könne, daß es aber möglich sei, im Kampf gegen eine Krankheit auch innere Ressourcen zu mobilisieren und den eigenen Glauben, die Gefühle und die Fähigkeiten des Geistes gezielt einzusetzen. Er erzählt von Menschen, die auf diese Weise hoffnungslose Situationen gemeistert und gelernt haben, den Wert ihres Lebens nicht nur nach dessen Länge einzuschätzen. Sein Enthusiasmus hat vielen Mut gemacht, ihre Situation aus einem anderen Blickwinkel zu betrachten. Viele haben gelernt, ihre inneren Ressourcen zu mobilisieren, und sind nicht «programmgemäß» gestorben. Eine neue, positive Sichtweise ist für alle Beteiligten – Partner, Familie etc. – ein Gewinn. Und viele finden dadurch sogar endlich den ersehnten inneren Frieden.

Der Placebo-Effekt

Ein Beispiel für die positiven Kräfte des Geistes ist der sogenannte Placebo-Effekt. Wenn ein Patient von der Wirkung eines Medikaments überzeugt ist, wirkt es auch dann, wenn es sich dabei lediglich um eine Zuckertablette oder um eine Wasserinjektion handelt. Schmerzen werden mit Hilfe des Placebos ebenso wirksam unter Kontrolle gebracht wie mit einem Narkotikum. Unzählige dokumentierte Fälle belegen, daß Placebos bei den verschiedensten Krankheiten nicht nur Schmerzen lindern, sondern auch Heilung bewirken. Aber müssen wir uns tatsächlich von einem Placebo überlisten lassen? Oder können wir die Fähigkeiten des Geistes nicht vielleicht auch selbst gezielt mobilisieren?

Genau das ist möglich. Wenn wir verstanden haben, wie unser Geist funktioniert, können wir die Selbstheilungskräfte des Körpers tatsächlich aktivieren und die erstaunlichsten Dinge bewerkstelligen. Fassen wir die entscheidenden Faktoren noch einmal zusammen:

- Ziele, an die wir glauben, werden zum Gegenstand unserer Handlungen.
- Unsere Handlungen müssen mit unseren innersten Überzeugungen in Einklang stehen.
- Wenn der Geist sich mit einem Ziel identifiziert, macht er sich daran, es zu verwirklichen. Von diesem einmal ins Auge gefaßten Ziel läßt er sich nicht mehr abbringen.
- Die nun entstehende innere Spannung motiviert uns, kreativ zu werden und nach Wegen zu suchen, mit deren Hilfe sich das Ziel realisieren läßt.
- Falls nötig, nehmen wir Kurskorrekturen vor.

Um unseren geschäftlichen Termin einhalten zu können, brauchen wir Angaben über Ort und Zeit, und da wir es uns zur Aufgabe gemacht haben, pünktlich dort zu erscheinen, werden wir wie von selbst kreative Wege beschreiten, falls Probleme auftreten, die unser Vorhaben behindern. Trotzdem geht es um etwas mehr als einfach nur darum, sich ein Ziel zu stecken. Ein Ziel zu haben ist eine Sache, es zu erreichen eine andere. Wir müssen aktiv werden, um es zu verwirklichen – ins Auto einsteigen und in Richtung Ziel losfahren. Es gibt immer irgendwelche Schwierigkeiten zu überwinden, aber Schritt für Schritt kommen wir voran. Es genügt nicht, sich ein Ziel im Geist auszumalen. Wir müssen auch etwas dafür tun.

Nun kommen viel mehr Menschen durch Autounfälle (auf dem Weg zu irgendeinem Ziel) ums Leben als zum Beispiel durch Krebs. Dennoch denkt niemand, der sich ins Auto setzt, daß er nun bald sterben wird und sein Ziel vielleicht nicht erreicht. Es ist eine traurige Tatsache, daß viele Menschen tödlich verunglücken, aber irgendwie gehen wir mit dieser Art von Risiko «lockerer» um als mit dem Risiko, an Krebs zu sterben. Wir fühlen uns von der Möglichkeit des Scheiterns nicht so direkt bedroht, wie das bei einem komplexeren, weniger greifbaren Vorhaben – zum Beispiel der Heilung einer schweren Krankheit – der Fall ist. Hier wird plötzlich die bange Frage aufgeworfen: «Was, wenn es mir nicht gelingt? Wenn ich versage?»

Nun, sollten einzig Tod oder völlige Genesung über Erfolg oder Mißerfolg einer Heilbehandlung entscheiden, dann wäre es in der Tat risikoreich, sich die Heilung zum Ziel zu setzen. Wenn man sich jedoch die positive Bewältigung der Krise vornimmt, die darin besteht, die Herausforderung anzunehmen, nicht am Leben zu verzweifeln, die inneren Ressourcen zu mobilisieren und letztendlich daran zu reifen, dann läßt sich der Erfolg auch mit anderen Maßstäben messen. Zwar ist die Verbesserung des körperlichen Befindens ein wichtiges Kriterium, allein ausschlaggebend sollte es aber nicht sein. Verbesserte zwischenmenschliche Beziehungen, zum Positiven hin veränderte innere Einstellungen, eine klarere Vorstellung von geistigen Werten, um nur einige der Faktoren zu nennen, die die Lebensqualität entscheidend mitbestimmen, werden bei einer solchen Beurteilung ebenfalls ins Gewicht fallen.

Um die Kräfte des Geistes kreativ und bewußt einsetzen zu können, bedarf es also eines klaren Ziels. Ist diese Voraussetzung erfüllt, beginnt der Geist alsbald mit dessen Realisierung. Diese Zusammenhänge zu kennen bedeutet, den Geist bewußt, auf ungeahnt kreative Weise benutzen zu können.

Zusammenfassung:

1. Setzen Sie sich ein klares, erstrebenswertes Ziel.
2. Glauben Sie daran. Das, woran Sie glauben, wird zum Angelpunkt der kreativen Aktivitäten des Geistes.
3. Die kreativen Kräfte des Unterbewußtseins werden aktiviert, die inneren Ressourcen mobilisiert, unsere Motivation gestärkt.
4. So entstehen kreative Lösungen und die Entschlossenheit, nicht aufzugeben, bis das Ziel tatsächlich erreicht ist.
5. Mit Humor geht alles besser.

Der erste Schritt ist zugleich der schwerste. Was ist ein lohnendes Ziel? Die Dinge zu nehmen, wie sie kommen? Oder sollte man sich besser für jeden Lebensbereich bestimmte Ziele stecken? Wenn ja, welche? Und wer bestimmt, was ein lohnendes, erstrebenswertes Ziel ist? Was geschieht, wenn ich nicht durchhalte? Woher soll ich wissen, welche Art der Meditation gut für mich ist und wie oft ich meditieren soll? Soll ich nach eigenem Gutdünken entscheiden? Soll ich mir eine neue Arbeitsstelle suchen? Mich anders ernähren? Soll ich jemanden um Hilfe bitten oder nur mir selbst vertrauen?

Die zuletzt gestellte Frage macht das Grundproblem deutlich. Möchten Sie, daß man Ihnen sagt, was Sie tun sollen, oder möchten Sie selbst entscheiden? Möchten Sie die Verantwortung einer anderen Person übertragen? Wenn ja, gibt es jemanden, der in der Lage wäre, sie zu übernehmen, und der zugleich vertrauenswürdig ist?

Immer wieder stellen Krebspatienten diese Vertrauensfrage – wie wohl jeder, der ernsthaft nach einer Entscheidungshilfe sucht. Wenn man sich einem anderen Menschen anvertraut, sollte dieser eine dieses Vertrauens würdige und zugleich qualifizierte Person sein, die einem sympathisch ist und der man sich mitteilen kann.

Arzt und Patient haben jedoch oft ernsthafte Verständigungsprobleme, deren Ursache meistens in einer gewissen Unfähigkeit liegt, einander offen und unvoreingenommen zuzuhören. Das führt dann dazu, daß der Arzt die wahren Nöte des Patienten einfach nicht wahrnimmt oder darüber hinweghört. Andererseits versäumen viele Patienten, den Arzt auf bestimmte Dinge aufmerksam zu machen, oder sie tun es nicht nachdrücklich genug und vergewissern sich nicht, ob der Arzt sie auch wirklich verstanden hat.

Aus diesem Grund empfehle ich, sich während des Gesprächs Notizen zu machen oder sich auf einen Arzttermin gut vorzubereiten. Stellen Sie eine Liste aller Punkte zusammen, die Sie ansprechen möchten, damit nichts vergessen wird. Oder, wenn Sie eine längere Unterredung mit Ihrem Arzt planen, nehmen Sie einen Recorder mit. So kommen Sie hinterher nicht durcheinander. Kein Arzt sollte davon irritiert oder verunsichert sein.

Die besten Aussichten auf Erfolg bietet jedoch auch im Arzt/Patient-Verhältnis eine gleichberechtigte, mitverantwortliche Partnerschaft. Laden Sie Ihre Bürde also nicht auf die Autorität Ihres Vertrauens ab, nach dem Motto: «Hier ist mein Problem. Sie sind der Fachmann, Sie werden es schon richten.» Vielmehr sollten Sie die Sache so anpacken: «Ich habe dieses oder jenes Problem. Ich möchte Ihren Rat, um besser entscheiden zu können, was zu tun ist. Außerdem möchte ich an der Lösung meines Problems mitarbeiten. Was können wir also machen?»

So ähnlich könnte die Unterhaltung mit einer *äußeren Autorität* aussehen, falls Sie eine solche einschalten möchten. Wenn nicht, wenden Sie sich an die *innere Autorität.* Nun werden Sie sich fragen, nach welchen Kriterien man in diesem Fall Entscheidungen trifft. Soll man raten? Nach dem Gefühl entscheiden? Hoffen, daß man das Richtige tut?

In der Regel verlassen wir uns in einem Entscheidungsprozeß auf zwei Aspekte des Geistes, nämlich auf den Intellekt und die Intuition. Beide haben ihre Berechtigung.

Intellektuelle Zielsetzung

Bei einer intellektuellen Zielsetzung werden alle Möglichkeiten durchgecheckt, bevor man eine Entscheidung fällt. Obwohl wir dazu sehr wohl in der Lage sind, legen wir nicht selten das gleiche Verhalten an den Tag wie eine Ente.

Enten sind reizende Geschöpfe, von sanfter Natur und völlig harmlos. Leider haben sie wenig Verstand. Eine Ente ist furchtbar leicht von ihrem Ziel abzubringen. Schon ein niedriger Zaun genügt, um sie von ihrem Futternapf fernzuhalten.

Stellen Sie das Entenfutter auf die andere Seite des Zäunchens. Die Ente sieht ihr Futter und nimmt geradlinig Kurs auf den Napf. Schon wird sie vom Zaun gebremst. Sie schüttelt sich verwundert. Was war das? Komisch. Irgend etwas wollte ich doch gleich ... Ach ja, das Futter! Erneuter Anlauf. Wieder rennt sie gegen den Zaun und wieder und noch einmal!

Wenn Sie Ihren Verstand wie eine Ente einsetzen, dürfen Sie sich über häufige Kopfschmerzen nicht wundern.

Ein Hund hat dergleichen Schwierigkeiten nicht. Szenenwechsel. Hund auf der einen Seite des Zauns, Hundefutter auf der anderen. Der Hund wird sich den Kopf gar nicht erst anrempeln. Er wird versuchen, gleich über den Zaun zu springen, sich unten durchzubuddeln oder irgendwie an ihm vorbeizukommen. Instinktiv untersucht er alle Möglichkeiten. Das nennt man einen lateralen oder kreativen Denker.

Das begrenzte Denkvermögen der Enten wird zutreffenderweise als Scheuklappendenken bezeichnet, ein Phänomen, das auch bei Menschen anzutreffen ist. Jeder verrennt sich ab und zu in irgendeine Sache, sieht nicht nach rechts oder links, nicht nach oben oder unten. Erst wenn es gelingt, das Problem mit einem gewissen Abstand zu betrachten und nach verschiedenen Lösungsmöglichkeiten Ausschau zu halten, wird der Bann des Scheuklappendenkens gebrochen.

Ein Freund erzählte mir folgende Geschichte. Eines Nachts wollte er nach der Arbeit in sein Auto steigen. Da bemerkte er einen Mann, der auf Händen und Knien unter einer Straßenlaterne herumkroch. Auf die Frage, ob er etwas verloren hätte, erwiderte der Mann, er suche seinen Wagenschlüssel. Mein Freund bot seine Hilfe an, und so suchten sie eine Weile gemeinsam. Doch der Schlüssel blieb unauffindbar. Schließlich fragte er den Mann, ob er sicher sei, den Schlüssel hier verloren zu haben.

«Oh, nein», erwiderte dieser. «Ich glaube, es war weiter drüben, aber da ist es dunkel. Hier sehe ich besser.»

Ist es nicht erstaunlich, mit welcher Ausdauer wir manchmal Antworten dort suchen, wo es keine gibt? Das Entensyndrom.

Bevor wir eine Entscheidung treffen und uns ein Ziel stecken, sollten wir es uns zur Gewohnheit machen, nach allen Richtungen hin möglichst offen zu sein und alle Möglichkeiten auszuloten, Alternativen zu suchen, einen besseren, ja den besten Weg. Dabei können Bücher helfen, aber auch Kurse und Gespräche mit Menschen, die bereits in der Richtung unterwegs sind, die man einschlagen möchte. Man sollte jede Information, jeden Rat in Anspruch nehmen, die zur Verfügung stehen. Darüber sollten unsere eigenen Überlegungen aber nicht zu kurz kommen.

Angenommen, Sie möchten Ihre Ernährung umstellen. Welche Hilfe können Sie in Anspruch nehmen? Worauf müssen Sie achten? Was ist zu vermeiden? Das Angebot an Ratgebern ist groß, wie soll man sich da einen Überblick verschaffen? In solchen Fällen hilft eine Liste. Sie erleichtert zum Beispiel den Vergleich von Alternativen oder ist einfach eine schnelle Referenz. Ein Blick genügt, und Sie wissen, was Sie essen beziehungsweise nicht essen dürfen, was wie zubereitet wird und so weiter. Ohne eine solche Liste kann jedes Kochen zu einem Alptraum werden, weil Sie genau diese Einzelheiten am Anfang immer wieder vergessen werden. So aber geraten Sie nicht unter Druck und können kreative Möglichkeiten ersinnen, die Mahlzeiten appetitlich zuzubereiten. Die Liste ist Ihre Rückversicherung, bis Sie Schritt für Schritt selbstsicherer und selbstverständlicher im Umgang mit der neuen Diät werden. Nicht lange, und sie macht Ihnen richtigen Spaß. Dann werden auch die Ergebnisse nicht auf sich warten lassen.

Intuitive Zielsetzung

Bei der intuitiven Zielsetzung verläßt man sich auf sein Gefühl. Manche Menschen scheinen von Natur aus intuitiver veranlagt zu sein als andere. Sie haben ein «gutes», ein «richtiges» Gefühl oder ein «sicheres Gespür». Andererseits gibt es Personen, die jeden spontanen Einfall für eine «Eingebung» halten und nicht zwischen wirklicher Intuition und Wunschdenken unterscheiden können. Wie dem auch sei, Tatsache ist, daß wir alle mehr oder weniger bewußt damit umgehen, denn wir fühlen uns mit einer Entscheidung oder Zielsetzung erst dann wohl, wenn sie nicht nur von einem intellektuellen Standpunkt aus vernünftig erscheint, sondern wir außerdem ein gutes Gefühl dabei haben.

Die intuitiven Fähigkeiten des Geistes lassen sich zu einem wertvollen, zuverlässigen Instrument entwickeln, und zwar mit Hilfe der Techniken der Einsichtsmeditation, besonders durch regelmäßiges Üben der Kontemplation. Aus ihr können profunde Einsichten und ein direktes, intuitives Verständnis einer speziellen Problematik entstehen, was zu ihrer Lösung führen kann. Wird die Meditation über die Stufe der Kontemplation hinaus vertieft, macht der Meditierende die sogenannte Erleuchtungserfahrung, das heißt, er erlangt ein direktes, unmittelbares Verständnis und weiß ohne die Spur eines Zweifels, daß er die richtige Entscheidung getroffen hat.

Intuitiv gewonnene Einsichten über alltägliche Belange lassen sich durch die analytische Vorgehensweise überprüfen und bestätigen. Wenn das Gefühl Ihnen sagt, daß Sie eine richtige Entscheidung getroffen haben, und Sie diese verstandesmäßig verifizieren können, wird Ihr Vertrauen gestärkt, und Sie können voll Zuversicht handeln.

Mögliche Ziele

Beschäftigen Sie sich zuerst mit den wichtigen Fragen. Welchen Sinn hat das Leben für Sie? Der Sinn des Lebens ist nicht weniger als die Essenz all ihrer bisherigen Bemühungen, Ihres Strebens.

Der Sinn meines Lebens ist ...

Als nächstes werfen Sie einen Blick auf das Spektrum Ihrer persönlichen Lebensbereiche:

Persönliche Bedürfnisse
Bedürfnisse des Partners, der Beziehung, der Familie
Körperliches und seelisches Wohlbefinden
Freunde
Beruf
Weiterbildung, Freizeit, Kreativität
Gesellschaftliches/Politisches Engagement
Finanzielle Belastungen
Persönliche Entwicklung

Bemühen Sie sich um Ausgewogenheit. Es macht sich bezahlt. Und nun wird es erst richtig interessant!

Der Schlüssel zu Ihrem geistigen Potential

Der Glaube an ein Ziel
führt zur Gesamtmobilmachung der inneren Ressourcen,
wodurch sichergestellt wird,
daß wir es auch erreichen.

Das Erstaunliche ist, daß dabei *nicht das Ziel* die Hauptrolle spielt, sondern *wie wichtig es uns ist.*

Unser jetziges Glaubenssystem ist das Produkt vergangener Erfahrungen, die als Worte, Bilder und Gefühle in unserem Unterbewußtsein gespeichert sind und uns dazu veranlassen, in Einklang mit ihnen zu handeln. Wenn wir nun ein neues Ziel anstreben, brauchen wir gewissermaßen einen «Abdruck» davon in unserem Bewußtseinsstrom. Wie wir gesehen haben, setzt der Geist das, was wir glauben, in die Tat um, denn er fühlt sich diesem Glauben verpflichtet. Unser neues Ziel muß ihm also «glaubhaft» erscheinen. Tut es das, macht er sich alsbald an dessen Verwirklichung. Die kreativen Fähigkeiten werden mobilisiert, Entscheidungen getroffen, unsere Motivation wird gestärkt, kurz, er läßt nichts unversucht, um das Ziel Realität werden zu lassen.

Aber wie bringt man den Geist dazu, etwas als glaubwürdig zu akzeptieren? Wie etabliert man einen neuen Glauben?

Die Prägung

Drei Komponenten spielen bei diesem Vorgang eine Rolle:

1. Affirmationen
2. Visualisationen
3. Gefühle

Sie sind zugleich ein Hauptbestandteil der Kreativen Meditation.

Anwendungsmöglichkeiten der Kreativen Meditation

Die Anwendung der Kreativen Meditation zusammen mit dem Prägungsvorgang ist äußerst wirksam, will man:

1. gesteckte Ziele erreichen,
2. unerwünschte Gewohnheiten ablegen,
3. positive Gedanken und Gefühle erzeugen, unerwünschte Gefühle loslassen und schwierige Beziehungen harmonisieren.

Zu 1: Jedes beliebige Ziel, an das wir glauben, wird zum Gegenstand der Aktivitäten des Geistes. Ist es von ihm als erstrebenswert und vernünftig, als klar und eindeutig erkannt worden, mobilisiert er sämtliche Ressourcen, motiviert uns zum Handeln und stimuliert unsere kreativen Fähigkeiten. Bei einigen Zielen, die wir uns stecken, wird ihm dies leichter fallen als bei anderen. Liegt das Ziel in weiter Ferne, werden wir abwechselnd von Hoffnung getragen und von Zweifeln geplagt, die sich wie entgegengesetzt wirkende Kräfte verhalten. *Wirkliche* Hoffnung bedeutet, daß wir sowohl motiviert sind, das Ziel zu erreichen, wie auch seine Verwirklichung für möglich halten. Zweifel sind ein Zeichen von Unsicherheit. Je mehr wir davon überzeugt sind, unser Ziel zu erreichen, um so stärker sind wir motiviert, um so kreativer arbeiten wir auf seine Verwirklichung hin.

In der Kreativen Meditation wird die Wiederholung von Affirmationen und gezieltes Visualisieren in Verbindung mit positiven Gefühlen dazu verwendet, dem Unterbewußtsein das neue Ziel einzuprägen. Für diesen «Prägungsvorgang» ist die ständige Wiederholung des angestrebten Vorhabens notwendig, um das Unterbewußtsein von dessen Gültigkeit und Realität zu überzeugen. Das Unterbewußtsein arbeitet wie ein großer Datenpool, in dem alle eingehenden Informationen gespeichert, kategorisiert und zum künftigen Gebrauch bereitgestellt werden. Es tut dies, ohne zu differenzieren, das heißt, es unterscheidet nicht zwischen den Bildern von tatsächlich gemachten Erfahrungen und solchen, die wir uns vorstellen. Wenn wir das Unterbewußtsein wiederholt mit der Information füttern, daß wir gut zeichnen können, und wenn wir die Affirmation durch ein passendes Vorstellungsbild oder eine Sequenz von Bildern unterstreichen, die von dem Gefühl der Befriedigung oder des Stolzes über die gelungene Leistung begleitet sind, wird dort nach einiger Zeit und je nach Intensität des Abdrucks die Information gespeichert, daß wir zeichnen können.

Nehmen wir an, wir hätten mit dem Malen die gleiche deprimierende Erfahrung gemacht, wie der kleine Fritz. Jetzt haben wir vor, die alte Programmierung zu löschen und eine neue «einzuspeisen». Wenn wir dies mit Nachdruck und in der zuvor beschriebenen Weise tun, wird eine kreative Spannung erzeugt, denn die neue Programmierung «Ich kann malen» widerspricht unserer bisherigen Erfahrung. Das innere Gleichgewicht, die Übereinstimmung zwischen Glaube und Erfahrung ist dahin, und wir fühlen uns genötigt, etwas zu unternehmen, um diesem unerquicklichen Zustand abzuhelfen. Derart motiviert beginnen wir, Bücher zu lesen und Kurse zu besuchen. Mit neuem Enthusiasmus widmen wir uns dem Malen, und diesmal macht es uns sogar Spaß. Der Geist ist in jeder Lebenslage unser mächtigster Verbündeter. So ist es sehr nützlich, sich für einzelne Lebensbereiche Ziele zu stecken, die den Geist sinnvoll beschäftigen und uns auf natürliche Weise motivieren und kreativ werden lassen.

Lesen Sie nun noch einmal den Abschnitt über mögliche Ziele, und beschäftigen Sie sich mit Ihren langfristigen, mittelfristigen und kurzfristigen Zielen. Je klarer Ihre Vorstellung davon ausfällt, um so leichter ist es, sie dem Unterbewußtsein einzuprägen und mit Enthusiasmus an ihrer Realisierung zu arbeiten.

Die Ziele können unterschiedlicher Natur und sehr speziell sein, je nachdem ob Sie etwas noch diese Woche, diesen Monat, dieses Jahr oder in diesem Leben erreichen möchten. Gayle und ich haben positive Erfahrungen mit persönlichen Listen gemacht. Jedes halbe Jahr überprüfen wir anhand der Listen unsere Fortschritte und frischen dadurch ganz nebenbei unsere Motivation wieder etwas auf.

Zu 2: Haben Sie sich schon gefragt, warum Vorsätze, die am Silvesterabend für das neue Jahr gefaßt werden, nicht lange halten? Trotz ehrlicher Absichten verblassen sie schon nach wenigen Tagen, und die alte Gewohnheit gewinnt erneut die Oberhand.

Die meisten Menschen geben zu, daß sie schlechten Gewohnheiten frönen, die sie gern los wären. Das Rauchen zum Beispiel. Viele versuchen sich mit Hilfe von Angst zur Aufgabe dieser Gewohnheit zu überlisten, einer Angst, die vielleicht durch den Tod eines Freundes oder Bekannten, der an Lungenkrebs gestorben ist, ausgelöst wird. Oder der Nachbar erliegt einem Herzinfarkt, und man denkt erschrocken ans eigene Übergewicht. Wohlinformiert, wie wir über die Gesundheitsprobleme unserer westlichen Wohlstandsgesellschaft sind, beschließen wir, daß es dringend einiger Veränderungen in unserem Leben bedarf.

Die Angst spornt uns zu ungewöhnlichen Taten an. Zum ersten Mal seit Jahren gehen uns die Zigaretten aus, zwängen wir uns in einen Freizeitanzug und rennen, bis das Herz im Halse schlägt. Im Kühlschrank stapeln sich Dosen mit Diätlimonade statt Bier und Vollwertprodukte anstelle von Tiefkühlkost und Fertiggerichten. Innerhalb von wenigen Tagen schaffen wir ein völlig neues äußeres Bild, zu dem keine Zigaretten mehr gehören, dafür Bewegung an der frischen Luft und bewußtes Essen. Was wir dabei übersehen, ist, daß sich das innere Bild nicht zugleich mit dem äußeren Bild gewandelt hat. Es zeigt Sie nach wie vor als Raucher, der nicht joggt und am liebsten Kartoffelchips ißt und Cola trinkt, weil ihm das eben schmeckt. Inneres Bild und äußere Erfahrung stimmen nicht überein, es kommt zum Konflikt. Äußerlich kommen Sie zwar ohne Zigaretten aus, Sie joggen und essen vegetarisch – aber völlig gegen Ihre innerste Einstellung! Diesem Konflikt entspringt die Entschlossenheit, die alte Harmonie wiederherzustellen, und seufzend kehrt man alsbald zum gewohnten Bild zurück.

Aber nun wird man erst richtig kreativ. Auf jeder Party, jeder Sitzung wird geraucht. Da man ja dauernd passiv mitrauchen muß, kann man sich ebensogut selbst eine Zigarette anstecken. Eine einzige schadet ja nun wirklich nicht! Und das Laufen? Überhaupt kein Problem, außer daß es heute in Strömen regnet. Einmal wird man es ja wohl ausfallen lassen dürfen, oder? Ohnehin ist es schon viel zu spät, und morgen muß man früh aus den Federn. Besser, man schläft aus. Auch was das Essen angeht, kommt bald genug die Gelegenheit für die berühmte Ausnahme. Was sollte nach einem anstrengenden Tag wohl gegen einen Hamburger mit Pommes einzuwenden sein? Man ist viel zu erledigt, um noch zu kochen. Ist der Anfang erst gemacht, folgt rasch Ausnahme auf Ausnahme, und bald kommt der Tag, an dem Sie sich verwundert fragen, was dieses Vollwertzeug eigentlich im Kühlschrank zu suchen hat.

Tief eingeprägte Erfahrungen sind für unsere inneren Bilder verantwortlich, deshalb bewirkt ein rein äußerlich vollzogener Austausch von Bildern absolut nichts. Die Zusammenhänge lassen sich so darstellen (siehe Abb. S. 223):

Die linke Spalte repräsentiert unsere gesammelten Lebenserfahrungen, die als Erinnerungen in unserem Gedächtnis gespeichert sind und unser persönliches Glaubenssystem, unser Weltbild und unser Selbstverständnis prägen. Wenn wir die äußeren Umstände aus Furcht drastisch verändern, zum Beispiel durch eine neue Diät, schaffen wir augenblicklich einen Zustand, der dem inneren Bild widerspricht. Solange das innere Bild nicht verändert wird, besteht das dringende Bedürfnis, die äußeren Faktoren wieder dem gewohnten Bild anzupassen.

Um Gewohnheiten (unsere Handlungen) zu ändern, ist es nötig, unsere Vorstellungen (unsere Art, zu denken) zu ändern.

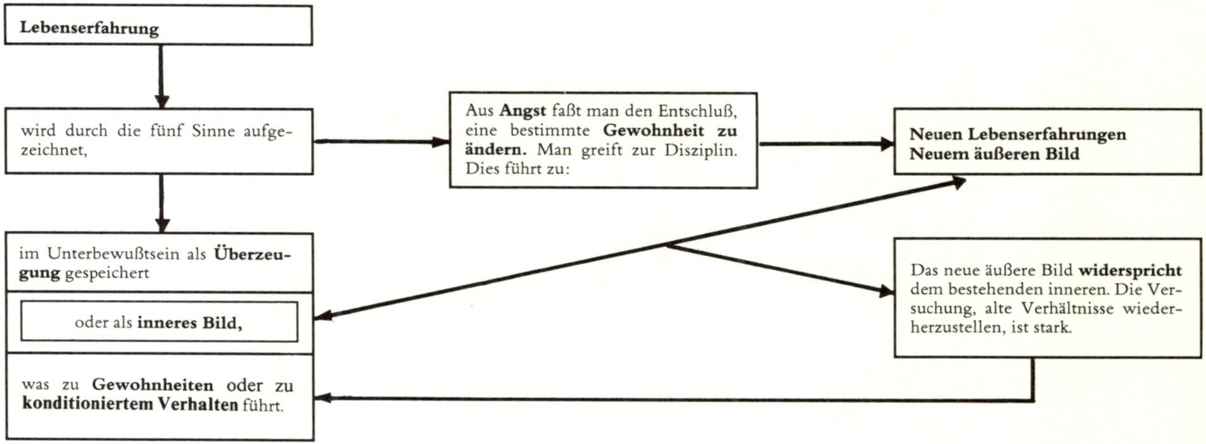
Lebenserfahrung
wird durch die fünf Sinne aufgezeichnet,
im Unterbewußtsein als Überzeugung gespeichert
oder als inneres Bild,
was zu Gewohnheiten oder zu konditioniertem Verhalten führt.
Aus Angst faßt man den Entschluß, eine bestimmte Gewohnheit zu ändern. Man greift zur Disziplin. Dies führt zu:
Neuen Lebenserfahrungen Neuem äußeren Bild
Das neue äußere Bild widerspricht dem bestehenden inneren. Die Versuchung, alte Verhältnisse wiederherzustellen, ist stark.

Wenn Sie das Rauchen aufgeben wollen, ist es völlig unerheblich, wie viele Zigaretten Sie täglich konsumieren. Was zählt, ist Ihre innere Einstellung.

Ich bin mir der Tatsache, ein Nichtraucher zu sein, sehr bewußt. Wenn ich plötzlich eine Zigarette im Mund hätte, käme mir das absurd vor. Ich würde sie aus dem Mund nehmen und ausdrücken, unverzüglich! Wenn nun ein Raucher eine ähnlich starke Auffassung entwickelt, ergeht es ihm nicht viel anders. Schon nach kurzer Zeit findet er die innere Spannung, die entsteht, wenn er trotzdem weiterraucht, unerträglich. Wenn also eine neue, innere Überzeugung Fuß faßt, wird nach und nach alles Nötige geschehen, um die gewünschte Veränderung zu realisieren.

Aber es genügt nicht, sich das Ziel einfach nur vorzustellen. Sie müssen vielmehr einige sehr konkrete Schritte unternehmen. Vielleicht müssen Sie qualifizierte Hilfe in Anspruch nehmen, sich einer Entwöhnungskur unterziehen und Alternativen für all jene Bedürfnisse suchen, die das Rauchen bisher befriedigt hat. Wenn sich die Überzeugung «Ich rauche nicht» aber erst einmal durchgesetzt hat, werden Entschlossenheit und Kreativität Ihnen zu Hilfe kommen.

Um Gewohnheiten zu ändern,müssen Sie:

1. *Das Problem identifizieren.*

In vielen Fällen liegt es offen zutage. Entweder soll das Rauchen aufgegeben werden oder eine ungesunde Lebens- bzw. Verhaltensweise. Dabei interessiert den Geist weniger, wie das Problem entstand, als vielmehr, welche neue Richtung er einschlagen soll. Zielorientiert, wie er ist, springt er darauf am besten an.

2. *Die Lösung identifizieren.*

Dieser Schritt erfordert sehr viel mehr Aufmerksamkeit. Er setzt einen Prozeß der Bewußtwerdung sowie klare Zielsetzungen voraus.

3. *Die Wahl treffen.*

Als nächstes gilt es zu bedenken, daß die eine oder andere Angewohnheit, die wir augenblicklich als «schlecht» einstufen, ein vorhandenes Bedürfnis erfüllte oder noch erfüllt. Warum haben Sie mit dem Rauchen angefangen? Standen Sie unter Gruppenzwang? Haben Sie Anerkennung gesucht? Eine Ablenkung von Streß? Gewiß gab es zum damaligen Zeitpunkt ein echtes Bedürfnis, und Ihre Möglichkeiten, dem Druck auszuweichen oder mit ihm umzugehen, waren begrenzt. Das Rauchen verschaffte Ihnen eine kurze Verschnaufpause und half Ihnen, die Krisensituation zu überstehen. Dafür müssen Sie sich jetzt mit einer ungesunden, hartnäckigen Gewohnheit herumschlagen. Und das ist der springende Punkt. Muß man sich wirk-

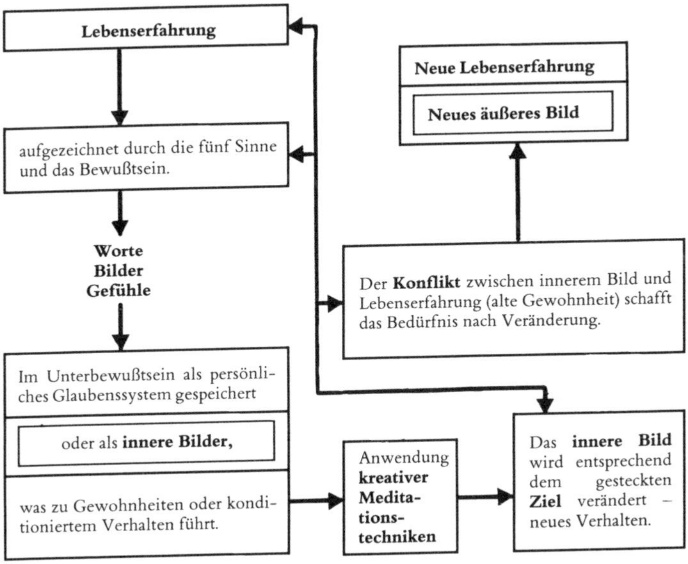

lich damit abfinden? Die Antwort lautet: Nein. Aber man muß sich fragen, ob man die Angewohnheit weiterhin beibehalten *will*, um diese Bedürfnisse zu befriedigen, oder nicht. Oft gibt es das spezielle Problem oder Bedürfnis gar nicht mehr, das einst durch das Rauchen gelöst beziehungsweise befriedigt wurde. Haben sich Ihre Bedürfnisse geändert? Könnten Sie ihnen auch auf andere Weise gerecht werden? Auf eine gesündere, positivere Art? Möchten Sie eine Veränderung, und wenn ja, wie soll sie aussehen? Vielleicht hilft Ihnen die auf S. 225 stehende Graphik bei der Entscheidung.

Angst ist ein schlechter Antriebsmotor, wenn es darum geht, dauerhafte Veränderungen zu erzielen. Viel effektiver ist es, den Grund für ein Problem zu verstehen und verständnisvoll mit sich selbst und seinen Mitmenschen umzugehen.

Die entscheidende Frage, die sich jeder selbst stellen muß, lautet: Ist es besser für mich, die alte Gewohnheit beizubehalten oder sie loszuwerden? Wer sich für letzteres entscheidet, entscheidet sich für eine – in der Regel tiefgreifende – Veränderung. Wodurch aber wird diese Veränderung bewirkt?

4. *Sich die Entscheidung einprägen.*

Diesen Vorgang macht sich die Kreative Meditation zunutze, wobei Affirmationen, Vorstellungsbilder und Gefühle gezielt eingesetzt werden (siehe Graphik S. 225).

Wenn wir eine alte, unerwünschte Gewohnheit ablegen wollen, ist es nötig, ein neues inneres Vorstellungsbild fest im Unterbewußtsein zu verankern. Der Glaube an das neue Ziel mobilisiert sämtliche inneren Ressourcen, was uns in die Lage versetzt, die äußere Realität der neuen inneren anzupassen. Auf diese Weise wird die schlechte Gewohnheit allmählich abgelegt.

Zu 3: Die geschilderte Vorgehensweise läßt sich auch auf unsere emotionalen Reaktionen anwenden, auf unser allgemeines Lebensgefühl oder auf Beziehungen.

Es ist unumstritten, daß traumatische Erlebnisse ihre Spuren im Leben eines Menschen, in seiner Gefühls- und Gedankenwelt hinterlassen. Ein junges Mädchen, das von seinem Vater sexuell mißbraucht wird, macht eine zutiefst erschreckende Erfahrung, die es in große Verwirrung stürzt. Es kann sich niemandem mitteilen. Das Erlebnis prägt sich mit all den damit verbundenen Bildern, Ängsten und Gefühlen tief ein und wird im Unterbewußtsein gespeichert, daß heißt, die Erinnerung an den Vorfall verliert nicht an Intensität, selbst wenn sie erfolgreich in die tiefsten Schichten des Unterbewußtseins abgedrängt wird. In der Folge festigt sich in dem Mädchen die Überzeugung, daß es seinem Vater nicht trauen kann, daß Männer überhaupt nicht vertrauenswürdig sind, daß Sex unangenehm ist, daß irgend etwas nicht mit ihm stimmt (sonst wäre ihm so etwas gar nicht passiert), daß alle Männer Schweine sind und so weiter.

Nun wissen wir, daß der Geist immer in Einklang mit unseren tiefsten, innersten Überzeugungen handelt. Angenommen, das Mädchen gewinnt aus der Schreckenserfahrung der Kindheit die feste Überzeugung, daß alle Männer Schweine sind. Es wird versuchen, die äußere Realität seiner innersten Überzeugung anzupassen, und im späteren Leben magnetisch von Männern und Situationen angezogen werden, die diese Grundüberzeugung bestätigen, obwohl das mit weiteren schmerzhaften Erfahrungen verbunden ist.

Das Bedürfnis nach dem inneren Gleichgewicht, also danach, innere und äußere Wirklichkeit in Übereinstimmung zu sehen, ist so stark, daß wir nicht selten selbst schreckliches Leid und viele Mühen auf uns nehmen, um das hinzukriegen. Wenn wir negativ gepolt sind, werden wir im Leben höchstwahrscheinlich negative Erfahrungen machen.

So kommt es auch, daß manche Menschen von einem Unglück ins nächste stolpern, eine Misere die nächste ablöst. Die anderen sehen das Problem vielleicht ganz deutlich, können aber nicht helfen. Und selbst wenn der Betroffene das Problem erkennt und aus seinem Fehler lernen will, fällt er doch zunächst noch ein paarmal auf die Nase.

Dieses zwanghafte Wiederheraufbeschwören und Wiedererleben von vergangenen Wunden wird verständlicher, wenn man weiß, daß der Geist immer in Einklang mit unseren Überzeugungen handelt.

Nun, dieser Mechanismus hat auch seine guten Seiten! Zwar läßt er immer wieder dieselben schrecklichen Erfahrungen aufleben, aber dadurch gibt er uns auch die Möglichkeit, die belastenden Konflikte aufzugreifen und endlich zu lösen! Mit dem Ergebnis, daß sowohl in unser Bewußtsein als auch ins Unterbewußtsein innerer Friede einkehrt.

Wir müssen lernen, uns den Problemen in unserem Leben zu stellen, sie genau anzuschauen, anstatt gequält oder verständnislos wegzusehen. Wenn wir das tun, ihre Natur begreifen und unsere Einstellung ihnen gegenüber ändern, können wir uns von ihnen befreien. Diesen Prozeß nenne ich das *Erzeugen positiver Gefühle.* Es ist ein Vorgang, der vier Schritte umfaßt:

1. *Meditation*

Mit Hilfe der einfachen Heilmeditation erreichen Sie, daß der Schmutz sich zunächst einmal setzt und Sie etwas tiefer in sich hineinblicken können. Es bedeutet auch, daß Sie traumatische Erlebnisse, Ängste und Konditionierungen loslassen können. Dadurch erlangen Sie Ihr inneres Gleichgewicht zurück, werden freier und können besser auf gewünschte Veränderungen hinarbeiten.

2. *Bestimmung der neuen Richtung*

Werden Sie sich über Ihr neues Ziel klar, über die neue Einstellung, das neue Gefühl, die neue Verhaltensweise. Der Wunsch nach einer bestimmten Veränderung kann das Ergebnis von Kontemplation, Selbst-Analyse, Einsichtsmeditation, Gesprächen mit Nahestehenden oder einer Therapie sein. Das Wichtige dabei ist, den Bereich, der einer Veränderung bedarf, genau zu definieren, und das neue, gewünschte Verhalten zu etablieren.

Angenommen, Sie brausen schnell auf und wollen diese Verhaltensweise ändern. Wie soll Ihre Reaktion künftig aussehen? «Ich reagiere mit Liebe und Geduld» wäre als Alternative denkbar. Wenn Sie davon überzeugt sind, daß dies vernünftig, richtig und erstrebenswert ist, müssen Sie damit beginnen, dem Unterbewußtsein «Liebe» beziehungsweise «Geduld» als neue Überzeugung einzuprägen.

3. *Einprägen*

Gebrauchen Sie Affirmationen, Vorstellungsbilder und Gefühle. Die entsprechenden Details werden im folgenden Kapitel erläutert.

4. *Wiederauftauchen alter Verhaltensmuster*

Akzeptieren Sie es, und lassen Sie sie sofort wieder los.

Die Schritte 1 bis 3 führen bei gängigen Problemen meistens schon zum gewünschten Erfolg. Es ist aber auch keineswegs ungewöhnlich, wenn man auf ein, zwei Dinge stößt, die sich hartnäckig zwischen Sie und Ihr Glück stellen, echte Hindernisse sozusagen. Manchmal tauchen sie in der Meditation spontan auf und lösen eine starke Gefühlsreaktion aus. Das ist nicht schlecht, denn im meditativ-beobachtenden Zustand kann man kritische Situationen mit all den dazugehörigen Gefühlen wiedererleben und neu überdenken oder ein akutes Problem objektiv betrachten. Es ist durchaus möglich, daß Sie es in der Meditation, losgelöst von Emotionen und anderen störenden Faktoren, besser verstehen und bewußt loslassen können. Das verschafft eine große Erleichterung, auch wenn es nicht bedeutet, daß die Erinnerung daran nun aus dem Gedächtnis gelöscht wurde. Aber, und das ist das Wichtige dabei, die schmerzliche Intensität des Gefühls verschwindet, und dadurch wird der negative Einfluß dieser Erinnerung auf Ihr Leben und Ihr Verhalten abgeschwächt, wenn nicht gar beseitigt.

Manchmal scheint es angebracht, alte Verhaltensmuster im Licht der analytischen Einsichtsmeditation zu betrachten. Dabei kann ein Lehrer oder Therapeut wertvolle Hilfe leisten, aber ebensogut kann man sich auch allein daranmachen und sich spezielle Frage- oder Problemstellungen als Grundlage der Meditation vornehmen.

Je mehr Erfahrungen ich in dieser Richtung sammle, um so mehr ziehe ich eine solche sanfte, aber gründliche Auseinandersetzung mit traumatischen Erfahrungen einer einmaligen kathartischen Erfahrung vor. Sie beinhaltet keinerlei Risiken, es werden keine Problematiken gewaltsam aufgebrochen, denen der Betreffende unter Umständen noch gar nicht gewachsen ist, und die Verantwortung liegt in jeder Phase bei einem selbst, denn sie kann nicht auf eine Wundertechnik oder einen berühmten Therapeuten abgewälzt werden.

Positive Emotionen zu erzeugen bedeutet also, alte, verhärtete Gedanken- und Verhaltensmuster in der Meditation neu zu überdenken und loszulassen und sich neue Ziele, Überzeugungen oder Verhaltensweisen einzuprägen. Es ist eine sanfte, aber gründliche Methode, mit der Sie bleibende Erfolge erzielen.

Die einzigen Hindernisse auf diesem Weg sind:

1. Ihr Hängen an alten Gewohnheiten,
2. Ihre Vorstellung davon, was möglich oder unmöglich ist,

3. Ihre mangelnde Entschlossenheit, durchzuhalten und eine wirkliche, dauerhafte Veränderung herbeizuführen.

Manche Menschen glauben, daß ihnen ganz recht geschieht, wenn das Leben sie bestraft und sie leiden müssen. Sie glauben, daß sie es nicht wert sind, geheilt zu werden oder glücklich zu sein. Wenn solche tiefverwurzelten Ansichten übermächtig sind, führen sie zu Resignation und Antriebslosigkeit. Menschen mit einem solchen Selbstverständnis haben das klare Ziel zu leiden vor Augen. Ginge es ihnen gut statt schlecht, geriete ihre Welt in Unordnung. Sie leiden zwar, aber das verschafft ihnen immerhin die Befriedigung, in Einklang mit ihrer innersten Überzeugung zu leben. Paradoxerweise (oder eigentlich logischerweise) sind sie nur glücklich, wenn es ihnen schlechtgeht!

Das Phänomen ist weit verbreitet. Menschen, die daran kranken, weigern sich (oft unbewußt), ihre Lebensanschauung einmal gründlich unter die Lupe zu nehmen und sich zu fragen, ob die Welt denn wirklich so schlecht ist oder ob sie nicht auch gleichzeitig voller Wunder steckt. Ob dieses Leben wirklich so schrecklich ist oder ob es nicht auch etwas Einmaliges darstellt, etwas, das viele Möglichkeiten in sich birgt. Ob tatsächlich ein Dritter bestimmt hat, daß wir es immer nur schwer haben müssen. Ob es nicht doch Hoffnung auf Zufriedenheit und Gesundheit gibt.

Allzuoft suchen wir unser Heil in der Mittelmäßigkeit. Wir sind neidisch, wenn jemand seine Sache gut macht, besser als der Durchschnitt. Wir finden das irgendwie unfair. Die Einsichtsmeditation ist ein wunderbares Mittel, um diese verzerrten Ansichten ans Licht zu bringen. Sie deckt eigene Schwächen und Stärken gleichermaßen auf, hilft, sie zu verstehen und zu überwinden, und läßt uns nachsichtiger mit unseren Mitmenschen werden. In der Einsichtsmeditation erfahren wir die Antriebskraft des Universums, die wirkliche und spürbare Kraft der Liebe.

Unser natürlicher Zustand ist rein, vollkommen und liebend. Wenn wir die alten Konditionierungen loslassen, die auf allen möglichen irrigen Ansichten beruhen, dann sehen wir in jedem Menschen, in jedem Wesen, diesen reinen, klaren Urgrund. Das Leben gibt jedem Menschen Gelegenheit, die Vollkommenheit seines Wesens zu erkennen und zu erfahren. Vielleicht erscheint es uns nicht immer leicht, aber die Mühe lohnt sich. Es ist ein erstrebenswertes Ziel. Es macht unser Leben reicher, als wir uns erträumen können.

10 So erreichen Sie Ihre Ziele

Angesichts der Fähigkeit des Geistes, Glück oder Leid zu erzeugen, vermögen wir den unschätzbaren Wert der drei Meditationspfade erst richtig zu würdigen. Ihre Vorzüge können gar nicht oft genug betont werden. Sie sich zu vergegenwärtigen verhilft zu größerer Klarheit und stärkt unser Vertrauen in den eingeschlagenen Weg.

In der *Heilmeditation* lassen wir die Verstandesaktivitäten zur Ruhe kommen. So lernen wir den Zustand tiefer körperlicher Entspannung und innerer Gelassenheit kennen, in dem die natürlichen Heilmechanismen des Körpers optimal funktionieren. Um diesen Entspannungszustand zu erzeugen, wird die Entspannungsreaktion angewendet.

In der *Einsichtsmeditation* geht es darum, in jedem Augenblick ganz *da* zu sein, den Geist im Jetzt, in diesem Augenblick zu verankern, sich zu vergegenwärtigen, was wirklich ist. Sie führt uns weg von Phantasien und Spekulationen über Vergangenes oder Zukünftiges, so daß wir uns ohne jede Ablenkung dem Augenblick widmen und ihn unbelastet erfahren können. Die Praxis dieser Meditationstechnik ermöglicht es uns in zunehmendem Maß, auch außerhalb der Meditation jeden Augenblick unseres Alltagslebens *bewußt* zu erleben und nicht wie eine Maschine oder aufgrund eines konditionierten Verhaltens zu reagieren. Es ist ein hohes Ziel, und es zu erreichen kommt einem evolutionären Höhepunkt gleich.

In der *Kreativen Meditation* werden die Fähigkeiten des Geistes in schöpferischer Weise genutzt. Der Zwang alter Konditionierungen, die unser Denken und Handeln bestimmen, wird durch neue, klare Zielsetzungen mittels bestimmter Techniken aufgehoben. Bei diesen Techniken handelt es sich um den Prägungsvorgang, um Affirmationen und um Visualisationen.

Als *Prägungsvorgang* wurde der Prozeß bezeichnet, der es uns erlaubt, dem Unterbewußtsein eine Zielvorstellung so tief einzuprägen, daß sie zu einer felsenfesten Überzeugung wird, zu einer inneren Realität und damit zum Gegenstand der kreativen Aktivitäten des Geistes. Ziel des Prägungsvorgangs ist es also, im Unterbewußtsein das Bild einer neuen inneren Wirklichkeit zu etablieren. Gelingt uns dies, mobilisiert der Geist in seinem Bestreben, die äußere Realität der inneren anzupassen, sämtliche Ressourcen.

Affirmationen sind kurze, prägnante Merk-Leitsätze, eine Kurzform des angestrebten Ziels, wenn Sie so wollen. Wünscht man sich beispielsweise eine positivere Lebenseinstellung, kann man dies mit Hilfe einer Affirmation recht gut bewerkstelligen. Sie sollte allerdings nicht vage, sondern klar und deutlich sein. Ein Satz wie: «Ich hoffe, irgendwann in der Zukunft einmal ein positiverer Mensch zu werden, und mit ein bißchen Glück wird es mir vielleicht auch gelingen», beeindruckt den Geist nicht im geringsten. Einer solchen Aussage fehlen die genauen Anhaltspunkte, an denen der Geist sich orientieren kann. Was er braucht, ist eine unmißverständliche Absichtserklärung. Und erst wenn diese sich uns eingeprägt hat, wird sie in Situationen, in denen es darum geht, positiv zu sein, aus dem Unterbewußtsein ins Bewußtsein aufsteigen.

Die Affirmation ist eine Direktive, die unser Verhalten automatisch und unbewußt in der gewünschten Weise beeinflußt. «Ich bin ein positiver Mensch» ist im Gegensatz zu der oben geäußerten Absicht eine unmißverständliche Erklärung. Hat sie sich erst einmal in unserem Unterbewußtsein festgesetzt, wird jedesmal, wenn wir uns in einer entsprechenden Situation befinden, eine leise, innere Stimme flüstern: «Ich bin ein positiver Mensch.» Und um die Situation zu unserer Zufriedenheit zu lösen, müssen wir eine Entscheidung treffen, die wir als positiv bewerten können. Auf diese sanfte, unaufdringliche Art und Weise dirigiert die Affirmation uns in Richtung des gewünschten Ziels.

Doch der Prägungsvorgang geschieht nicht von heute auf morgen, und so haben wir uns ganz besonders am Anfang noch oft genug mit Zweifeln am Sinn und Zweck unseres Tuns und mit gelegentlicher Unlust herumzuschlagen. Möglicherweise ist Ihr Selbstverständnis zu Anfang der Übung sogar ausgesprochen negativ. Davon sollten Sie sich nicht entmutigen lassen, denn schließlich ist der Prägungsvorgang ja gerade jenes Mittel, das Sie mit der Absicht anwenden, eine bestimmte Veränderung herbeizuführen. Sie brauchen auch keine Angst zu haben, daß Sie sich womöglich etwas vormachen, denn Sie tun nichts anderes, als Ihre Aufmerksamkeit in neue Bahnen zu lenken.

Sie wissen nun in etwa, wie der Geist funktioniert, und sind entschlossen, Ihrem Leben eine neue Ausrichtung zu geben. Diese Überzeugung prägen Sie sich tief ein – und nun warten Sie gelassen auf die eintretenden Veränderungen.

Die passende Affirmation

Es gibt eine ganze Reihe von Standardaffirmationen, und ich werde auf den nächsten Seiten einige Beispiele anführen, aber es ist ratsam, sie lediglich als Anregung zu verstehen. Auch wenn die eine oder andere wie maßgeschneidert für Sie sein sollte, geht doch nichts über eine Affirmation, die Sie selbst formuliert haben, weil Ihre eigenen Bilder und Symbole am besten mit dem Unterbewußtsein kommunizieren.

Um wirksam zu sein, müssen Affirmationen folgende Bedingungen erfüllen:

1. Sie müssen in der Ich-Form formuliert sein.
2. Sie müssen im Präsens formuliert sein.
3. Sie müssen unmißverständlich und zielorientiert formuliert sein.

Da ein ganz persönliches Ziel angestrebt wird, beginnen die meisten Affirmationen mit »Ich bin« oder »Ich habe« und so weiter. Das Unterbewußtsein reagiert am besten auf die Sprache der Gegenwart, deshalb formuliert man die Affirmation so, als wäre das Ziel schon erreicht. Man könnte auch sagen, daß man das Ziel im Geist gewissermaßen vorwegnimmt. Also »Ich bin ein positiver Mensch« und nicht »Eines Tages möchte ich ein positiver Mensch sein«.

Weitere Richtlinien:

1. Seien Sie positiv

Sprechen Sie aus, was Sie *wollen*, nicht, was Sie nicht wollen. Der Geist braucht ein eindeutiges Ziel, auf das er sich einstellen kann, einen klaren Fixpunkt, den er ansteuern soll, nicht eine Richtung, in die er *nicht* gehen soll. Also: «Ich bin ein positiver Mensch!» und nicht: «Ich bin kein negativer Mensch mehr.»

2. Stellen Sie keine Vergleiche an

Es ist überflüssig, Vergleiche wie «Ich male so gut wie Hans» anzustellen. Es geht darum, *Ihr* Potential zur Entfaltung kommen zu lassen, und das kann besser oder schlechter als das von Hans sein. Der kleine Fritz würde demnach aus folgender Affirmation den allergrößten Nutzen ziehen: «Ich male gut und schön, und es macht mir großen Spaß.»

3. Setzen Sie sich nicht unter Druck

Termine sind ebenso überflüssig wie Vergleiche. Sie setzen sich damit nur unnötig unter Zeitdruck. Affirmationen erwecken unsere schlummernden kreativen Fähigkeiten zu neuem Leben und aktivieren das innere Weisheitsbewußtsein, welches die wunderbare Eigenschaft hat, uns zur rechten Zeit am rechten Ort sein zu lassen – wenn wir ihm nichts in den Weg legen.

Für den Fall, daß Sie an der chronischen Zuspät-Kommer-Krankheit leiden und den brennenden Wunsch entwickeln, diese unliebsame Angewohnheit abzulegen, könnte Ihre Affirmation zum Beispiel so lauten: «Ich komme pünktlich, zufrieden und unbeschwert zu jeder Verabredung.»

4. Drücken Sie sich deutlich aus

Um es noch einmal zu betonen: Der Geist braucht ein klares, unmißverständliches Ziel. Je präziser Sie es formulieren, desto größer sind die Erfolgsaussichten. Aber denken Sie auch daran, das Ziel nicht einfach nach Entenmanier anzupeilen, sondern nach allen Seiten hin offen zu sein und nach Optionen Ausschau zu halten. Wenn Sie dann Ihre Entscheidung getroffen haben, dürfen Sie allerdings zielstrebig sein. Legen Sie sich nach einiger Zeit Rechenschaft ab über Ihre Fortschritte, und nehmen Sie nötigenfalls Kurskorrekturen vor.

5. Seien Sie realistisch

Ob etwas geschieht oder nicht, hängt davon ab, ob Sie es für möglich halten oder nicht. Bald nachdem Sie die Affirmation «Ich bin ein positiver Mensch» formuliert haben, läßt sich die Stimme des Zweifels vernehmen: «Nein, bist du nicht!» widerspricht sie. Die Reaktion ist völlig natürlich. Es ist die Stimme des alten Glaubens, der bisher das Sagen hatte. Wenn es ihn nicht gäbe, bräuchten wir uns keine Affirmationen auszudenken. Aber es geht ja darum, die Aufmerksamkeit in neue Bahnen zu lenken und unsere kreativen Fähigkeiten zu mobilisieren. Somit initiieren wir einen tiefgreifenden Prozeß der Veränderung, in dessen Verlauf die alte, ausgediente Konditionierung durch eine neue ersetzt wird. Das Echo braucht uns also weder zu überraschen noch aus der Ruhe zu bringen. Solange die Affirmation mehr Gewißheit, mehr Erwartung, mehr Hoffnung, mehr Biß hat als das Echo, wird es dieses schrittweise ersetzen und bald die Führung übernehmen. Natürlich sollte man sich keine Ziele setzen, an die man selbst nicht so recht glaubt. Auch die Perfektion kommt erst an zweiter Stelle. Üben Sie sich in Geduld, und stecken Sie die Ziele erst nach und nach höher.

Nehmen wir an, jemand leidet an einer schweren Krankheit. Anfangs will er selbst nicht so recht an die Möglichkeit einer völligen Genesung glauben, er kann es sich einfach nicht vorstellen. Wenn es ihm möglich ist, wunderbar, aber es wird genausoviel erreicht, wenn er sich zunächst vorstellt, daß sein Zustand sich nicht weiter verschlechtert. Das geschieht. Nun ist die Zuversicht gestärkt, und das nächste Etappenziel kann in Angriff genommen werden, zum Beispiel eine Reduzierung der Symptome. Ist auch dieses Ziel erreicht, kann man auf die vollständige Wiederherstellung der Gesundheit hinarbeiten.

6. Stecken Sie sich ausbaufähige Ziele

Gegen Ende einer Football-Saison geben die Mannschaften noch einmal ihr Letztes, um in die Endrunde zu kommen. Sie wenden ihre ganze Energie auf, um zu siegen und im Finale dabeizusein. Dann haben sie es geschafft. Erstaunlicherweise kann man nun oft die Beobachtung machen, daß die bis dato kämpferischste Mannschaft ihren Biß verliert und im Endspiel zwar dabei ist, aber nicht als Sieger daraus hervorgeht. Ihr Ziel war es, im Finale dabeizusein, aber nicht, es zu gewinnen! Wenn Ihr Ziel in greifbare Nähe rückt, betrachten Sie es noch einmal genau, überlegen Sie, wie es weitergehen soll, und bauen Sie es aus.

7. Verwenden Sie spannungsgeladene Aktionsworte

Das die Affirmation begleitende Gefühl trägt entscheidend dazu bei, wie schnell sie vom Unterbewußtsein akzeptiert wird. Deshalb ist die Wirkung von Affirmationen größer, wenn sie mit Nachdruck und Enthusiasmus ausgesprochen werden. Es kann bereits genügen, die Affirmation mit «Super» zu beenden. «Ich bin ein positiver Mensch, super!» «Super» impliziert eine positive Erwartung. Wenn Ihnen «super» nicht gefällt, können Sie es durch jedes beliebige Wort ersetzen, das Sie gern benutzen, um dasselbe Gefühl auszudrücken. Außerdem sollten Sie immer versuchen, in der Affirmation Vertrauen, Zuversicht, Natürlichkeit und Freude zum Ausdruck zu bringen.

8. Formulieren Sie präzise

Die Worte, die Sie für Ihre Affirmation wählen, sind unbestreitbar Worte der Macht. Achten Sie deshalb genau auf die Interpretationsmöglichkeiten. Ein Freund von mir, der in finanziellen Schwierigkeiten steckte (er brauchte zehntausend Dollar), formulierte eine entsprechende Affirmation. Er bekam das Geld – aber auf schreckliche Art und Weise. Sein Vater starb plötzlich und hinterließ ihm exakt zehntausend Dollar. Zufall oder nicht – es hatte eine verheerende Wirkung auf ihn, weil er mit seinen Schuldgefühlen nicht fertig wurde.

Sie können Mißverständnisse verhindern, wenn Sie die Affirmation mit dem Zusatz «auf harmonische Art und Weise» versehen.

Achten Sie auch auf die Stellung der Worte innerhalb des Satzes. Ein Satz wie: «Ich male gern schöne Bilder» kann bedeuten, daß Sie schöne Bilder malen und es Ihnen Spaß macht, er könnte aber auch so aufgefaßt werden, als würde es Ihnen Spaß machen, schöne Bilder zu malen, wenn Sie malen könnten, was nichts anderes bedeutet, als daß Sie immer noch schlecht malen und keinen Spaß daran haben. Seien Sie also so klar und präzise wie möglich, und achten Sie auf die Wahl Ihrer Worte: «Ich male gut und schön, und es macht mir Freude.»

Meditieren Sie über die gewählte Affirmation, um ihre wahre Bedeutung zu erfassen und herauszufinden, ob sie auf Sie zutrifft.

9. Ausgewogenheit

Affirmationen können sehr weitreichende Auswirkungen auf Ihr Leben haben. Wenn Sie sich mehrere Ziele stecken wollen, überprüfen Sie jedes einzelne ganz genau. Achten

Sie auf ein ausgewogenes Verhältnis zwischen Ihren persönlichen, körperlichen, seelischen und geistig-spirituellen Bedürfnissen sowie denen Ihrer Familie und Ihres sozialen Umfelds.

Affirmationsbeispiele

Für eine bessere Gesundheit: «Jeden Tag geht es mir in jeder Hinsicht besser.»

Dies ist eine der ältesten und berühmtesten Affirmationen. Sie wurde zuerst von dem Franzosen Emile Coué verwendet und ist auch heute noch eine der wirkungsvollsten Hilfsmittel, um unsere Antriebskraft in Richtung einer besseren Gesundheit zu lenken.

Für bessere Beziehungen: «Ich reagiere mit Liebe und Verständnis.»

«Ich begegne diesem Menschen/Tag mit Liebe.»

Für eine positivere Einstellung: «Ich bin ein positiver Mensch.»

Zur Steigerung der Selbstachtung: «Ich bin ein wertvoller Mensch.»

«Ich bin es wert, glücklich zu sein.»

«Ich bin liebenswert.»

«Meine wahre Natur ist vollkommen.»

«Gott hat einen Plan für mein Leben. Meine Gedanken und Handlungen stimmen damit überein.»

Zur Fähigkeit, sich zu ändern: «Ich kann meine Gewohnheiten oder Ansichten dauerhaft verändern.»

«Meine Motive sind lauter und zu meinem Besten.»

«Ich handle immer im richtigen Augenblick.»
«Ich gebe nicht auf.»
«Ich hänge nicht am Erfolg.»

Ehe wir die Feinheiten der Anwendung des Prägungsvorgangs im Zusammenhang mit Affirmationen, Vorstellungsbildern und Gefühlen erörtern, zunächst noch ein paar Worte darüber, wie man Vorstellungsbilder erzeugt.

Kreative Vorstellungsbilder

Am Prägungsvorgang sind Worte, Bilder und Gefühle beteiligt. Kreative Vorstellungsbilder sind innere Bilder, die wir einsetzen, um dem Unterbewußtsein ein neues Ziel einzuprägen.

Die meisten Menschen können innere Bilder ohne größere Schwierigkeiten erzeugen. Man schließt die Augen und stellt sich zum Beispiel eine Szene vor – so als säße man im Kino. Manche Menschen benötigen dazu ein wenig Übung. Betrachten Sie zunächst ein Bild oder ein Foto, prägen Sie es sich gut ein, schließen Sie die Augen, und versuchen Sie, es vor Ihrem geistigen Auge wiedererstehen zu lassen. Als nächstes versuchen Sie, einen vertrauten Ort zu visualisieren. Mit etwas Geduld und Übung kann fast jeder Mensch intensive, von entsprechenden Gefühlen begleitete Vorstellungsbilder erzeugen.

Je anschaulicher das innere Bild ausfällt, um so besser prägt es sich dem Unterbewußtsein ein. Beteiligen Sie also, wenn möglich, alle Sinne am kreativen Vorstellungsprozeß. Fühlen Sie, schmecken, riechen und hören Sie. Visualisieren Sie so realistisch wie möglich.

Innere Bilder lassen sich in drei Kategorien einteilen: in realistische, symbolische und abstrakte Bilder.

Realistische Bilder sind solche, bei denen man sich das Ziel, zum Beispiel eine neue Verhaltensweise, möglichst wirklichkeitsgetreu vorstellt, so wie man es haben möchte. Sie eignen sich für jede Situation, in der eine solche Art der Zielvorstellung möglich ist, zum Beispiel im Sport. Ein ehemaliger Kursteilnehmer, ein Golfchampion, erzählte beispielsweise, daß er die Hälfte seiner Trainingsstunden mit geschlossenen Augen im Lehnstuhl verbringt! Dann feilt er in der Vorstellung immer wieder an seinem Schlag, bevor er sich zum eigentlichen Spiel auf den Rasen begibt.

Wenn Sie ein konkretes Ziel haben, zum Beispiel das Rauchen aufzugeben, können kreative Vorstellungsbilder Ihnen dabei wertvolle Dienste leisten. Stellen Sie sich eine typische Situation vor, in der Sie rauchen würden – nur daß Sie es diesmal nicht tun! Sie sind gelassen und sogar ein klein wenig stolz auf ihre Leistung. Diese Vorstellung in Verbindung mit einer Affirmation – zum Beispiel: «Ich bin ein glücklicher, ausgeglichener Nicht-Raucher» – ist die beste Garantie für eine Veränderung des Verhaltens. Diese Technik schafft auch Abhilfe bei konditionierten Aversionen, zum Beispiel zwanghaftem Erbrechen vor einer chemotherapeutischen Behandlung. Eine solche Konditionierung wird durch die Entspannungsreaktion und nachfolgende innere Vorstellungsbilder von der gewünschten neuen Verhaltensweise aufgebrochen, so daß diese Fuß fassen kann.

Die Übung innerer Vorstellungsbilder im Zusammenhang mit einer einfachen Meditation ist darüber hinaus ein wirksames Gegenmittel bei Phobien. Angenommen, Sie leiden unter der Angst vor Spinnen, der sogenannten Arachnophobie. Schon der Gedanke an eine Spinne versetzt Sie in panische Angst. Im entspannten Zustand jedoch können Sie sich eine Spinne im Haus des Nachbarn vorstellen, ohne eine direkte Bedrohung zu verspüren. Sie üben, bei dem Gedanken an eine Spinne ruhig zu bleiben, und allmählich können Sie sie in der Vorstellung näher heranholen, so nahe, wie es Ihnen erträglich ist. Sobald sich ein gewisses Unbehagen einschleicht, entfernen Sie die Spinne in der Vorstellung und entspannen sich wieder. Notfalls öffnen Sie die Augen und vergewissern sich, daß alles in Ordnung ist.

Schrittweise werden Sie mit dieser Übung Fortschritte erzielen. Nach einer Weile können Sie sich die Spinne über der Haustür vorstellen. Dann, wenn auch diese Vorstellung Sie nicht mehr aus der Fassung bringt, holen Sie sie ins Haus, erst in den Flur, dann ins Nebenzimmer, immer ein wenig näher. Wenn Sie auch bei der Vorstellung einer Spinne an der gegenüberliegenden Wand noch ruhig bleiben können, gehen Sie noch einen Schritt weiter. Stellen Sie sich vor, daß Sie einen Raum betreten – und plötzlich eine Spinne in der Ecke sitzen sehen. Aber Sie reagieren völlig ruhig, ohne in Panik zu geraten. Gelassen nehmen Sie die Anwesenheit der Spinne zur Kenntnis, kümmern sich aber nicht weiter darum und fühlen sich durch die Gegenwart des Tieres nicht im geringsten gestört.

Natürlich erfordert dieser Prozeß der Desensibilisierung Zeit. Wahrscheinlich müssen Sie viele, viele Stunden investieren, bis Sie eines Tages, wenn Sie gelernt haben, den Anblick einer Spinne in der Vorstellung gelassen und entspannt zu ertragen, auch den Härtetest in einer Alltagssituation bestehen. Sie wären nicht der erste, der feststellt, daß die Mühe sich gelohnt hat!

Mit der gleichen Methode werden auch Chemotherapie-Patienten desensibilisiert. Sie lernen, sich tief zu entspannen. In diesem Zustand werden sie angewiesen, sich vorzustellen, daß sie sich auf den Weg zur Behandlung machen. Sie parken das Auto vor der Klinik, steigen aus. Sie passieren die Pforte, steigen in den Aufzug, nehmen im

Wartezimmer Platz. Sie werden ins Behandlungszimmer gerufen, erhalten die Spritze. Wenn im Verlauf der Visualisierung die Entspannung durch das Auftreten von Unwohlsein gestört wird, wird die Szene unterbrochen. Sie gehen ein, zwei Bilder zurück, lassen das Unwohlsein abflauen und entspannen sich wieder. Vielleicht kommen Sie beim ersten Anlauf nicht weiter als bis zum Parkplatz vor der Klinik, aber das macht nichts. Die Sitzung wird erst beendet, nachdem das Unbehagen dem Gefühl der Entspannung gewichen ist, damit kein schaler Nachgeschmack bleibt. In der nächsten Sitzung gelingt es dann vielleicht schon, einen Schritt weiter zu gehen, und ganz allmählich pirscht man sich entspannt und gelassen an die eigentliche Behandlung heran, bis man sie ertragen kann, ohne das Gefühl der Ruhe und Gelassenheit zu verlieren.

Menschen, die regelmäßig Injektionen brauchen, können sich auf dieselbe Weise helfen. Man kann sich aber auch einfach nur auf einen gefürchteten Zahnarztbesuch vorbereiten oder auf eine unangenehme Aufgabe. Wenn Sie eine Rede halten sollen und deswegen nicht mehr schlafen können, setzen Sie sich still hin, schließen Sie die Augen, und entspannen Sie sich. Dann spielen Sie die Situation in Gedanken durch, Detail für Detail, wie bei einer Generalprobe. Visualisieren Sie das Ereignis so anschaulich wie möglich, so als stünden Sie in diesem Augenblick am Rednerpult vor einer großen Zuhörerschaft. Wenn an irgendeinem Punkt Nervosität, Unsicherheit oder gar lähmende Angst auftaucht, unterbrechen Sie die Visualisation, und entspannen Sie sich. Ruhen Sie im meditativen Zustand. Wenn die Nervosität Ihnen auf den Magen schlägt, entspannen Sie ihn ganz bewußt. Atmen Sie langsam und gleichmäßig, und stellen Sie so das innere Gleichgewicht wieder her. Dann nehmen Sie die unterbrochene Szene erneut auf. Übertragen Sie das entspannte Gefühl auf die beunruhigende Situation, immer und immer wieder. Es wird Ihnen mit jedem Mal besser gelingen, so daß Sie Ihre Rede im Geist schließlich von Anfang bis Ende gelassen, entspannt und sogar ein wenig stolz halten können.

Die kreative Visualisation ist ein ungemein potentes mentales Training für jeden, der an sich arbeiten möchte.

Schmerzkontrolle durch Visualisation

In meinem Buch *So können Sie den Krebs besiegen* beschäftige ich mich ausführlich mit diesem Thema. Im Zusammenhang mit den dort beschriebenen Methoden hat sich die Visualisation als Schmerzkontrolltechnik bewährt.

1. Legen Sie sich hin, oder sitzen Sie in aufrechter Haltung da. Schließen Sie die Augen.

2. Entspannen Sie sich trotz der Schmerzen, so gut es geht, aber versuchen Sie nicht, etwas zu erzwingen. Falls Sie bereits eine Meditationspraxis ausüben, versuchen Sie, sich das vertraute Gefühl der Entspannung ins Gedächtnis zu rufen und die Entspannungsreaktion auszulösen.

3. Lokalisieren Sie den Schmerz.

4. Lenken Sie Ihre Aufmerksamkeit an den Ort des Schmerzes, zum Beispiel in den Bauch. Wo genau sitzt er? Direkt unter der Haut? Oder tiefer? Mehr im Magen oder mehr im Darm?

5. Geben Sie dem Schmerz eine Form. Fühlt er sich rund an wie ein Ball oder eher eckig und kantig?

6. Versuchen Sie, Größe und Lage zu bestimmen. Liegt er quer oder längs? Ist er eher klein oder größer? Zentriert oder diffus?

7. Wie ist der Schmerz beschaffen? Ist er hart oder eher durchlässig? Schwer oder leicht? Fühlt er sich überall gleich an?

8. Hat er eine Oberfläche? Fühlt sie sich eher rauh an oder glatt? Oder vielleicht pelzig?

9. Welche Farbe hat er? Wenn Sie es nicht mit Bestimmtheit sagen können, versuchen Sie sich vorzustellen, welche Farbe er haben könnte.

Nachdem Sie sich auf diese Weise ein klareres Bild von dem Schmerz gemacht haben, können Sie folgendes tun:

1. Wiederholen Sie die Schritte 1–9 mehrmals. Diesen Vorgang nennt man *Scanning* oder Abtasten, weil man mit seiner Hilfe den ganzen Körper gründlich abtastet, den Schmerz genau lokalisiert und untersucht. Wenn Sie möchten, bitten Sie jemanden, die Anweisungen vorzulesen. Ihr Helfer kann ein Weiteres für Sie tun, wenn er sich vorher ebenfalls entspannt, das heißt sein eigenes inneres Gleichgewicht wiederherstellt und die Anweisungen mit ruhiger, vertrauensvoller Stimme vorliest.

Oft genug verschwindet der Schmerz einfach, wenn man sich auf diese Weise mit ihm auseinandersetzt.

2. *Lokale Entspannung.* Nachdem Sie den Schmerz möglichst umfassend untersucht haben, lenken Sie nun die Aufmerksamkeit direkt in das Schmerzzentrum und beginnen, es bewußt zu entspannen. Das mag zunächst zu einer Intensivierung des Schmerzes führen, läßt sich aber leider nicht vermeiden. Diese Vorgehensweise befähigt Sie wie keine andere dazu, durch den Schmerz hindurchzugehen und sich von ihm zu befreien. Natürlich fällt dies leichter, wenn man bereits über eine gewisse Meditationserfahrung verfügt und infolgedessen mit der Entspannungsreaktion vertraut ist, aber sie funktioniert auch, wenn diese Voraussetzung nicht gegeben ist. Wenn man beginnt, den Schmerz von innen heraus zu entkrampfen, löst er sich langsam wie

ein Knoten oder wie eine Blase, die im Zeitlupentempo zerplatzt. Dann breitet sich eine wohltuende Welle der Wärme und Entspannung aus, die schließlich den ganzen Körper erfaßt.

3. Unter bestimmten Umständen kommt es während der Phase der bewußten Konzentration auf den Schmerz zu einer natürlichen Ausschüttung von körpereigenen Schmerzkillern, den sogenannten *Endorphinen.* Diese Erfahrung machen beispielsweise Langstreckenläufer, wenn sie nach zwölf oder vierzehn Kilometern plötzlich «die zweite Luft» bekommen und die Schmerzgrenze durchbrechen, was geradezu mit einer Euphorie verbunden ist. Die Schmerzempfindung wird einfach aufgelöst, und nicht selten entsteht das Gefühl außerordentlichen Wohlbefindens. Dieser Schutzmechanismus ist die Antwort des Körpers auf einen kaum mehr erträglichen, anhaltenden Schmerz. Manche Menschen sind in der Lage, diesen Mechanismus bewußt auszulösen, was sie zu außerordentlicher Schmerzkontrolle befähigt.

4. *Mit dem Schmerz reden.* Einige Menschen stellen fest, daß sie mit ihrem Schmerz reden können. Das mag zunächst absurd klingen. Trotzdem gibt es Menschen, die während der Visualisation den Schmerz spontan als Mensch, als Tier oder als irgendein anderes Objekt wahrnehmen, mit dem sie kommunizieren können. Dies ist eine von vielen Möglichkeiten, deren sich das kreative Unterbewußtsein bedient, um eine Verbindung zu unserem Höheren Selbst, unserem Weisheitsaspekt, herzustellen, das wir befragen können. Oft entsteht daraus eine tiefe, befreiende Einsicht in die Natur des Schmerzes. Die Kommunikation könnte zum Beispiel so aussehen:

«Kann ich wirklich mit dem Schmerz reden?»

Lautet die Antwort «ja», könnten Sie folgende Fragen stellen:

«Was verursacht den Schmerz?»

«Warum habe ich ihn?»

«Was ist nötig, damit er verschwindet?»

Obwohl ich persönlich diese Methode nicht anwende, weil ich mit dem Scanning und der lokalen Schmerzentspannung gute Ergebnisse erziele, hat sie sich bei einigen Menschen bestens bewährt.

Alle hier beschriebenen Schmerzkontrolltechniken führen zu einem angstfreien Umgang mit dem Schmerz, der dann zwar als unangenehm, aber frei von Verzweiflung, erlebt wird. Der Umgang mit dem Schmerz ist nicht tabu, sondern natürlich.

Die Grenzen realistischer Vorstellungsbilder

Wenn es um komplexe Vorgänge oder Situationen geht, die unser Wissen, Verständnis oder Vorstellungsvermögen schlichtweg übersteigen, bleibt die Vorstellung zwangsläufig unklar. Hier liegen die Grenzen der Visualisationstechnik. Das ist zum Beispiel bei der Heilmeditation ein Manko. Der sehr komplexe Heilungsprozeß eines gebrochenen Beines läßt sich durchaus günstig beeinflussen, dies aber mittels einer möglichst realistischen Vorstellung bewerkstelligen zu wollen würde mehr als nur außerordentliche anatomische Kenntnisse voraussetzen.

Bis vor nicht allzulanger Zeit herrschte in der Medizin die Meinung, daß derart komplexe Vorgänge unbewußt ablaufen und bewußt nicht steuerbar sind. Die moderne Forschung hat diese Lehrmeinung allerdings widerlegt. Sie hat entdeckt, was Yogis und Mystiker schon seit Jahrtausenden wissen und praktizieren, nämlich, daß es möglich ist, *alle* Körperfunktionen, auch die sogenannten unbewußten, zu steuern. Mittlerweile gibt es nicht nur gut dokumentierte Fälle von Yogis, die ihren Metabolismus so weit herabsetzen können, daß sie es tagelang in luftdichten Behältern aushalten, sondern auch von ganz gewöhnlichen Menschen, die Beachtliches geleistet haben. Bahnbrechend war in dieser Hinsicht zweifelsohne das Biofeedback, aber niemand ist auf Biofeedback-Apparaturen angewiesen, um die Selbstheilungskräfte des Körpers aktivieren zu können. Der Prägungsvorgang bewirkt in Verbindung mit symbolischen und abstrakten inneren Bildern exakt dasselbe.

Symbolische Bilder

Mit inneren Bildern nimmt man bewußt Einfluß auf unbewußte Abläufe.

Dieses Prinzip ist der Schlüssel zum Verständnis des bewußt gesteuerten Heilungsvorgangs. Zwischen der Absicht beziehungsweise dem Wunsch nach Heilung und den unbewußten Heilprozessen muß eine Verbindung hergestellt werden. Das geschieht mit Hilfe des inneren Bildes, das langsam, aber sicher alle Bereiche der Medizin revolutioniert, die dieses Potential indirekt schon lange durch den erfolgreichen Einsatz von Placebos nachgewiesen hat. Unser Ziel ist allerdings, die Selbstheilungskräfte bewußt und gezielt anzuregen.

Dazu bedienen wir uns unter anderem des symbolischen Vorstellungsbilds, dessen symbolischer Gehalt den uns mittlerweile wohlvertrauten Prägungsvorgang initiiert. So kann man ein gebrochenes Bein beispielsweise als eingestürzte Brücke visualisieren, die von einem Bautrupp wieder instand gesetzt wird. Dieser Vorgang symbolisiert den Heilungsprozeß. Das bewußt erzeugte innere Bild von der

Instandsetzung der Brücke wird vom Unterbewußtsein völlig richtig als Symbol für die Heilung des Beins entschlüsselt.

Symbolische Vorstellungsbilder für Krebskranke

Um diesen Vorgang an einem praktischen Beispiel zu erläutern, wollen wir die Anforderungen betrachten, die das symbolische Krebs-Vorstellungsbild unbedingt erfüllen muß. Ich wähle das Beispiel Krebs, weil ich hier die meisten Erfahrungswerte habe.

Bei der Wahl der Symbole für ein Vorstellungsbild hält man sich am besten an solche, die einem spontan einfallen. Wenn der Sinn der Übung klar ist und man versteht, warum man so und nicht anders vorgeht, geschieht das in der Regel wie von selbst. Es ist nicht ratsam, die Symbole eines anderen Patienten zu übernehmen, es sei denn, daß einem dieselben Bilder ebenfalls spontan einfallen. Andere Menschen finden ihre Symbole erst, wenn sie über ihre Krankheit nachdenken oder meditieren.

Beginnen wir also mit dem Vorstellungsbild im Fall von Krebs.

1. *Als Vorstellungsbild für den Krebs wählt man etwas Kleines, Schwaches, Verletzliches und Unorganisiertes.* Diese Vorstellung entspricht den Tatsachen, denn Krebszellen sind sogenannte entartete Zellen, Wucherzellen, die ihre ursprüngliche Funktion nicht mehr erfüllen, sondern sich unorganisiert, wild wuchernd verbreiten.

2. *Im Gegensatz dazu wird die Körperabwehr als etwas Organisiertes, Schlagkräftiges und Zielgerichtetes visualisiert.* Auch das entspricht der Realität. Das Immunsystem ist in der Tat ein phantastisch ausgeklügeltes Abwehrsystem, ein intelligen-

ter, selbstregulativer Mechanismus, der uns schon viele Male vor Krebs bewahrt hat. Das enorme Potential der Immunabwehr wird durch ein geeignetes Symbol tatkräftig unterstützt.

3. *Jede Form der Behandlung, für die wir uns entscheiden, sollte stark genug sein, um den Krebs besiegen zu können.* Ferner sollte sie nur die Krebszellen attackieren und keine schädigende Wirkung auf den Rest des Körpers haben oder höchstens eine so geringe, daß dieser sich schnell davon erholen kann.

4. *Die verwendeten Bilder sollten so anschaulich, klar und positiv wie möglich visualisiert werden.* Setzen Sie alle Sinne ein, das heißt, sehen Sie die Symbole nicht nur, sondern hören, riechen, fühlen und schmecken Sie sie auch.

Nachdem Sie sich für ein geeignetes Bild entschieden haben, drehen Sie einen kleinen «Heilungsfilm», der sowohl die Heilung Ihrer Krankheit als auch generell eine bessere Gesundheit zum Thema hat.

Der Heilungsfilm

Er zeigt Bild um Bild, wie der Krebs besiegt wird. Die Erfahrung lehrt, daß es ungleich wirkungsvoller ist, Symbole der Gewalt zu vermeiden, es sei denn, sie tauchen spontan auf und erweisen sich als sehr hartnäckig. Der Krebs ist zwar eine Krankheit, als solche aber auch Teil des Körpers, Ihres Körpers. Die Vorstellung von Piranhas, die in den Eingeweiden toben, oder das Krebsgeschwür als Schauplatz des dritten Weltkriegs und Symbol für den Selbstheilungsprozeß des Körpers können zwar effektiv sein, tragen aber wenig zur Harmonisierung bei. Als mögliche Symbole kommen zum Beispiel folgende Bilder in Frage:

- Der Körper als Fabrik, der Krebs als Schmutz, das Immunsystem als Putztrupp.
- Arterien und Venen als Röhren, der Krebs als Pfropfen, der die Röhren verstopft, die Behandlung und das Immunsystem als Team von Spezialisten, die den Pfropfen entfernen.
- Der Körper als Garten, der Krebs als wucherndes Unkraut, das Immunsystem als Gärtner, der das Unkraut ausgräbt und verbrennt und darauf achtet, daß nichts nachwächst.
- Der Krebs als Weinstock, das Immunsystem als Vogelschwarm, der über den Weinstock herfällt und die Trauben auffrißt.

Es ist unbedingt darauf zu achten, daß die Symbole wirklich den Kern treffen. Um unbewußte Fehlinterpretationen auszuschließen, ist es ratsam, sich von jeder Szene des Films eine Skizze anzufertigen, diese mit Angehörigen und Freunden durchzusprechen, wenn möglich auch mit einem Therapeuten, und nötigenfalls Verbesserungen vorzunehmen.

Am Ende des Films wird noch einmal klar und deutlich das übergeordnete Ziel «Gesundheit» aufgegriffen, und zwar in der Gestalt des Patienten, der sich als völlig genesen und bei bester Gesundheit visualisiert, zuversichtlich und zufrieden, wie jemand, der die wesentlichen Ziele im Leben erreicht hat. Wenn dieses Bild im Unterbewußtsein fest verankert ist, regt es den Selbstheilungsprozeß an, und der erste Schritt zur Verwirklichung des Ziels ist getan.

Viele Menschen wählen naturverbundene Bilder, um den allgemeinen Wunsch nach Gesundheit auszudrücken. Sie sehen sich am Strand laufen oder im Gebirge wandern, kraftvoll ausschreitend, Gesundheit, Selbstvertrauen und Lebensfreude ausstrahlend.

Ein solches Bild ist übrigens ein vortrefflicher Abschluß für jede Meditationssitzung.

Abstrakte Bilder

Immer häufiger stelle ich fest, daß vielen Menschen allgemeine oder abstrakte Vorstellungen leichter fallen als konkret-realistische. Mit einem abstrakten Bild wird selten ein negativer Inhalt in Verbindung gebracht, und es läßt weniger falsche Interpretationen zu. Wenn Sie Vorstellungsbilder verwenden möchten, probieren Sie es zuerst mit dieser Technik. Abstrakte Bilder scheinen sich besonders gut für die Visualisation allgemeiner oder übergeordneter Ziele zu eignen. Sie beruhen auf der Vorstellung von Bildern mit archetypischem Gehalt, die eine sehr direkte Wirkung haben und von vielen Menschen intuitiv auf dieselbe Weise gedeutet werden.

Eine der am häufigsten verwendeten abstrakten Visualisationen ist die *Meditation mit weißem Licht.* Es ist eine Serie von machtvollen, ansprechenden Vorstellungsbildern, die eine revitalisierende, ja verjüngende Wirkung auf den Meditierenden haben und die Selbstheilung beschleunigen, aber auch die Entwicklung einer altruistischen Einstellung fördern.

> Setzen Sie sich bequem hin ... Schließen Sie die Augen ... Richten Sie die Gedanken nach innen ... Denken Sie daran, daß die folgenden Minuten ganz Ihrer Gesundheit gewidmet sind ...
> Entspannen Sie den Körper ... Spüren Sie die Muskeln weich und locker werden ... Sie fühlen sich schwer, als würden Sie in den Sessel gedrückt ... Spüren Sie, wie die Spannungen den Körper verlassen ... Entspannen

Sie sich tiefer und tiefer ... Lassen Sie alle Verspannungen los ... überall im Körper ... immer tiefer ... Es ist ein gutes Gefühl ... Entspannen Sie die Stirn ... sie fühlt sich glatt und gut an ... Sie spüren keinen Druck mehr ... entspannen Sie sich völlig ... tiefer und tiefer ... immer mehr ... lassen Sie los ... alles los ...
Vergegenwärtigen Sie sich den Atemvorgang ... ob schnell oder langsam, ist völlig unwichtig ... Werden Sie sich nur bewußt, wie Sie atmen ... einatmen ... ausatmen ... ein ... aus ... Stellen Sie sich vor, daß Sie reines, weißes Licht einatmen ... Mit jedem Einatmen sehen Sie dieses klare, weiße Licht durch die Nasenlöcher einströmen und in die Lungen und Bronchien hinabsinken ... unaufhörlich ... Allmählich erfüllt es den ganzen Brustkorb ... Beim Ausatmen stellen Sie sich vor, daß grauer Dunst ausströmt und mit ihm alle alte, kranke, verbrauchte Energie ... alles Unerwünschte ... Beim Einatmen strömt reines, weißes Licht durch die Nasenlöcher ein und mit ihm Kraft, Frische und Vitalität ... Mit dem Ausatmen setzen Sie alles Alte, Kranke und Unerwünschte frei ... als schmutziggrauer Dunst verläßt es den Körper ... Wieder atmen Sie reines, weißes Licht ein, Frische und Vitalität ... Beim Ausatmen verläßt alles Alte, Kranke und Unerwünschte Ihren Körper ... Atmen Sie tief aus, und setzen Sie es frei ...
Wenn Sie möchten, können Sie sich das weiße Licht als aus einer Quelle kommend vorstellen ... Die Quelle entspricht Ihrer Vorstellung von einem übergeordneten oder göttlichen Prinzip ... Sie können dieser göttlichen Quelle eine menschliche Form geben, deren Herzmitte das Licht entströmt ... Wenn Sie die Quelle als etwas Abstraktes empfinden, stellen Sie sich im Zentrum dieser «Form» eine Sonne vor, von der Strahlen des weißen Lichts ausgehen ... Beim Einatmen strömt es durch die

Nasenlöcher ein und erfüllt Sie mit Vitalität, mit Gesundheit, mit Kraft ... Beim Ausatmen setzen Sie Altes, Krankes und Unerwünschtes frei ... Es verläßt Ihren Körper als schmutziggraue Wolke ... Mit jedem Einatmen füllen Sie sich mit göttlichem, reinem, weißem Licht ... Mit jedem Ausatmen werden die alten, verbrauchten Energien abtransportiert ... alles, wovon Sie frei sein möchten ... überlassen Sie sich dem natürlichen Atemrhythmus, der sich wie von selbst einstellt ... Atmen Sie weißes, heilendes Licht ein ... Es strömt durch die Nasenlöcher in die Lungen und Bronchien hinab ... erfüllt den gesamten Brustraum ... Beim Ausatmen setzen Sie alle alte, kranke und verbrauchte Energie in der Form von grauem Dunst frei ... reines, weißes Licht einatmen ... alte, graue Energie ausatmen ... ein ... aus ... ein ...

Ununterbrochen strömt das weiße Licht in Ihren Körper ... wird stärker und intensiver ... immer heller ... die grauen, verbrauchten Energien werden immer weniger, bis das weiße Licht den ganzen Brustkorb ausfüllt ... Es fühlt sich angenehm warm an ... wohlige Wärme breitet sich aus ...

Mit jedem Atemzug nehmen Sie mehr von dem weißen Licht auf, bis Sie das Gefühl haben, daß Ihre Lungen selbst wie weißes Licht sind ... als strahle der ganze Brustkorb weißes Licht aus ... Mit jedem Atemzug nehmen Sie mehr von dem weißen Licht auf, bis es schließlich überläuft ... es strömt in den Magen, der sich sofort entspannt ... Sie sehen, wie das weiße Licht sich ausbreitet ... spüren seine wohlig entspannende, heilende Wärme ... Setzen Sie alle alte, verbrauchte und kranke Energie frei ... Lassen Sie alles, was sich unangenehm anfühlt, los ... Lenken Sie das weiße Licht an jede Stelle, die sich krank anfühlt oder schmerzt ... Mit jedem

Atemzug füllen Sie sich mehr mit dem weißen Licht aus der göttlichen Quelle ... Durch die Nasenlöcher strömt es ein, hinab in die Lungen und Bronchien ... Es überflutet den Brustkorb, bis er zu leuchten beginnt ... Beim Ausatmen lenken Sie das weiße Licht abwärts in den Magen ... ins Becken ... Lassen Sie alle Anspannungen, die dort sitzen, los ... Werden Sie weich und locker ... Spüren Sie die heilende Wärme ... Überlassen Sie sich völlig diesem Gefühl ... Entspannen Sie sich ... immer tiefer ... Unentwegt atmen Sie das weiße Licht ein ... durch die Nasenlöcher ... in die Lungen ... in den Magen ... in das Becken ... in die Beine ... Entspannen Sie die Beinmuskeln ... lassen Sie sie weich und locker werden ... heilendes Licht ... neue Kraft ... völlige Gesundheit ...

Atmen Sie das weiße Licht tief ein ... tief hinab ... durch den ganzen Körper bis in die Waden ... in die Füße ... alle Anspannung löst sich auf ... ein Gefühl prikkelnder Vitalität erfüllt Sie ... Schließlich sind auch die Beine ganz von dem weißen Licht erfüllt ...

Jetzt lenken Sie das weiße Licht in die Arme ... Fühlen Sie, wie die Muskeln sich entspannen, locker und weich werden ... die Wärme strömt bis in die Fingerspitzen ... sie entspannen sich ... das weiße Licht strömt unaufhörlich in Arme und Finger, bis sie strahlen ... hell strahlen ... von neuer Kraft ... erfüllt sind.

Atmen Sie das weiße Licht ein ... tiefer und tiefer ... bis es die Lungen völlig ausfüllt ... Jetzt lenken Sie es durch den Nacken in den Kopf hinauf ... Spüren Sie, wie die Kopfhaut sich entspannt ... die Nackenmuskulatur ... Lassen Sie alle Verspannungen los ... alle verbrauchte Energie ... Sie sind weich und locker ... Spüren Sie, wie der Kopf frei wird ... ganz frei ... erfüllt von dem reinigenden, heilenden, weißen Licht ...

Überlassen Sie sich ganz dem Gefühl, von Kopf bis Fuß mit dem weißen Licht erfüllt zu sein ... Es strömt unaufhörlich in Ihren Körper ... erfüllt ihn ganz ... Dann dehnt es sich über den Körper hinaus aus ... Es umgibt Sie wie eine Hülle, eine eiförmige Hülle ... wie ein Kokon aus strahlendweißem Licht ... Es durchdringt Sie völlig ... erfüllt Sie mit Kraft und Vitalität ... Sie und das Licht verschmelzen miteinander ... werden eins ... von einer Natur ... Gehen Sie völlig auf in dem strahlendweißen Licht ... in seiner göttlichen Quelle ... Tiefer Frieden durchströmt Sie ... Spüren Sie, wie er Ihr ganzes Sein erfaßt ... tiefer und tiefer ... Sie sind Friede ... sind Licht ... Sie sind nicht getrennt davon, sondern eins ...
Lenken Sie das weiße Licht nun auf einen Menschen, der Ihnen am Herzen liegt ... mit dem Sie das Gefühl der Ganzheit, des Ganzseins, teilen möchten ... Stellen Sie sich diese Person vor, so gut es geht ... Wenn Sie einatmen, strömt das weiße Licht durch Sie hindurch und strahlt die Person an ... reines, weißes, heilendes Licht, das sie wie eine Hülle umgibt ... wie ein Kokon ... ein Symbol für Reinheit ... für Ganzheit und Gesundheit ... Mit jedem Atemzug strahlen Sie mehr weißes Licht auf diese Person ab ... Das Licht beginnt, diesen Menschen zu durchdringen ... ihn mit Liebe, Vitalität und Gesundheit zu erfüllen ... mit einem Gefühl der Ganzheit ... Sie teilen Ihre Erfahrung mit diesem Menschen ... das weiße Licht erfüllt ihn, und er beginnt ebenfalls zu strahlen ...
Unaufhörlich strömt das weiße Licht durch Sie hindurch ... über Sie hinaus ... Es erfüllt Ihre ganze nähere Umgebung ... den Raum, in dem Sie sich befinden ... das Haus ... Es erfüllt alle darin mit Gesundheit und Vitalität ... mit Wärme und Liebe ...
Atmen Sie immer mehr weißes Licht ein ... Lassen Sie sich davon erfüllen, und strahlen Sie es über das Haus

hinaus in die Nachbarschaft ... immer weiter, bis es das ganze Land mit reiner Energie erfüllt ... den ganzen Erdball ... Schließlich umgibt es den Planeten wie eine Hülle ... eine Hülle aus reinem, weißem Licht ...
Atmen Sie das weiße Licht ein ... Spüren Sie, wie es durch Sie hindurchströmt und Sie transformiert, bis Sie selbst zu Licht werden ... jede Faser Ihres Seins ist von ihm durchdrungen ... Fühlen Sie sich eins mit dem Licht ... dem Frieden ... der Kraft, die es ausstrahlt ... Das weiße Licht ist Liebe ... aktive, transformierende Liebe ... sich verströmende Liebe ... überlassen Sie sich ihr völlig ... verschmelzen Sie damit ... völliges Einssein ...

Der Zweck dieser Vorstellungsübung ist es, eine Verbindung zwischen dem bewußten Wunsch nach Gesundheit im allgemeinen und nach Heilung im speziellen sowie den unbewußten Mechanismen, die den Heilungsprozeß steuern, herzustellen. Gelingt diese Verbindung, sind wir zu unglaublich kreativem Handeln in der Lage.

Meditation mit strahlendem Licht

Eine weitere Form der Meditation, die diese Verbindung herstellt, ist die Meditation mit strahlendem Licht.

Reservieren Sie mindestens eine halbe Stunde Zeit dafür. Sie können für die Visualisation jede beliebige Haltung einnehmen. Am besten eignet sich eine harte Unterlage, ein Teppich oder eine Decke auf dem Fußboden. Legen Sie sich auf den Rücken, die Hände locker neben dem Körper. Die Beine liegen ausgestreckt und locker nebeneinander, die Füße leicht seitlich gedreht. Lenken Sie die Aufmerksamkeit nun in eine der beiden großen Zehen.

Erzeugen Sie in der Vorstellung ein vergrößertes Bild von dieser Zehe. Betrachten Sie es in allen Einzelheiten, und beginnen Sie damit, die Zehe bewußt zu entspannen. Spüren Sie, wie sie locker und weich wird. Untersuchen Sie die Haut, auch unterhalb des Zehennagels, die Gelenke, Sehnen, Bänder und Muskeln. Sie werden feststellen, daß die Vorstellung Ihnen gar keine großen Schwierigkeiten macht und Sie die Zehe wirklich tief entspannen können. Außerdem werden Sie feststellen, daß sie sich angenehm warm anfühlt, vielleicht sogar ein wenig kitzelt. Nun stellen Sie sich ein weißes Licht vor, das die Zehe durchflutet, bis sie wie eine Glühbirne leuchtet, schwach zuerst, dann immer heller, bis sie schließlich strahlend weiß leuchtet. Es ist ein ziemlich gutes Gefühl! Wenn Sie es richtig machen, sind Sie derart von der Vorstellung und dem damit verbundenen Gefühl fasziniert, daß Sie an nichts anderes als an die angenehm prickelnde Gefühlssensation in Ihrer großen Zehe denken.

Diese Meditation ist in gewisser Weise eine Anwendung des klassischen Fünf-Stufen-Weges, wobei der Körper selbst als Meditationsobjekt dient. Auf der ersten Stufe konzentrieren Sie sich auf die große Zehe, auf der zweiten Stufe meditieren Sie darüber, auf der dritten Stufe betrachten Sie sie, und wenn die Zehe zu leuchten beginnt, vereinigen Sie Ihr Bewußtsein mit ihr. Es mag Ihnen komisch vorkommen, sich eins mit Ihrer großen Zehe zu fühlen, und, wenn Sie den Vorgang noch erweitern, mit Ihrem Körper, aber das ist es ganz und gar nicht. Dieser Zustand des Einsseins führt zu wahrer innerer Ausgewogenheit und Harmonie, und ihn aufrechterhalten zu können, hat in jeder Hinsicht positive Folgen.

Beginnen Sie also mit einer der beiden großen Zehen. Lassen Sie sie leuchten. Dann folgt die nächste Zehe und so weiter, bis der ganze Fuß «erleuchtet» ist. Beim ersten Mal brauchen Sie wahrscheinlich die gesamte Dauer der Sitzung, um einen Fuß zum Leuchten zu bringen. Beim nächsten Mal können Sie das Gefühl in diesem Fuß bereits schneller erzeugen und den anderen dazunehmen. Bei jeder folgenden Sitzung nehmen Sie einen weiteren Körperteil hinzu, bis Sie das Gefühl der Entspannung, der Leichtigkeit und der Vitalität im ganzen Körper erzeugt haben. Mit entsprechender Übung erweist sich diese Form der Meditation als ein wahrer Jungbrunnen. Schon die tägliche Anwendung über mehrere Wochen hinweg wird Ihnen ein neues Körperbewußtsein und eine neue Dimension der Entspannung eröffnen. Dabei ist die anatomische Genauigkeit bei der Visualisierung der verschiedenen Körperteile zweitrangig. Viel wichtiger ist es, ein Gefühl und ein klares Bewußtsein des entsprechenden Körperteils beziehungsweise Körperbereichs zu entwickeln, sei es nun eine Zehe oder der Bauch.

Dasselbe gilt bei der Visualisation eines erkrankten Körperteils. Sie brauchen dafür keine Extraanstrengung zu unternehmen. Lenken Sie Ihre Aufmerksamkeit in der zuvor beschriebenen Weise auf die betroffene Stelle, entspannen Sie sie von innen heraus, und verwandeln Sie sie in strahlend weißes Licht, genauso wie den Rest des Körpers. So erfahren Sie ein durchdringendes Gefühl von Vitalität und Gesundheit, das den Heilungsprozeß unterstützt und beschleunigt.

Manchmal erzeugt das bewußte Entspannen einer erkrankten Stelle Unbehagen. Der Grund dafür ist, daß wir diesen verletzlichen Bereich durch unbewußt erzeugte Spannungen zu schützen versuchen. Werden diese Anspannungen aufgelöst, kommt es nicht selten zu vorübergehenden Zuckungen oder anderen Irritationen. Doch schon nach kurzer Zeit weichen diese unweigerlich dem durch die Übung erzeugten Gefühl von Wärme und Leichtigkeit, weswegen sie auch zu den Schmerzkontrolltechniken gezählt wird.

Die regelmäßige Praxis dieser Übung stellt eine starke Geist-Körper-Verbindung her, die, kombiniert mit der Visualisation des reinen, weißen Lichts, dem Unterbewußtsein die Vorstellung von Gesundheit, Vitalität, Kraft und Heilung übermittelt.

Während der Übung sollte im Hinblick auf das Ergebnis eine zuversichtliche Einstellung aufrechterhalten werden. Wer sie regelmäßig durchführt, wird immer weniger Zeit aufwenden müssen, um die gleiche intensive Wirkung zu erzielen. So können Sie, wenn Sie sich schwach und kraftlos fühlen, mit Hilfe der Licht-Meditation Ihre Kräfte wunderbar erneuern. Oder, wenn Sie krank sind, können Sie mit einigen längeren Sitzungen bewirken, daß die Selbstheilungskräfte des Körpers sanft, aber effektiv angeregt werden.

Die Praxis der Kreativen Meditation

Sie eignet sich besonders, um:

1. sich von alten Konditionierungen zu befreien,
2. unerwünschte Gewohnheiten abzulegen,
3. gesteckte Ziele auch wirklich zu erreichen,
4. unser geistiges Potential optimal zu nutzen und
5. Körperfunktionen zum Zwecke der Schmerzkontrolle und Heilung zu steuern.

Für eine wirksame Anwendung sind klare Zielvorstellungen unerläßlich. Sie werden unter Einbeziehung des Intellekts, der Intuition und des höheren Weisheitsaspektes erarbeitet und müssen dem Unterbewußtsein eingeprägt werden. Der Prägungsvorgang wiederum geschieht mit Hilfe von Affirmation, Visualisationen und Gefühlen, die das angestrebte Ziel zur inneren Wirklichkeit werden lassen. Nun läßt das kreative Unterbewußtsein nichts unversucht, um dieser Wirklichkeit gerecht zu werden, das heißt, uns in Richtung des Ziels zu schubsen.

Affirmationen sollten mit einer positiven Erwartungshaltung ausgesprochen und wiederholt werden, mit Kraft, Überzeugung und einem guten, positiven Gefühl. Wenn es sich um eine allgemein gehaltene Affirmation handelt, reicht es, sie täglich mehrmals ein bis zwei Minuten zu repetieren, um sie sich schnell einzuprägen. Handelt es sich um eine komplexere Affirmation, wird es nötig sein, sie über einen längeren Zeitraum hinweg mehrmals täglich zu wiederholen.

Vorstellungsbilder in Verbindung mit Affirmationen werden auf ähnliche Weise angewendet, wobei die Zeit, die Sie aufwenden müssen, von der Stärke und Klarheit der Visualisation abhängt. Abstrakte Vorstellungsbilder wie die Weiße-Licht-Meditation können leicht bis zu einer Stunde beanspruchen. Sie sind außerdem eine gute Einleitung für die Heilmeditation.

Ein günstiger Zeitpunkt für die Wiederholung von Affirmationen und das Üben von Vorstellungsbildern ist die Phase kurz vor dem Einschlafen und kurz nach dem Aufwachen, wenn Geist und Körper natürlich entspannt und noch nicht im Alltagsbewußtsein verankert sind. Gesungene Affirmationen durchbrechen ebenfalls recht wirkungsvoll die konditionierten Reaktionen des Alltagsbewußtseins, was den Prägungsvorgang erleichtert. Vertonen Sie also Ihre Affirmationen, und singen Sie sie untertags bei jeder Gelegenheit.

Ebenso effektiv ist es, sich vor den Spiegel zu stellen und die Affirmation laut, voller Kraft und Überzeugung, auszusprechen, während man sich dabei fest in die Augen schaut.

Die weitaus besten Resultate erzielen Sie, wenn Sie Prägungsvorgang und Heilmeditation miteinander kombinieren. Bei dieser Verbindung sorgt die Meditation für das nötige innere Gleichgewicht und verleiht der Übung mehr Stabilität. Sie brauchen dazu nur:

1. eine aufrechte, leicht unbequeme Sitzhaltung einzunehmen,
2. die Entspannungsreaktion zu erzeugen und
3. mit dem Vorgang der Prägung zu beginnen.

Desgleichen lassen sich Affirmation, Vorstellungsbild und Gefühl miteinander kombinieren. In manchen Fällen mag es angebracht erscheinen, Affirmationen und Vorstellungsbilder getrennt anzuwenden, zum Beispiel wenn man eine alte, eingefahrene Gewohnheit oder eine tiefsitzende Überzeugung ändern möchte. Wenn die Affirmation zum Beispiel «Ich bin ein liebenswerter Mensch» lautet, ist es sicher nicht verkehrt, zunächst nur dieses Leitmotiv zu wiederholen und entsprechende Vorstellungsbilder erst dann anzuschließen, wenn das Vertrauen in den Inhalt der Affirmation sich gefestigt hat. Geht es jedoch konkret um die Gesundheit oder um Heilung, sind Vorstellungsbilder der schnellere, direktere Weg zum Ziel.

Praktizieren Sie die Heilmeditation unbedingt in Verbindung mit der Kreativen Meditation. So sorgen Sie für Ausgewogenheit in der Anwendung dieser beiden stark wirksamen Meditationstechniken.

Halten Sie eine positive Einstellung aufrecht. Dabei helfen Ihnen die im dritten Kapitel erläuterten Prinzipien.

Mit der Zeit werden Sie die Techniken der Kreativen Meditation immer routinierter meistern, und auch die

Qualität der Heilmeditation wird sich verbessern. Sie leben mehr in Einklang mit sich und der Welt – und auch mehr im Jetzt. Es kann sein, daß dadurch die Notwendigkeit der Kreativen Meditation als Hilfsmittel, um Ziele zu erreichen, abnimmt, weil Sie in dem natürlich-harmonischen Verhältnis zwischen innerer und äußerer Realität leben, in dem Vorhaben sich ohne Anstrengung verwirklichen lassen.

Nachwort

Hier endet unser Meditationsführer. Es liegt nun an Ihnen, zu einer regelmäßigen Praxis überzugehen, die das A und O jeder Meditation ist. Das Buch sollte Sie mit dem Wesen der Meditation vertraut machen und Ihnen einen Überblick über verschiedene gebräuchliche Techniken geben. Es möchte Sie aber auch ermutigen, zuversichtlich und motiviert Ihre ganz persönliche Form zu finden, oder, falls Sie dies bereits getan haben, Sie darin bestärken. Es ist unbestreitbar eine lange Reise, die viel Ausdauer erfordert, sich aber wie keine andere lohnt.

Es wurden verschiedene Wege und Möglichkeiten aufgezeigt, um den Berg zu erklimmen, wo die Gipfelerfahrung auf uns wartet. Die Wege sind so unterschiedlich wie wir Menschen selbst. Egal, welchen Weg Sie beschreiten: Sobald Sie unterwegs sind, wird die Reise Ihnen ein gesünderes Leben bescheren. Wer lernt zu meditieren, begibt sich auf eine Entdeckungsreise in die Landschaften seiner Seele. Es ist ein großes Abenteuer. Es ist die beste aller Möglichkeiten, um wahre Gesundheit zu erfahren, gültige Einsichten zu gewinnen und sein inneres Potential zu verwirklichen.

Letzte Empfehlungen für den Anfänger

Beginnen Sie mit der *Integrationsmeditation.*

1. Üben Sie die Progressive Muskelentspannung (siehe Kap. 3). Mit ihrer Hilfe lernen Sie, die Entspannungsreaktion auszulösen.

2. Konzentrieren Sie sich auf das Gefühl der Entspannung. Überlassen Sie sich ihm ganz, und werden Sie einfach still.

3. Erzwingen Sie nichts. Das ist ebenso unnötig wie die Beurteilung der eigenen Meditation. Diese beiden Reaktionen sind die größten Hindernisse auf dem Weg zu einer befriedigenden Meditationspraxis. Idealerweise sollten Sie eine positive innere Einstellung entwickeln, eine zuversichtliche Erwartungshaltung, die Sie offen macht für das, was geschieht.

4. Mit zunehmender Übung läßt sich jede Technik vereinfachen, so daß man sich der direkten Methode annähert, die darin besteht, sich einfach hinzusetzen und still zu werden.

5. Höhen und Tiefen gehören zum Meditationsalltag. Um möglichst flexibel zu bleiben, meditieren Sie nach einiger Zeit auch einmal in einer unbequemeren Körperhaltung und unter ungünstigeren Umständen. Sie werden an dieser Herausforderung wachsen.

6. Wenn Sie das Gefühl haben, völlig auf der Stelle zu treten, und mehr frustriert als motiviert sind, experimentieren Sie mit anderen Methoden. Führen Sie ein sekundä-

res Konzentrationsobjekt ein. Am hilfreichsten ist es, in die Rolle des neutralen Beobachters zu schlüpfen (siehe Kap. 6).

7. Wenn Sie auch nur eine kleine Weile ruhig dasitzen, sich entspannen und den Geist «leerlaufen» lassen können, sind das schon erste Anzeichen eines Fortschritts. Und sobald Sie gelernt haben, die Entspannungsreaktion zu erzeugen, werden Sie eine Vielzahl von positiven Auswirkungen auf die Gesundheit zu spüren bekommen. Die regelmäßige Praxis der Integrationsmeditation, die zur Erfahrung innerer Ruhe führt, erweckt in Ihnen vielleicht den Wunsch, die Meditation zu vertiefen. Dann steht Ihnen die Einsichtsmeditation zur Verfügung (siehe Kap. 7). Über den kreativen Umgang mit dem schöpferischen Potential des Geistes informieren die Kapitel 8, 9 und 10, die die Techniken der Kreativen Meditation zum Thema haben.

Heilmeditation

Gesundheit bedeutet, im Gleichgewicht zu sein, in jenem aktiven, dynamischen Zustand natürlichen Gleichgewichts, das durch die Technik der Integrationsmeditation aufrechterhalten beziehungsweise wiederhergestellt wird. Man könnte die Heilmeditation mit Fug und Recht eine Überlebenstechnik nennen, die jeder Mensch erlernen sollte.

Kreative Meditation

Sie ermöglicht es uns, ein zielorientiertes, besseres und effizienteres Leben zu führen. Ihre Spezialität ist das Aufbrechen alter Konditionierungen und negativer Ansichten, durch die wir unser Leben einengen und uns in unseren Fähigkeiten beschneiden. Sie hilft uns, klare Ziele zu stekken und diese zu verwirklichen.

Einsichtsmeditation

Sammlung/Konzentration und Beobachtung sind die beiden Säulen dieser Meditationstechnik, die unsere Achtsamkeit schult und uns lehrt, hinter die Kulissen unserer Welt zu schauen.

Wie jede andere Meditationstechnik auch, kann sie unsere gesamte Lebenserfahrung transformieren. Wenn wir versuchen, das Sein rein intellektuell zu verstehen und seine Geheimnisse auf rationaler Ebene zu erfassen, stoßen wir schon bald an unsere verstandesmäßigen Grenzen. Mit Hilfe der Meditation erweitern wir unseren Horizont, gelangen zum Gipfel und erleben in der Stille, in der die Antworten auf alle Fragen liegen, das Wunder grenzenlosen Seins. Diese Stille zu erfahren bedeutet, transformiert zu werden. Natürliche Würde und heitere Gelassenheit durchdringen von nun an alle Aspekte des Lebens. Es gibt keine Zufälle mehr, das Prinzip der Synchronizität wird zur faszinierenden Erfahrung. Sie treffen die richtigen Menschen zur richtigen Zeit am richtigen Ort. Das Leben ist, was es sein sollte – ein lehrreiches Vergnügen.

Anhang

Darstellung veränderter Bewußtseinszustände anhand zweier korrelierter Graphen

Diese graphische Darstellung zeigt Veränderungen des basalen Hautwiderstandes als Gradmesser physischer Entspannung (nach unten hin wird die physische Entspannung tiefer) und der Gehirnwellenmuster als Gradmesser der mentalen Entspannung (nach links hin nimmt die mentale Entspannung zu). Sie zeigt, daß zum Beispiel Panik von physischer und mentaler Erregung und Aktivität geprägt ist, der meditative Zustand von physischer und mentaler Entspannung und Ruhe; Zen- oder Einsichtsmeditationen hingegen von physischer Entspannung und mentaler Aktivität.

Graphische Darstellung veränderter Bewußtseinszustände

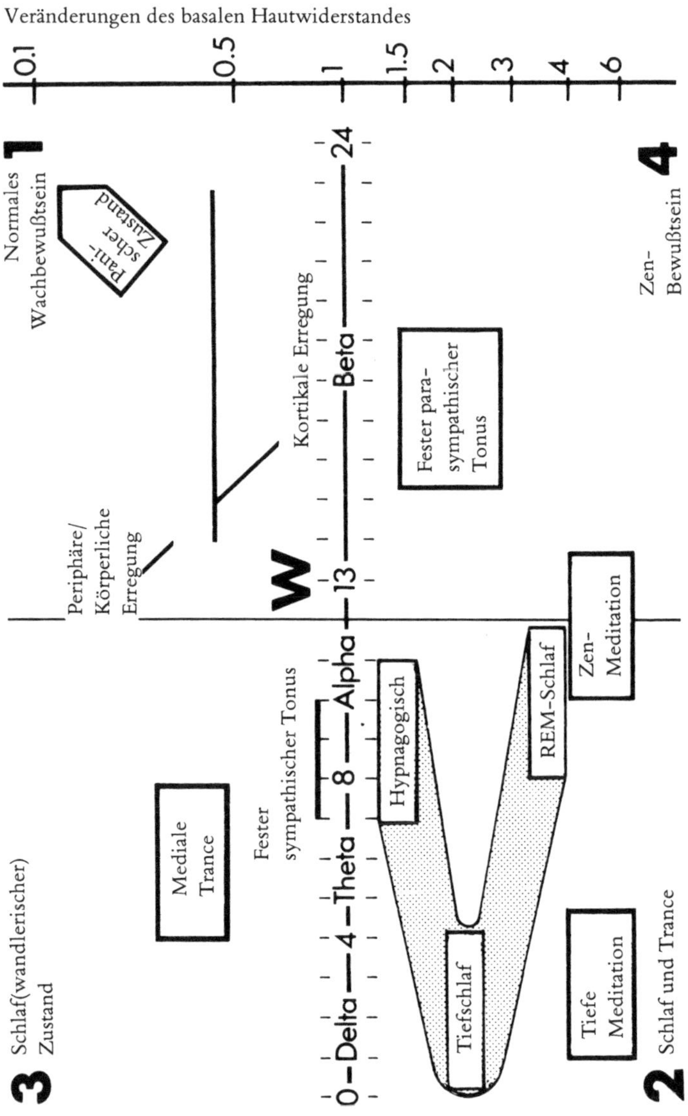

Mind Mirror – Aufzeichnungen

Die folgenden Diagramme wurden mit dem sogenannten «Mind Mirror» aufgezeichnet, einem Elektroenzephalographen, der die Aktivitäten der rechten und der linken Hirnhemisphäre gleichzeitig, aber unabhängig voneinander aufzeichnet. Das Fehlen jeglicher Aktivität würde beispielsweise durch zwei parallel verlaufende Linien in der Mitte des Diagramms repräsentiert.

Die Aktivität der linken Hemisphäre wird durch die linke Linie bezeichnet, die Aktivität der rechten Hemisphäre durch die rechte Linie.

Der Mind Mirror ist ein ungemein wertvolles Biofeedback-Gerät, das von Maxwell Cade und seinen Mitarbeitern entwickelt wurde. Die Diagramme stammen aus seinem Buch *The Awakened Mind.*

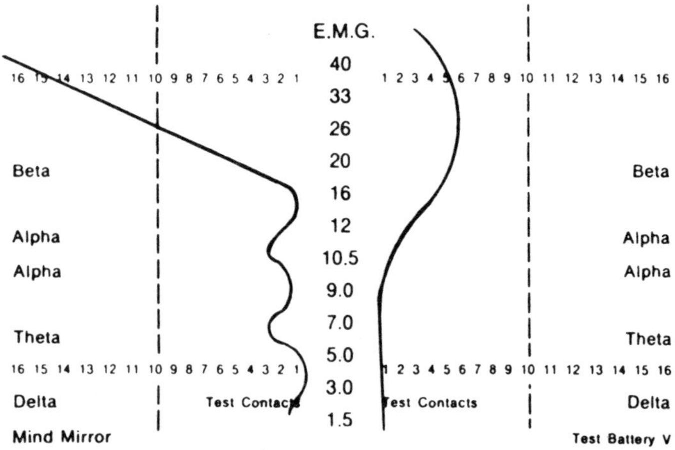

1. Diagramm: Das erste Diagramm zeigt eine unruhige Person. Die linke Hemisphäre weist eine hohe Beta-Aktivität auf, das heißt, das sympathische Nervensystem befindet sich im Alarmzustand und unterdrückt die Aktivität der rechten Hemisphäre.

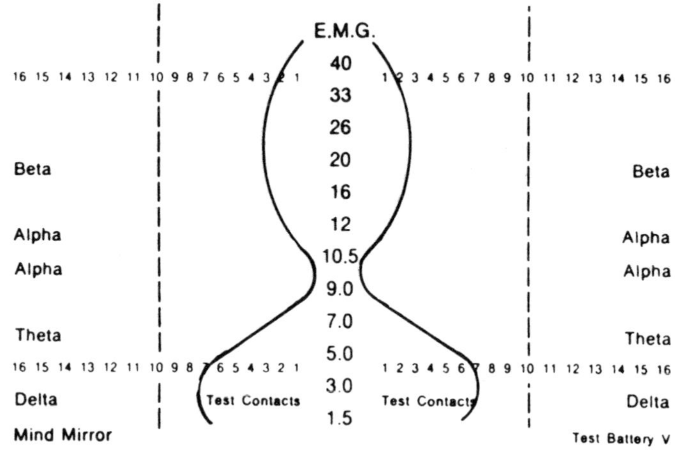

2. Diagramm: Das zweite Diagramm zeigt eine sehr ruhige Person. Beta repräsentiert zwar den Alarmzustand mentaler Aktivität, komplexe Gedanken müssen aber nicht von Beta-Aktivität begleitet sein. Eine ruhige Person kann sehr wachsam sein, ihre geistige Aktivität willentlich steuern und trotzdem nur wenig Reaktion im Beta-Bereich zeigen.

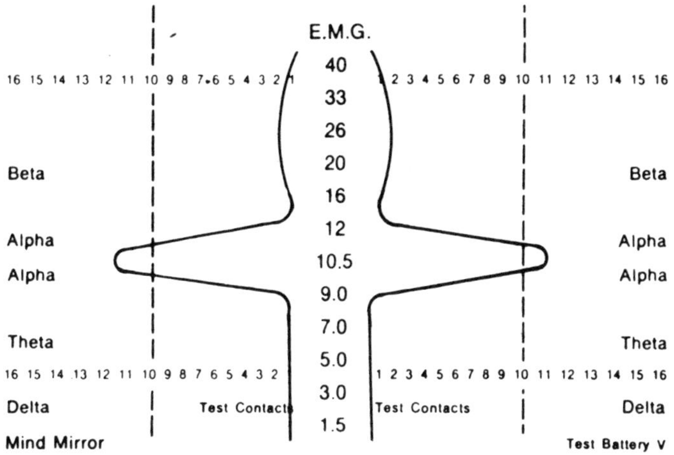

3. Diagramm: Das dritte Diagramm zeigt nur Alpha, das Muster eines träumerischen Zustandes, der durch schnelle, veränderliche, traumähnliche Bilder gekennzeichnet ist. Wenn die Versuchsperson während der Meditation vorübergehend einschläft, tritt nur Alpha auf.

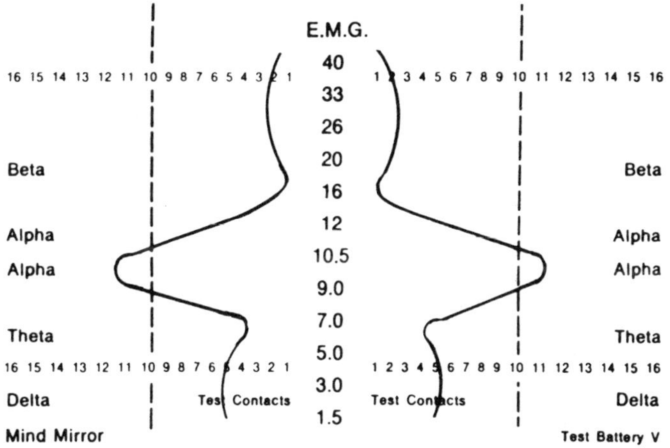

4. Diagramm: Das vierte Diagramm zeigt das Muster eines Meditierenden mit geschlossenen Augen. Auffällig ist die Symmetrie beider Graphen, nachdem die anfänglichen Schwierigkeiten überwunden worden sind. Während der Meditation nimmt die Dominanz der Alpha-Frequenz ab. Dies ist gleichzeitig ein Hinweis auf eine Vertiefung der Meditationspraxis.

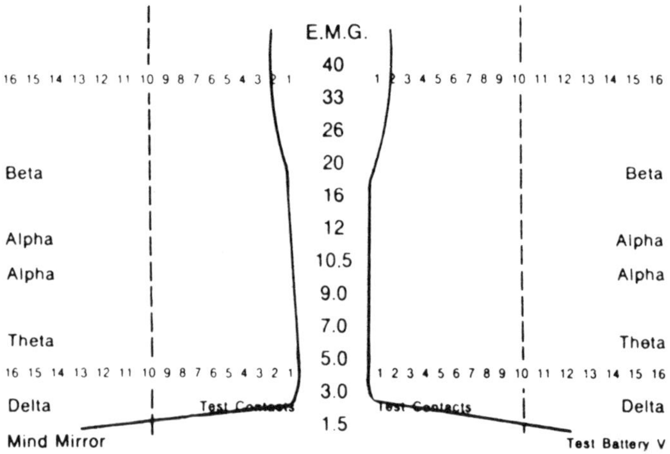

5. Diagramm: Das fünfte Diagramm zeigt, daß in extrem tiefen Entspannungszuständen nur Delta auftritt, Alpha- und Theta-Aktivitäten kommen ganz zur Ruhe. Trotzdem handelt es sich nicht um einen Schlafzustand, wie die unterschiedliche Zunahme des Hautwiderstandes der Handflächen zeigt. Diese liegt bei der Tiefenentspannung bei 80 Prozent, während sie in der traumfreien Schlafphase bei höchstens 50 Prozent liegt.

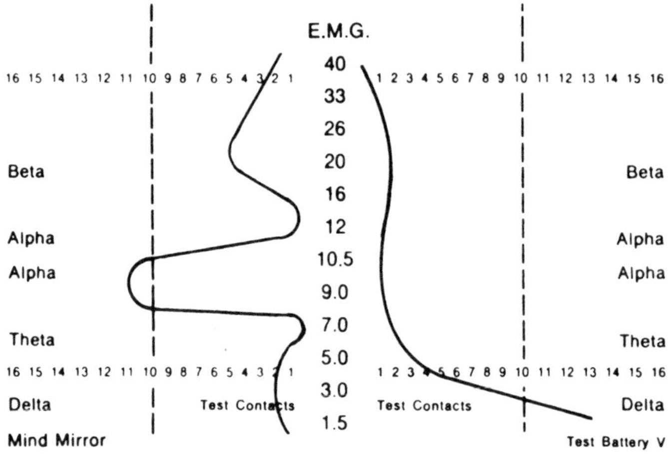

6. Diagramm: Wir glauben, daß dieses Diagramm graphisch darstellt, was Jung mit «Transzendentaler Funktion» meint, nämlich die Möglichkeit, beide Hemisphären unabhängig voneinander zu benutzen. Es handelt sich um das Gehirnwellenmuster eines Heilers, das er bei der Behandlung von Patienten oft aufweist.

Dank

Mein Dank gilt all jenen, die zur Entstehung dieses Buches beigetragen haben, allen voran Gayle und den Kindern, für ihre Liebe und das Verständnis, das sie für meine zeitweilige Zurückgezogenheit aufbrachten. Gayle hat mich von Anfang an unterstützt, und viele wertvolle Anregungen stammen von ihr.

Ohne die umsichtigen Korrekturen von Dr. Joan Humphrey, ihre unschätzbaren Dienste beim Tippen des Manuskripts und ohne ihren trockenen Humor wäre das Buch wohl kaum so schnell fertig geworden. Dank schulde ich auch meinen Verlegern: Michael Zifcak, der der Australian Cancer Patients Foundation Auszüge aus diesem Buch zur Verfügung stellte; Michelle Anderson für ihren feinen Humor und Enthusiasmus; Susan Gabor und Letty Gregory für ihre editorische Betreuung.

Menschen und Bücher haben mir den Zugang zur Meditation ermöglicht und mir geholfen, mein Verständnis zu vertiefen (siehe Literaturverzeichnis). Was die Menschen angeht, so gilt mein besonderer Dank Rayner Johnson (dessen Buch *The Imprisoned Splendor* mich schon früh wachrüttelte), dem kürzlich verstorbenen Dr. Ainslie Meares, Peter Hoodle, Norma Pelic, Sai Baba, Paul Solomon, Professor Chris Magarey und Siddha Yoga, dem Zen-Meister Hogen und den vielen, die mir über ihre Erfahrungen und Einsichten mit der christlichen Meditation berichteten.

Ich stehe außerdem in der Schuld all derer, denen ich beim Erlernen der Meditation helfen konnte und die mich an ihren Erfahrungen, Fehlschlägen und Erfolgen teilhaben ließen. Es ist ein Privileg, auf diese Weise arbeiten zu können.

Im besonderen danke ich meinen Mitarbeitern David McRae, Eileen Bevidge, Robert Proctor, Angela Fergie und meinem Freund Bob Sharples. David McRae ist eine der Stützen der Cancer Patients Foundation und bereichert unsere Arbeit mit seinem Mitgefühl, seiner Bescheidenheit und Liebe.

So haben Menschen und Bücher mich auf den Weg gebracht und begleitet, aber das Wesentliche an der Meditation ist, daß man lernt, die Antworten in sich selbst zu finden. Ich bin von Herzen dankbar für die Erfahrung und das Wissen, die sich auftun, wenn man in sich hineinhört und geduldig auf die leise innere Stimme wartet.

Literaturverzeichnis

Deutschsprachige Werke über Meditation:

Bewußtseinserweiterung durch Meditation. Mit Beiträgen von L. Boros, J. B. Lotz, E. Staehelin u. a., Herder, ³1975.

Bloching, Karl H., *Texte moderner Schriftsteller zur Meditation*, Matthias-Grünewald, ²1975.

Blofeld, John, *Die Macht des heiligen Lautes*. Die Geheime Tradition des Mantra, O. W. Barth, 1978.

Bloom, Anthony, *Weg zur Meditation*, Kaffke, 1972.

Bloomfiel, Harold, u. a., *TM-Transzendentale Meditation*. Lebenskraft aus neuen Quellen, Econ, 1976.

Boeckel, Johannes E., *Meditationspraxis*, Goldmann, 1980.

Boyes, Dennis, *Autogenes Yoga*. Eine praktische Übungsanleitung zur Tiefenentspannung im Liegen, O. W. Barth, ²1977.

Brunton, Paul, *Entdecke dich selbst*. Meditation und Yoga, Hermann Bauer, 4. Aufl.

–, *Der Weg nach Innen*. Praktische Anleitung zur geistigen Selbstfindung in unserer Zeit, O. W. Barth, ⁷1976.

Carrington, Patricia, *Das große Buch der Meditation*. Ein Kompendium sämtlicher Meditationsarten, Scherz, ³1986.

Chi-Chi, *Die Kunst der Versenkung*. Die Anweisungen zur Meditation des großen Meisters Chi-Chi aus dem China des 6. Jahrhunderts, O. W. Barth, ²1975.

Dürckheim, Karlfried Graf, *Hara – Die Erdmitte des Menschen*, O. W. Barth, [7]1974.
–, *Meditieren, Wozu und Wie*, Herder, [3]1977.
Dumoulin, Heinrich, *Östliche Meditation und christliche Mystik*, Alber, 1966.

Enomiya-Lassalle, Hugo M., *Erfahrungen eines Christen mit der Zen-Meditation*, Kaffke, 1975.
–, *Zen – Der Weg zur Erleuchtung.* Hilfe zum Verständnis. Einführung in die Meditation, Herder, [3]1971.
–, *Zen-Meditation für Christen*, O. W. Barth, [4]1978.

Fromm, Erich/Suzuki, Daisetz T./Martino, Richard de, *Zen-Buddhismus und Psychoanalyse*, Suhrkamp, 1976.

Gawler, Ian, *So können Sie den Krebs besiegen*, Peter Erd, 1990 (bereits 1985 erschienen unter dem Titel *Ein Signal der Seele?*).
Glaube – Erfahrung – Meditation, Hrsg. v. G. Rubach, Kösel, 1977.
Glaubenserfahrung und Meditation. Wege einer neuen Spiritualität. Mit Beitr. v. K. Hemmerle, W. Herstrith u. a., hrsg. v. J. Sauer, Herder, 1975.
Goldstein, Joseph, *Vipassana – Meditation.* Die natürliche Entwicklung innerer Einsicht, Frank Schickler, 1978.
–/Kornfield, Jack, *Einsicht durch Meditation.* Ein Meditationshandbuch für die Übung im Alltag, O. W. Barth, 1989.
Govinda, Lama Anagarika, *Grundlagen tibetischer Mystik.* Die geheime Lehre des großen Mantra, O. W. Barth, [4]1975.
–, *Mandala.* Der heilige Kreis. Stufen der Meditation, Origo, [4]1980.
–, *Schöpferische Meditation und Multidimensionales Bewußtsein*, Aurum, 1977.

Haendler, Otto, *Meditation als Lebenspraxis*, Vandenhoeck & Ruprecht, 1977.

Herrigel, Eugen, *Zen in der Kunst des Bogenschießens*, O. W. Barth, [18]1978.

Huang, Al Chung-liang, *Lebensschwung durch T'ai chi.* Ein chinesischer Meister der Rhythmik lehrt die Meditation in der Bewegung, O. W. Barth, 1979.

Huber, Günther K., *Neue Kräfte durch Meditation.* Ein Kassetten-Lehrprogramm, Heyne, 1976.

Jahrbuch für Yoga – Prana 1980. Ostasiatische Meditationstechniken und ihre Anwendung in der westlichen Welt, mit Beitr. v. C. F. v. Weizsäcker, P. Matussek, L. Chariarse u. a., hrsg. v. R. Lobo, O. W. Barth, 1979.

Johne, Karin, *Meditation für Kranke.* Eine Anleitung, Benziger, 1979.

Kapleau, Philip, *Die drei Pfeiler des Zen.* Lehre – Übung – Erleuchtung, O. W. Barth, [4]1979.

Kniffki, Christa, *Transzendentale Meditation und Autogenes Training*, Kindler, 1978.

Kontemplative Meditation. Die Wolke des Nichtwissens – Einführung und Text, hrsg. v. W. Massa, Matthias-Grünewald, [4]1978.

Das Kreisen des Lichts. Die Erfahrung der goldenen Blüte, hrsg. v. M. Miyuki, O. W. Barth, 1972.

Krishnamurti, *Revolution durch Meditation.* Die totale Erneuerung, Humata, 1974.

Leiste, Heinrich, *Vom Wesen der Meditation*, Philosophisch-Anthroposophischer Verlag, [4]1973.

LeShan, Lawrence, *Meditation als Lebenshilfe*, Lübbe, 1978.

Lindenberg, Wladimir, *Die Menschheit betet.* Praktiken der Meditation in der Welt, Ernst Reinhardt, [8]1977.

Lysebeth, André van, *Durch Yoga zum eigenen Selbst*, O. W. Barth, [4]1980.

Mangoldt, Ursula von, *Östliche und westliche Meditation.* Einführung und Abgrenzung, Kösel, 1977.

McDonald, Kathleen, *Wege zur Meditation.* Eine praktische Anleitung, Diamant, 1986.

Meares, Ainslie, *Ängstige dich nicht – lebe und gewinne*, Heyne, 1988.

Meditation. Versuche – Wege – Erfahrungen, hrsg. v. G. Ruhbach, Vandenhoeck & Ruprecht, 1975.

Meditation in Religion und Psychotherapie, hrsg. v. W. Bitter, Klett-Cotta, [2]1973.

Melzer, Friso, *Innerungen.* Stufen und Wege der Meditation, Stauda, [2]1977.

–, *Konzentration – Meditation – Kontemplation*, Stauda, 1977.

Munen muso – Ungegenständliche Meditation. Festschrift für Pater Hugo M. Enomiya-Lassalle S. J. zum 80. Geburtstag, hrsg. v. G. Stachel, Matthias-Grünewald, 1978.

Nakamura, Takashi, *Das große Buch vom richtigen Atmen*, O. W. Barth, 1984.

Naranjo, Claudio/Ornstein, Robert E., *Psychologie der Meditation*, S. Fischer, 1976.

Palos, Stephan, *Atem und Meditation.* Moderne chinesische Atemtherapie als Vorschule der Meditation, O. W. Barth, [4]1980.

Patanjali, *Die Wurzeln des Yoga.* Die klassischen Lehrsprüche des Patanjali – die Grundlage aller Yoga-Systeme, O. W. Barth, 1976.

Peter, Burkhard/Geissler, Alida, *Autogenes Training*, Mosaik, 1978.

–, *Meditation*, Mosaik, 1978.

Rajagopalachari, P., *Der Meister.* Shri Ram Chandra – sein Leben und sein Weg der natürlichen Meditation, O. W. Barth, 1975.
Reiter, Udo, *Meditation – Wege zum Selbst*, Mosaik, 1976.

Saraydarian, Tormkom, *Innenschau – ein Handbuch der praktischen Meditation*, Hermann Bauer, 1977.
Schultz, Johannes H., *Das autogene Training.* Konzentrative Selbstentspannung, Versuche einer klinisch-praktischen Darstellung, Thieme, [15]1976.
Schwäbisch, Lutz/Siems, Martin, *Selbstentfaltung durch Meditation.* Eine praktische Anleitung, Rowohlt, 1976.
Shibayama, Zenkei, *Zen in Gleichnis und Bild*, O. W. Barth, 1974.
Steinfeld, Ludwig, *Autogene Meditation.* Von den Grundübungen des Autogenen Trainings zur meditativen Versenkung, Patmos, 1978.
Suzuki, Daisetz T., *Erfülltes Leben aus Zen*, O. W. Barth, 1973.
–, *Die große Befreiung*, O. W. Barth, [9]1979.
–, *Der westliche und der östliche Weg.* Essays über christliche und buddhistische Mystik, Ullstein, o. J.
Suzuki, Shunryu, *Zen-Geist – Anfänger-Geist*, Theseus, 1975.

Thomas, Klaus, *Seelsorge und Psychotherapie*, Bd. 1: Meditation als Forschung und Erfahrung, Thieme, 1973.
Tilman, Klemens, *Die Führung zur Meditation.* Ein Werkbuch, Benziger, Bd. 1: [7]1976, Bd. 2: *Christliche Glaubensmeditation*, 1978.
–, *Übungsbuch zur Meditation*, mit Schallplatte. Stoffe, Anleitungen, Weiterführungen, Benziger, [3]1976.
Trungpa, Tschögyam, *Aktive Meditation.* Tibetische Weisheit, Walter, [3]1978.

–, *Das Märchen von der Freiheit und der Weg der Meditation*, Aurum, 1978.
–, *Spiritueller Materialismus.* Vom wahren geistigen Weg, Aurum, 1975.
Tulku, Tarthang, *Selbstheilung durch Entspannung.* Körper- und Atemübungen, Selbstmassage und Meditationstechniken für jedermann, O. W. Barth, 1980.

Vivekananda, Swami, *Meditation und ihre Methoden*, Hinder & Deelmann, 1979.
Volk, Georg, *Entspannung – Sammlung – Meditation.* Einübungen zur Erhaltung unserer Gesundheit, Matthias-Grünewald, ⁴1977.

Waldenfels, Hans, *Meditation – Ost und West*, Benziger, 1975.
Watts, Alan, Meditation, Sphinx, o. J.
–/Govinda, Anagarika, *Die Kunst der Kontemplation*, Aurum, ²1979.
Wunderli, Jürg, *Schritte nach innen.* Östliche Meditation und westliche Mystik, Herder, 1975.

Zimmer, Heinrich, *Der Weg zum Selbst.* Leben und Lehre des Sri Ramana Maharshi, Diederichs, ³1979.